本书获得了福建商学院2023年度学术专著出版资助资金、福建省"体情境下新型职业农民创新行为影响因素和提升机理研究"（2021J011247）和福建商学院数智零售管理科研创新团队支持计划（CXTD202303）的资助。

创业视角下
新型职业农民社交媒体使用研究

谢桂花 ◎ 著

吉林大学出版社

·长春·

图书在版编目（CIP）数据

创业视角下新型职业农民社交媒体使用研究 / 谢桂花著 . -- 长春：吉林大学出版社，2023.10
　ISBN 978-7-5768-2420-9

　Ⅰ. ①创… Ⅱ. ①谢… Ⅲ. ①互联网络—传播媒介—影响—农民—创业—研究—中国 Ⅳ. ① F323.9

中国国家版本馆 CIP 数据核字（2023）第 213553 号

书　　名：创业视角下新型职业农民社交媒体使用研究
　　　　　CHUANGYE SHIJIAO XIA XINXING ZHIYE NONGMIN SHEJIAO MEITI SHIYONG YANJIU

作　　者：谢桂花　著
策划编辑：李伟华
责任编辑：范　爽
责任校对：张　驰
装帧设计：中北传媒
出版发行：吉林大学出版社
社　　址：长春市人民大街 4059 号
邮政编码：130021
发行电话：0431-89580028/29/21
网　　址：http://www.jlup.com.cn
电子邮箱：jldxcbs@sina.com
印　　刷：三河市龙大印装有限公司
开　　本：710mm×1000mm　　1/16
印　　张：19
字　　数：270 千字
版　　次：2024 年 2 月　第 1 版
印　　次：2024 年 2 月　第 1 次
书　　号：ISBN 978-7-5768-2420-9
定　　价：98.00 元

版权所有　翻印必究

前　言

农民社交媒体涉农创业得到了国家的高度重视，2023年中央"一号文件"提出，要深入实施"数商兴农"和"互联网+"农产品出村进城工程，鼓励发展农产品电商直采、定制生产等模式，建设农副产品直播电商基地。这是因为农民的涉农创业很重要，关系到农民的富裕、农业企业的发展、涉农产业的兴旺、乡村的振兴，以及中国梦的实现等问题。

长期以来，农业生产受自然条件影响，市场、交通、劳动力和技术等社会经济因素制约着农业的经营。一些涉农创业者无法突破创业瓶颈，从事的涉农创业活动往往结果不理想，收益惨淡。

所幸，科学技术的发展改变了这一状况。移动信息技术的发展在影响城市区域创业活动、企业经营和人们生活的同时，也在悄无声息地给农村带来巨大的变化。起初是在全国各地乡村，涌现出了非常多的淘宝村，其中有很多都在经营乡村的优势产业，如江苏沭阳的花卉产业、福建连城的地瓜干产业等。自乡村振兴战略提出以来，新生代农民工、大学生、退伍军人以及其他一些看好乡村发展前景的群体，逐渐开启返乡进程，从事涉农相关创业活动。此时，农民们的创业也从互联网时代进化到了移动互联网时代，手机成为涉农创业经营的重要工具。中国的乡村地区在继淘宝村创业后，依靠新的技术又出现了社交电商创业模式。2016年7月，我先后参加了福建省泉州市南安市向阳乡的乡村振兴调研和福建省三明市建宁县的微商大会。在农村一线，我第一次敏锐地感受到新型职业农民群体在不断壮大，农民们在创业活动中都大量地使用了微信、微博来开展经营。新型职业农民群体对创业的热情和社交媒体创业的创新性吸引了我的注意。自此，我开始长期关注新型职业农民群体的社交媒体涉农创业行为。

在长期的跟踪调研过程中，我发现，随着信息技术的更新迭代，农民们对社交媒体的运用也在不断创新发展，从早期的微博、微信到后来的抖音、快手、美团，社交媒体深度地嵌入了新型职业农民的涉农创业活动中。他们所从事的涉农创业在经营方式上与传统的农业创业有着极大的差异，与传统的农业创业相比，新型职业农民的涉农创业活动技术赋能特色鲜明，创业者们所展示出来对涉农创业活动的驾驭能力、创业企业的绩效也显示出很多不同。中国的新型职业农民社交创业行为以"星星之火"成就"燎原之势"，在广大乡村地区快速蔓延，而且极具中国特色，呈现出不断创新的发展趋势。

国内外学术领域对于社交媒体情境下新型职业农民创业行为的研究滞后于实践的发展。

在宏观层面上，在涉农创业中，新型职业农民社交媒体使用的总体情况是怎样的？主要的社交媒体工具有哪些？有什么特点？存在什么问题？有关这些问题学术界目前尚缺乏调研和分析。在微观层面上，新型职业农民社交媒体使用模式有哪些，不同使用模式对农民创业者的社会资本、创业能力、创业学习等创业过程关键因素是否会产生影响？如何产生影响？与创业结果变量创业绩效之间又有什么联系？这些也是涉农创业的理论研究者和实践人才颇感好奇的问题。

本书从创业的视角，分析社交媒体技术赋能新型职业农民农业经营的过程和结果。以使用与满足理论、资源基础观理论和创业过程理论等不同学科理论为基础，结合新型职业农民特殊群体的创业实践进行系统分析和实证研究。整个研究过程聚焦于中国农村社交媒体涉农创业情境，致力于探索如何更好地借助社交媒体信息技术工具，开展更高质量的涉农创业活动。研究结论对涉农创业的理论研究者有所助益，也可以为涉农创业实践者提供一定的启发。本书适合于大中专院校师生、创业研究人员与创业管理人员学习参考。

  本书在成稿过程中参阅了国内外诸多专家、学者的研究成果，得到了学术界众多老师、新型职业农民朋友和地方政府的支持与帮助，在此一并表示深深的感谢。

谢桂花

2023 年 3 月于福州

目　录

第一章	绪论	**001**
	一、研究背景	001
	二、研究意义	005
	三、研究对象与研究目标	008
	四、研究内容	009
	五、研究方法	013
	六、研究思路与技术路线	016
	七、可能的创新之处	018
第二章	文献综述	**020**
	一、社交媒体使用研究回顾	020
	二、社会资本研究回顾	034
	三、创业能力研究回顾	058
	四、创业学习研究回顾	070
	五、创业绩效研究回顾	084
第三章	新型职业农民社交媒体使用现状	**100**
	一、农民利用社交媒体开展涉农创业总体情况分析	100
	二、新型职业农民的社交媒体平台	120
	三、新型职业农民社交媒体使用存在的问题	124

第四章　案例研究与深入访谈 ... **129**
　　一、案例研究的原因及访谈方法的选择 ... 130
　　二、访谈设计与过程 ... 131
　　三、访谈结果分析 ... 138
　　四、访谈结论 ... 154

第五章　新型职业农民社交媒体使用模式 ... **157**
　　一、研究设计 ... 157
　　二、新型职业农民社交媒体使用类型分析 ... 166
　　三、新型职业农民社交媒体使用强度与依赖性分析 ... 169
　　四、新型职业农民社交媒体使用模式实证分析 ... 172
　　五、新型职业农民社交媒体使用模式的差异分析 ... 176
　　六、小结 ... 179

第六章　新型职业农民社交媒体使用模式与社会资本 ... **181**
　　一、问题提出 ... 181
　　二、理论基础与研究假设 ... 183
　　三、数据收集与分析 ... 188
　　四、分析与讨论 ... 193
　　五、小结 ... 195

第七章　社交媒体嵌入与新型职业农民动态创业能力 ... **197**
　　一、问题提出 ... 197
　　二、文献综述与研究假设 ... 200
　　三、研究设计与数据收集 ... 205
　　四、数据分析与结果 ... 206
　　五、小结 ... 212

第八章 社交媒体情境下新型职业农民社会资本与创业绩效 …… 213
- 一、问题提出 …… 213
- 二、理论基础和概念界定 …… 216
- 三、研究假设 …… 218
- 四、问卷设计和数据收集 …… 222
- 五、结果分析 …… 224
- 六、小结 …… 229

第九章 促进新型职业农民创业的建议和启示 …… 231
- 一、政府方面的建议 …… 231
- 二、对新型职业农民的启示 …… 237
- 三、社会力量的参与 …… 244

第十章 结论与展望 …… 249
- 一、研究结论 …… 249
- 二、研究不足与展望 …… 254

参考文献 …… 258
- 一、英文参考文献 …… 258
- 二、中文参考文献 …… 271

后　记 …… 292

第一章　绪论

一、研究背景

（一）新型职业农民是实现乡村振兴战略的重要人力资源保障

目前，新型职业农民正在成为现代农业建设的主导力量，其对于中国农业农村的发展具有战略意义，也是实现乡村振兴的重要人力资源保障。第一，新型职业农民是中国农业的接班人和希望。中国农业的发展相对滞后，自城市开启工业化进程以来，农村和农业一度面临着"兼业化、老龄化、低文化"的现象。新型职业农民的加入，使得中国农业后继有人，并带来了新的发展希望。第二，新型职业农民关系到农业现代化建设。发展现代农业，需要构建现代农业产业体系、生产体系和经营体系，走产出高效、产品安全、资源节约和环境友好的道路，确保国家粮食安全和重要农产品有效供给，提高农业国际竞争力，这些都迫切需要将农业发展方式转到依靠科技进步和提高劳动者素质上来。因此，农业现代化建设的关键点是"人"，即要培养一批综合素质好、生产技能强、经营水平高的新型职业农民。第三，新型职业农民有利于推进城乡一体化发展。所有的新型职业农民都平等地参与现代化进程、共同分享现代化成果，不同身份的个体，只要是有意向参与乡村振兴，都可以到农村创新创业，成为新型职业农民，这将会不断增强农村发展活力，繁荣农村经济，缩小城乡差距。第四，新型职业农民可以为共同富裕发挥示范带动作用。目前，农民增收的渠道还不多、生产能力比较弱，持续增收的长效机制还没有建立起来。新型职业农民队伍创新创业能力强，可以推动农村产业转型升级，发挥示范带动作用，促进贫困农民增收致富，确保实现共同富裕（农业部，2017）。

新型职业农民的发展需要进一步得到关注和重视。根据张蕙杰等（2015）的研究，我国新型职业农民队伍的供需缺口超过8 000万，近几年，随着乡村振兴战略的推进，返乡创业人数有所增加，但是仍然不能满足农业现代化发展的需要。而且，从已有的新型职业农民来看，部分新型职业农民受教育程度不高，盈利能力不稳定，总体上新型职业农民中的"能人"数量偏少，发挥示范带动作用的能力需要进一步提高。因此，自2012年以来，各级政府出台了不少政策支持和鼓励对新型职业农民的培育，并且农业农村部连续多年开展全国新型职业农民培育示范基地建设，评选"全国百名杰出新型职业农民"资助项目，举办各类新型职业农民培训班。

（二）社交媒体深度嵌入当前新型职业农民涉农创业活动

在全球范围内，数字化转型使各国经济和社会得到了持续发展，它提高了人民的生活质量，带来了更多公平的分配，并为所有人民提供了发展的机会。数字技术同样促进了农业的发展，它提高了市场透明度、提高了农场效率。随着社交媒体的发展，无论是欧美等发达国家的农民还是印度等发展中国家的农民都充分利用这一信息工具来开展农业经营。JCB Workwear公司的调查结果表明，53%的英国农民正在使用脸书（Facebook）和推特（Twitter）等社交媒体交流农业种植经验、获取建议以及了解最新动态信息，社交媒体是农民与客户、政治家和决策者对话的窗口。社交媒体非常有效，是农民开展农业营销，推广业务和产品、在竞争中抢占先机的工具（Bite et al.，2017）。在农产品营销中使用社交媒体可以显著降低农产品营销成本，增加客户对农产品的需求，进而提高农民的效率和农产品的周转率（Inegbedion et al.，2021）。

在中国，无论是城市还是农村，移动互联网的覆盖面已经达到了比较高的水平。根据第49次《中国互联网络发展状况统计报告》（以下简称《报告》），截至2021年12月底，中国互联网普及率达73.0%，共有网民10.32亿。《报告》显示，中国的城乡上网差距继续缩小。我国现有行政村已全面实现"村村通宽带"，贫困地区通信难等问题已经得到了历史性解决。农村地区互联网普及率为57.6%，农村网民规模已达2.84亿。99.7%的网民使用手机上网，中国已经进入了移动互联网时代。在这样的网络环境下，以手机为载体，社交媒体得到了广泛运用，农户的"朋友圈"已然成为"新农具"，开网店、直播带货成为"新农活"。2021年抖音发布首份"三农"数据报告，报告显示，2020年抖音农村视频总获赞量129亿，农村视频创作者收入同比增长15倍。抖音上的不少涉农创业者通过拍摄乡村家庭生活的温馨情节和农业生产的田园野趣，在抖音上拥有了稳定流量和销售渠道，建立了一个个高度个性化且有持续生命力的品牌。在抖音短视频和直播的助力下，他们不仅自己实现了创业成功的目标，还带动了贫困户增收，同时，利用社交电商发展高质量品牌农业，推动了本地农业实现现代化改造。新型职业农民的致富故事表明，在当前的农业农村创业领域，微信、短视频和直播等新型社交媒体在乡村文旅和农产品消费场景中的嵌入，已经成为涉农创业的重要创新模式，对乡村的发展产生了显著的积极作用，还将推动新型职业农民在乡村振兴的发展中取得更大的成就。

（三）对社交媒体和创业关系的研究有利于促进新型职业农民的培育和发展

在实践领域社交媒体对农业发展的推动作用引起了学者们的关注，他们也开始从学术视角探索社交媒体使用与农业经营活动的关系。学者们首先对使用手机的农民展开调查，发现社交媒体会影响农业技术、信息传播。例如，我国学者徐睿（2014）认为在农产品销售中，社交媒体的使用可以有效消除农产品产销过程中的信息障碍，实现农产品产销信息的迅速传递。莫里斯和詹姆斯（Morris and James，2017）以威尔士牧羊人为调查对象的研究发现，很多农场主会利用社交媒体来搜索信息，吸引顾客和消费者，以及提高对问题的认识。社交媒体的使用提供了一个接触其他市场、与消费者接触、获得大众影响力和为其产品增值的机会，有利于市场开发和寻找商机。而后，越来越多的研究发现，社交媒体可以影响新型职业农民和消费者之间的沟通。崔悦（Cui，2014）基于雪松农贸市场和张一新等（Zhang et al.，2016）基于小毛驴的案例研究都对此提供了实证。社交媒体还有利于增加农民社会资本，可以增加供应链的透明度、提高消费者的参与度，让他们产生信任感和真实感（Murray，2013）。最后，学者们围绕社交媒体和农业企业营销，开展了案例研究和定性研究（但斌等，2017；陈旭，2019；张旭梅等，2021）。尽管国内外的相关研究都得出了创新的结论，但是综合学者们的研究成果不难发现，目前，学术界对中国情境下新型职业农民的研究还远远不够，有关农民社交媒体使用的研究更是远远落后于现实的使用实践。新型职业农民是农业农村创新创业的主导力量，他们利用社交媒体开展创新创业活动，取得了较好的效果，这是非常值得学术界探讨的一个话题。然而，目前普遍缺乏从创业的视角来分析社交媒体与涉农创业的关系的研究，因此，该领域的很多关键问题目前仍需要进一步研究，包括中国新型职业农民社交媒体使用的宏观总体情况。微观上，社交媒体有哪些具体使用模式，这些模式和创业学习、社会资本、创业能力以及创业绩效之间有什么关系，这些模式作用于创业关键因素的具体路径是怎样的，在此过程中还受到哪些因素的影响，不同类型的涉农创业者在创业绩效和社交媒体使用模式上是否存在差异等。

社交媒体的使用是信息技术发展的重要体现，关系到高质量新型职业农民的培育，对涉农创业活动的成功发挥着重要的作用。随着社交媒体在新型职业农民涉农创业中嵌入程度的不断增强，加强对两者关系的深入分析和研究，将有利于进一步全面了解新型职业农民社交媒体使用的真实情况，揭示社交媒体工具对新型职业农民创业活动的作用机理，从而为更加有效地培育新型职业农民提供政策建议，为新型职业农民改进创业绩效提供经营参考。

二、研究意义

（一）理论意义

1. 深化新型职业农民研究内容

新型职业农民这一概念自2012年被提出后，就受到了国内学者们的重视。近十年来，学术界对培育新型职业农民的重要意义进行了充分阐述，也提出了很多有关新型职业农民培育的措施，这些研究更多地是从宏观方面进行分析，对农民们利用信息技术的情况关注较少。还有一些案例研究，如介绍家庭农场主、合作社负责人等新型职业农民代表的农业经营情况，采用的是微观的视角，虽然也会分析到微信、短视频等社交媒体的运用情况，但是个案的研究不能代表新型职业农民整体的情况。

本书重点从社交媒体使用的角度来研究新型职业农民，首先，对他们使用的社交媒体的总体情况、类型和存在的问题进行分析总结，并在宏观上对新型职业农民社交媒体经营的现状进行了研究；其次，用了大量篇幅，对新型职业农民的社交媒体创业活动开展实证研究。基于新型职业农民大样本调查的研究结论，学者们归纳出了新型职业农民社交媒体的使用模式，具体有社交使用、认知使用和娱乐使用三种类型，并对不同个体背景新型职业农民的社交媒体使用情况进行了差异化的分析。本书还着重探讨了新型职业农民社交媒体使用与社会资本、创业能力、创业学习等关键因素之间的关系，并最终检验了其对创业绩效的影响，这些实证研究的发现极大深化了新型职业农民研究的内容。

2. 拓展社交媒体使用的研究领域

尽管社交媒体使用理论的研究在工商企业和工作场所已经取得了不小的进展，但是，该理论在农业领域的运用，仍处于发展过程中，还有很多问题值得探索。例如，"新型职业农民使用的社交媒体种类和城市职场员工是否存在不同？""在农村最受欢迎的社交媒体是哪些？""农民社交媒体的使用模式有哪些类型？""农民使用社交媒体对他们的涉农创业活动会产生什么影响"等。本书将通过调查分析和实证研究，对新型职业农民利用社交媒体开展农业经营的情况进行深入分析，探索以上问题的具体答案，这将会进一步拓展社交媒体理论在农业领域的研究。

3. 丰富农民创业影响因素研究

作为农业经济管理领域的研究热点，农民创业的影响因素受到大量学者长期的关注。目前，创业政策环境、产业环境、创业者、企业战略等因素得到了较多的实证支持。然而，中国农村的创业环境日新月异，影响新型职业农民创业的因素也在不断变化。只有加强对农村新情境的研究，探索农民创业中新涌现的影响因素，才能进一步丰富该领域的研究内容。随着信息技术在农业农村中嵌入程度的不断加深，技术因素将成为一股不可忽视的力量，发展为农民创业影响因素研究的一个重要视角。

本书正是在这样的情况下，以农村的信息技术环境为背景，聚焦新型职业农民的社交媒体使用行为，探索社交媒体工具对新型职业农民创业的影响。在社会资本、嵌入性、创业学习、创业能力、创业绩效等理论的基础上，本书还构建了相关的创业研究模型。基于实证分析的研究结果，揭示了社交媒体对社会资本、创业学习、创业能力和创业绩效的具体影响路径和影响程度，验证了信息技术与农民创业之间的关系，丰富了农民创业影响因素的研究。

（二）现实意义

当前，中国的乡村振兴仍处于发展阶段，虽然人们从事农业的热情增强了，但是新型职业农民的创业活动还是存在不少困难，如缺乏创业资源、农业经营收入不大理想等，其中有一部分原因是他们缺乏对社交媒体信息技术的了解，没有借助信息技术的力量来开展涉农创业活动。这些新型职业农民急需有效的引导来发展现代农业。

在比较年轻的新型职业农民中，使用社交媒体是比较普遍的现象，但是在创业过程中却没有取得应有的成效。大部分新型职业农民社交媒体操作技能水平都不高，有的拍摄的图片和视频质量不高，无法吸引消费者注意，有的夸大宣传招致投诉，还有的传播内容低俗引发反感等，最终导致社交媒体的使用对创业发挥的影响有限。造成这些情况的原因在于新型职业农民的社交媒体使用行为缺乏指导，他们对社交媒体和创业中关键因素之间的规律不甚了解，因而无法科学地使用社交媒体。

本书的研究验证了社交媒体使用对推动新型职业农民创业活动的有效性，可以为政府开展新型职业农民的新媒体操作培训提供决策依据和支撑。政府通过明确新媒体操作中培训的具体内容，针对新型职业农民的不足来加以改进，可以提高培训的有效性，改进培训的效果。同时，本书探索了社交媒体使用与创业各关键因素之间的关系，揭示了新型职业农民使用社交媒体来积累社会资本，开展创业学习，提高创业能力和改善创业绩效的作用机制，对新型职业农民开展农业经营具有较好的指导作用。

三、研究对象与研究目标

（一）研究对象

本书的研究对象为新型职业农民。2012年中央一号文件首次提出"新型职业农民"这一概念，2017年农业部出台的《"十三五"全国新型职业农民培育发展规划》指出，新型职业农民主要是指以农业为职业、具有相应的专业技能、收入主要来自农业生产经营并达到相当水平的现代农业从业者。

从经营内容来看，新型职业农民从事的主要为涉农相关产业，他们以市场为导向组织创业活动，生产经营主要满足市场需求。从经营领域来看，他们的涉农创业活动包括生产、加工、流通和服务等不同领域。从身份角色来看，涉农创业者包括家庭农场主、农业企业主、农业合作社负责人、农村种植（养殖）大户、个体新型职业农民等。

（二）研究目标

本书从当前新型职业农民社交媒体创业的实践出发，在文献回顾的基础上，选取创业的视角来开展研究。通过对新型职业农民创业代表的深入访谈和调研，运用理论与实证相结合的方法，分析新型职业农民社交媒体使用的具体模式，并进一步探索社交媒体使用对新型职业农民创业过程关键因素及创业结果的影响，最终提出利用社交媒体促进新型职业农民创业的建议和对策，回归对实践的指导。具体研究目标有以下几个方面。

1. 分析当前新型职业农民社交媒体使用的现状

这是从宏观的视角做的一个总体研究，包括追溯新型职业农民利用社交媒体创业的历程、介绍当前最受农民欢迎的社交媒体类型、归纳社交媒体使用给涉农创业带来的影响，以及对社交媒体使用中存在的问题做出分析。

2. 归纳新型职业农民社交媒体使用的具体模式

社交媒体的功能很多，在创业实践中，新型职业农民对社交媒体的使用也有不同的目的和表现。从复杂的使用行为中归纳出社交媒体使用的主要模式，有利于农民们选择合适的社交媒体工具，对更好地发挥社交媒体的功效也有指导作用。

3. 探索社交媒体使用对新型职业农民创业过程及其结果的影响

创业理论研究者长期关注创业中的关键因素，如创业者的社会资本、创业学习和创业能力，因为它们与创业结果密切相关，影响到创业的成败。本书的一个重要研究目的就是要通过实证分析来检验社交媒体使用与创业关键变量之间的关系，揭示社交媒体不同使用模式对各类社会资本、创业学习以及创业能力的作用机理和影响程度。这些研究的结论有重要意义，既可以帮助我们理解新型职业农民使用社交媒体的原因，又为创业绩效改进提供了可行的思路。

4. 提出利用社交媒体促进新型职业农民创业的建议和对策

本书最终章节以研究结论为支撑，针对当前社交媒体涉农创业中存在的问题，从政府、社会组织和新型职业农民等不同视角，提出相应政策和经营建议，从而达到解决问题的目的。

四、研究内容

根据以上研究目标，第一，本书对研究的总体情况进行了说明，介绍了研究的现实和理论背景、研究意义、研究对象与研究目标、研究内容、研究方法、研究思路和研究的创新点等宏观层面的内容；第二，根据研究的需要，梳理了社交媒体使用、社会资本、创业能力、创业学习和创业绩效五个方面的研究成果与发展，剖析了研究现状与不足；第三，本书追溯了新型职业农民创业中使用社交媒体的历程，从宏观层面分析了社交媒体在涉农创业中的使用现状；第四，本书选取了10位新型职业农民代表，开展了深入访谈和案例分析，收集了更多与社交媒体使用有关的微观方面的信息，为实证研究奠定了基础；第五，本书基于大样本调研的数据，开展实证分析，通过因子分析验证了新型职业农民社交媒体使用的主要模式；第六，本书构建了三个研究模型，实证分析社交媒体使用与社会资本、创业学习、创业能力三个关键因素的关系及其对创业绩效的影响；第七，根据研究结论和新型职业农民的创业现状，从政府、社会组织和新型职业农民等不同层面，提出了相应政策和经营建议。各章节内容具体如下。

第一章，绪论。首先，从新型职业农民对乡村振兴的人才保障作用、社交媒体创业的现状和学术界农业创业相关研究背景导入研究话题，并在此基础上阐明了研究的理论意义和现实意义。其次，明确提出本书以新型职业农民为研究对象，通过文献梳理、现状分析、实证关系检验和对策建议等方面的研究目标，概括介绍本书的研究内容、研究方法和研究思路。最后，对本书的创新之处进行分析，完成对本书总体情况的介绍。

第二章，文献综述。结合研究主题的需要，分别从社交媒体使用、社会资本、创业能力、创业学习和创业绩效五个方面，梳理了本书依托的主要理论的研究现状和成果，为后续研究模型的构建与研究假设的提出奠定理论依据，同时，也剖析了当前研究的不足，并明确了本书的研究方向。

第三章，新型职业农民社交媒体使用现状。首先，追溯农业中信息技术使用的历史，分析新型职业农民使用社交媒体的背景和发展过程。其次，结合农村创业实践的新闻报道和相关文献资料，列举出新型职业农民经常使用的社交媒体使用模式。最后，对社交媒体涉农创业的特点、趋势及影响做出详细的分析，同时，也提出新型职业农民社交媒体创业存在的问题，客观地展现当前中国农民利用社交媒体开展涉农创业的真实现状。

第四章，案例研究与深入访谈。选取 10 位新型职业农民作为研究案例，进行半结构化访谈，以了解新型职业农民社交媒体使用的具体情况，探索社交媒体的使用对新型职业农民创业过程中的重要因素和创业者个人的影响以及其具体影响路径，从而进一步寻找利用社交媒体工具来提高新型职业农民创业绩效的可能性。最终对访谈结果进行分析，为后续研究中变量的选择、量表的设计、概念模型的构建和研究假设的提出奠定了基础。

第五章，新型职业农民社交媒体使用模式。通过问卷调查的方式，收集了 462 份问卷，运用 SPSS 统计软件，详细分析了新型职业农民社交媒体使用的类型、强度和的依赖性。在量表分析的基础上，运用因子分析的方法，验证了新型职业农民对社交媒体的使用有社交使用、娱乐使用和认知使用三种模式。

第六章，新型职业农民社交媒体使用模式与社会资本。在上一章的基础上，本章基于社会资本理论，构建社交媒体社交使用、娱乐使用、认知使用模式与结合型社会资本（bonding social capital）、桥接型社会资本（bridging social capital）之间的研究模型，提出相关假设，运用成熟量表对变量进行测量并设计问卷，通过对收集到的数据资料进行清理，运用 Amos24.0 统计软件进行结构方程模型分析，检验社交媒体不同模式和两类社会资本之间的关系，实证研究结论表明各变量之间存在显著正向影响。

第七章，社交媒体嵌入与新型职业农民动态创业能力。本章基于嵌入性理论，将新型职业农民的社交媒体使用界定为社交媒体嵌入，并将其划分为网络社群嵌入和网络媒体嵌入两个维度，同时选取创业学习和社会资本两个重要的创业过程变量作为中介因素，构建了社交媒体嵌入与新型职业农民动态创业能力之间关系的研究模型。实证研究设计中借助成熟的量表设计问卷，开展调研，对收集到的 334 份问卷进行分析，结构方程模型研究结果验证了网络社群嵌入和网络媒体嵌入对创业能力有显著正向影响，其中新型职业农民的创业学习和社会资本发挥了完全中介作用。

第八章，社交媒体情境下新型职业农民社会资本与创业绩效。在第六章，研究结论已经表明新型职业农民使用社交媒体后，社会资本会显著增加，尤其是桥接型社会资本。本章继续挖掘社交媒体对涉农创业的深入影响，探讨社交媒体情境下社会资本与创业绩效之间的关系。首先，借助资源基础理论和创业过程理论构建社会资本、创业能力和创业绩效的研究模型，提出研究假设。其次，进行科学的研究设计，收集实证研究数据资料。最后，按照研究流程，分析和检验假设的每条路径，最终证实了结合型社会资本和桥接型社会资本都会正向影响创业绩效，而新型职业农民的机会能力和运营能力在其中起到了重要的调节作用。

第九章，促进新型职业农民创业的建议和启示。在政府层面，提出制定媒体培训促进政策、健全社交媒体创业经营法律法规、加强网络基础设施建设和扩大宣传引导的建议；在新型职业农民层面，也根据研究结论得出了经营启示，包括增强社交媒体创新创业意识、合理利用社交媒体的不同模式、加强创业学习、提高创业能力和提升媒介素养。最后，还建议社交媒体平台公司、乡村创新创业组织和媒体联盟机构也参与进来，共同助推新型职业农民开展社交媒体创业行为。

第十章，结论与展望。本书最后回顾总结了研究在理论发现、实证结果和对策启示方面的成果。同时，提出了本书在样本选取、指标测量、研究内容深化和数据获取上的不足之处，并建议未来研究应扩大样本范围，开展跨区域对比研究，选取横截面数据，从前置影响因素和创新等不同视角对研究内容做进一步深化。

五、研究方法

当前，对新型职业农民的研究以宏观定性研究为主，这种研究可以了解基本现状，探索和发现与新型职业农民相关的一些新问题。创业研究大量采取微观的视角，通过大样本的数据资料，开展量化实证研究，揭示变量之间的关系。本书采用定性研究和定量研究两种方法。首先，做定性分析，概括新型职业农民的社交媒体创业现状，深入农民群体，开展多案例调查，探索研究关键变量；其次，遵循定量研究规范，在理论分析的基础上，构建研究模型，再通过大规模发放调查问卷来收集研究数据，而后运用统计软件和结构方程模型验证研究假设，得出研究结论。结合定性和定量研究，最终较为透彻地分析了新型职业农民的社交媒体创业问题，本书采用了以下研究方法。

（一）理论分析法

理论分析法是借助理论原理进行逻辑推理的研究过程。本书在实证研究的几个章节都借助成熟的理论来开展研究分析，构建研究模型，推理研究假设。例如，在第五章，基于使用与满足理论，将社交媒体的使用模式分为社交使用、娱乐使用和认知使用三种类型，而后开展因子分析和验证；在第六章，本书以社会资本理论为基础，划分出结合型社会资本和桥接型社会资本两种类型，再构建社交媒体三类使用模式与两类社会资本的研究模型，奠定了实证研究的基础；在第七章，本书从嵌入性理论出发，提出社交媒体嵌入的概念，然后又借鉴创业学习理论，综合网络嵌入、媒体嵌入、社会资本和创业学习四个因素，分析新型职业农民的动态创业能力；在第八章，本书依据资源基础理论，提出了社会资本与创业绩效之间的研究假设，同时又考虑创业过程模型中新型职业农民创业能力的作用，把机会能力和运营能力作为调节变量，加入模型的研究中。基于以上理论的研究方法，既体现了研究的严谨性，又丰富了研究的内容，并得出了新的发现，发展了创业研究领域的相关理论。

（二）案例访谈法

案例访谈法是指通过深入社会现实来获取研究所需的第一手资料的研究方法。案例访谈法有利于明确研究主题和重点，方便为后续研究寻求研究思路。为了充分了解新型职业农民社交媒体使用的现状，探索社交媒体使用对涉农创业的影响，本书选取了10位创业农民代表进行访谈，收集一手数据。通过深度访谈，本书获取了农民代表社交媒体使用的具体信息，为后文测量维度的划分提供了可供参考的现实依据。在访谈资料的基础上，本书还挖掘了农民代表社会资本、创业学习、创业能力和创业绩效等关键因素的情况，并梳理了社交媒体使用与它们之间的逻辑关系，为后续的实证分析探明了研究方向。

（三）问卷调查法

通过问卷来收集研究所需的一手资料是创业微观研究中的常见方法。本书以新型职业农民为研究对象，需要充分获取他们社交媒体使用和创业的相关资料，选取适合使用问卷调查的方法。为保证研究的科学性，问卷的设计应遵循相应流程，变量测量尽可能选取成熟的量表，并邀请涉农企业管理专家、创业研究领域专家和新型职业农民代表严格把关，在正式调研之前，还要开展预调研，检验问卷的合理性和回答效果。在问卷发放方面，为了获得足够的样本量，本书依托福建农业职业技术学院、福建农林大学和各地新型职业农民培训班等组织，选取培训班学员作为主要对象，发放电子及纸质问卷来收集数据。回收问卷后，研究团队对问卷进行认证核验，确保问卷的有效性。最终，当各项研究的调研样本都达到最低样本要求时，就可以开展进一步的实证研究。

(四)统计分析法

量化研究需要对数据进行基本的统计分析,SPSS 是最常见的统计软件,本书在实证研究的过程中充分利用该软件完成了如下工作。

1. 描述性统计分析

包括对新型职业农民人口特征变量、农业创业项目情况、社交媒体使用类型、强度等基本情况进行简单的描述性统计分析;对第五章、第六章、第七章和第八章研究模型中社交媒体使用、社会资本、创业学习和创业绩效等潜变量进行描述性分析,检查这些变量是否符合正态分布特征,为后续研究奠定基础。

2. 因子分析

在第五章研究新型职业农民社交媒体使用模式时,分别进行探索性因子分析和验证性因子分析,归纳验证了社交使用、娱乐使用和认知使用三种模式类型。此外,在后面几章实证研究中,也对问卷进行信度与效度检验,为之后的模型拟合度验证提供前提条件。

3. 差异分析

在第五章,使用独立样本 t 检验法,分析不同创业培训经历的农民在社交媒体使用模式上的差异,同理,在分析经营领域差异给新型职业农民社交使用模式带来的影响时,也运用单因素方差法。

(五)结构方程模型

结构方程模型用于潜变量之间关系的研究,其在创业实证研究中被广泛使用。本书中,社交媒体使用模式、社会资本、创业学习、创业能力和创业绩效各变量均为潜变量,且变量之间关系复杂,适合使用结构方程模型来进行分析。本书第七章、第七章和第八章的实证研究,都是运用 Amos24.0 软件来进行结构方程模型分析。每项研究的实证过程都有规范的步骤,首先是对测量模型进行验证性因子分析、信度和效度分析，而后进行结构模型的拟合度检验，在拟合度符合标准的基础上才开展研究假设的检验，检验的结果则表明了潜变量之间的关系，也就是各变量之间的作用路径与影响程度。本书第七章和第八章的研究模型比较复杂，分别涉及中介变量和调节变量的作用，这两项研究分别是通过Bootstrapping（自举法）中介效应检验和交互项的检验来完成的，这也是创业实证研究中常用的方法。

六、研究思路与技术路线

（一）研究思路

本书遵循提出问题—分析问题—解决问题的思路，从新型职业农民的社交媒体创业实践切入，在创业研究视角之下，综合使用理论分析法、案例访谈法、问卷调查法、统计分析法和结构方程模型方法，对新型职业农民社交媒体使用宏观现状和微观行为等问题进行系统分析，最终得出了相应结论。

首先，提出问题。从农村社交媒体的创业实践出发，结合学术界对新型职业农民社交媒体创业的研究现状，提出相关社交媒体因素，分析新型职业农民创业活动现状及其具体规律的重要意义，明确研究问题。

其次，分析问题。按照从宏观到微观的思路，运用定性研究和实证研究两种研究方法，先对新型职业农民的社交媒体使用现状进行分析，较为全面地展示新型职业农民社交媒体使用的总体情况；然后验证社交媒体的三种使用模式，并在此基础上，实证分析社交媒体使用对创业过程变量和结果变量的影响，由浅入深，逐层深入，对研究内容深入挖掘，最终完成对研究问题的逐一解答。

最后，解决问题。总结研究结论，在此基础上，提出解决问题的对策，从政府、新型职业农民和社会力量三个层面，提出促进新型职业农民社交媒体创业的建议。

（二）技术路线

本书的技术路线如图1-1所示。

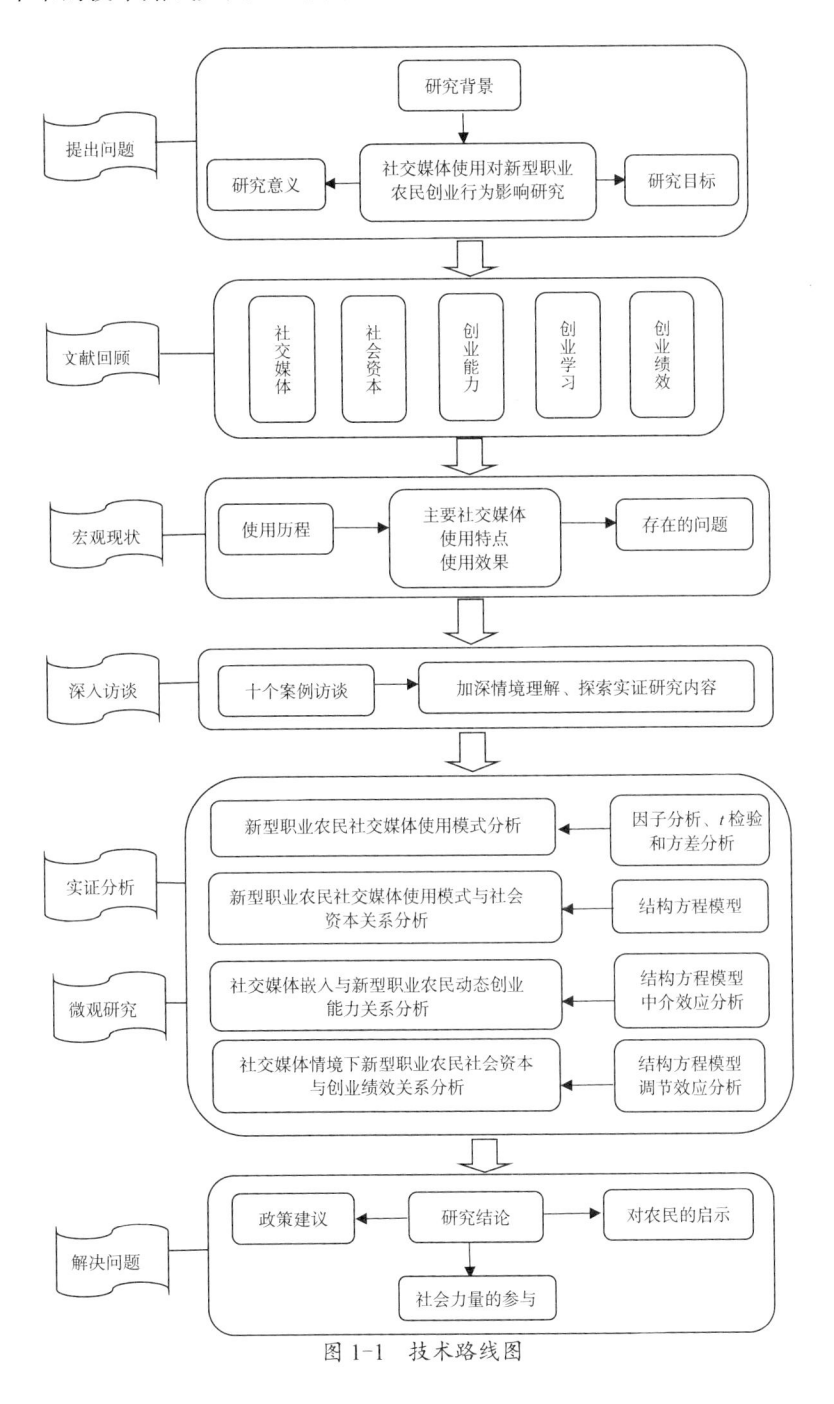

图1-1 技术路线图

七、可能的创新之处

（一）研究视角

"互联网+三农"体现了农业农村创业发展的趋势，近年来持续受到学者关注。从农村电商产业发展视角出发，分析互联网与"三农"的关系是比较主流的一个研究思路，学者们从中得到了很多重要的发现，包括农村电商产业集群的形成原因、农村电商技术的采纳对农民收入有重要影响等。先前的研究大多将信息技术作为一个抽象的概念，并未涉及具体形式。本书的研究视角有所创新，关注信息技术的社交媒体载体表现形式，以新型职业农民为研究对象，对社交媒体的宏观使用情况、微观使用模式及其使用效果展开了充分的分析，真实地展现了移动互联网情境下涉农创业活动的新特点，揭示了社交媒体对农民创业过程和结果的影响规律，研究结论可以为新型职业农民的涉农创业提供新的解释，这是对互联网环境下"三农"问题的深化研究。

从创业影响因素的范畴来看，先前学者对农村创业环境的研究更多地考虑政策环境、经济环境、社会文化环境。本书关注的是科技环境，通过分析社交媒体与涉农创业多个变量之间的关系和作用路径来探讨移动互联网对新型职业农民创业的影响。这一研究视角符合当前中国农业创业的新情境，有利于解决实践领域的新问题，丰富创业环境研究的内容。

（二）研究内容

从研究内容来看，本书具有如下创新点：第一，本书追溯了新型职业农民在创业中使用社交媒体的历程，较为全面地呈现了新型职业农民社交媒体使用的特点、存在的问题，分析了社交媒体使用对农民创业的影响，在宏观层面展示了社交媒体在涉农创业中的使用现状，具有一定的创新性；第二，本书基于大样本调研的数据，开展实证分析，使用因子分析方法，验证了新型职业农民社交媒体使用的三种主要模式：社交使用、娱乐使用和认知使用，明确地划分了社交媒体使用的维度，具有创新性；第三，本书具体分析了社交使用、娱乐使用和认知使用对桥接型社会资本和结合型社会资本的影响，验证了新型职业农民社会资本的社交网络来源，为社会资本的积累提供了创新发展思路，丰富了社会资本源的研究；第四，本书通过对社交媒体嵌入、社会资本、创业学习和新型职业农民动态创业能力关系的研究，揭示了社交媒体作用于创业活动中各项关键因素的具体路径和方式，是对农民社交媒体使用结果效应的深入探索，具有创新性；第五，本书验证了桥接型社会资本、结合型社会资本与创业绩效之间的关系，同时，也实证检验了农民的机会能力和运营管理能力在其中的调节效应，表明了新型职业农民使用社交媒体创业时提高创业能力的重要意义，是一个重要创新。

（三）研究结论

本书根据研究结论和当前现状，设计了促进新型职业农民社交媒体创业的一整套行动方案。首先，政府要完善社交媒体经营相关政策；其次，新型职业农民应该增强社交媒体意识和提升创业能力；最后，不同类型的社会组织需要提供支持和助力。这些策略可以共同助推社交媒体创业行为，对新型职业农民具有重要的指导意义和实践意义。

第二章 文献综述

一、社交媒体使用研究回顾

（一）社交媒体的概念和表现形式

1. 社交媒体的概念

社交媒体是英文"social media"的翻译，这一翻译表明社交媒体基于社会交往，可以开展撰写、分享、评价、讨论和沟通等活动，同时具有社会交往和媒体双项功能（曹博林，2011）。

安托尼（2007）在其电子书 *what is social media* 中，最早提出社交媒体的概念，他认为社交媒体是一种给予用户极大参与空间的新型在线媒体，具有参与、公开、交流、对话、社区化、连通性等几个特征。

社交媒体的这一定义比较模糊，这是学术界对社交媒体这一新生事物的最初认识。随着网络媒体技术的不断创新发展，社交媒体在形式和特点上呈现出更多的变化，学者们也提出了对社交媒体定义的新理解。曼金和福兹（Mangold and Faulds，2009）从信息的视角将社交媒体界定为一种由消费者控制的主流的信息来源，认为它引起了企业沟通方式和战略的变革。传播学者卡普兰和海恩莱恩（Kaplan and Haenlein，2010）认为，社交媒体最大的特点是赋予每个人创造并传播内容的能力，从这个视角看，社交媒体是指一系列建立在Web2.0技术和意识形态基础上的网络应用，它允许用户自己生成内容

（UGC）的创造和交流，这在一定意义上揭示了社交媒体的核心理念在于"消费者即生产者""用户创造内容"。

曹博林（2011）是国内较早对社交媒体概念做出界定的学者，他通过梳理国外文献，将社交媒体定义为"建立在互联网技术之上的互动社区"。他认为社交媒体是开展社会互动的媒体，人们可以利用这种交流工具进行社会交往。社交媒体构建了线上社群，人们在不同的社群里充分参与社交活动，线上互动可以帮助自己"被人发现"和"建立关系"，也可以满足自己"受到崇拜"和"发挥影响"的心理需求。社交媒体最大的特点是赋予每个人创造并传播内容的能力。使用者借助社交媒体可以把图片、视频、文本和传统内容进行混搭处理，在社交媒体上发布后又可以与社群中的成员互动，建立"联系"（connection）和生成"意义"（meaning）。

也有学者基于技术视角，提出自己对社交媒体的界定。如国内学者荆宁宁等（2017）认为，社交媒体是一种基于互联网的在线互动媒介或应用程序，允许用户轻松地创建、编辑和访问内容。

本书借鉴卡普兰和海恩莱恩（2010）的观点，将社交媒体定义为互联网上基于用户关系的内容生产和交换平台，在该平台上，人们彼此之间可以分享意见、经验和观点。

同传统媒体中的报纸、电视等相比，社交媒体具有开放性、连结性、协作性、对话性和类聚性等特点，因此，大量受众自发使用社交媒体。

2. 社交媒体的表现形式

社交媒体的发展历史可以追溯到20世纪70年代产生的Usenet（新闻组）、ARPANET（阿帕网）和BBS（网络论坛）系统。20世纪90年代，随着计算机和互联网的发展，社交媒体才得到广泛的发展。在2004年以后，Web2.0运动兴起，社交网站开始蓬勃发展，社交媒体由此成为一类不可忽视的媒体力量。

借鉴曹博林（2011）的研究，社交媒体可以划分为以下五类：（1）创作发表型，包括博客（blog）、论坛（message boards）和微博（microblog）等。（2）资源共享型，主要由照片分享（photo sharing）、视频分享（video sharing）、音乐分享（online music）和评论（review）等内容共享型社交媒体组成。（3）协同编辑型，包括维基（Wikipedia）以及社交型问答网站（Quora）、知乎等。（4）社交服务型，包括即时通信（instant message）的脸书（Facebook）、微信（WeChat）、QQ等。（5）C2C个人与个人（consumer to consumer）商务型，典型代表为淘宝、京东等平台和美团、大众点评等团购平台。

（二）社交媒体使用的维度

学术界在对社交媒体使用进行测量的时候，分成两种研究思路。一种是将社交媒体使用作为单一的维度来进行分析，另一种则是将社交媒体使用划分为多个维度。

1. 单一维度社交媒体使用测量方法

单一维度社交媒体使用测量方法一般将社交媒体使用情况作为一个综合变量来分析。例如，欧分等（Offong et al., 2017）采用3个题项测量社交媒体使用，欧和戴维森（Ou and Davison, 2011）采用6个题项测量社交媒体使用，卢曼等（Luqman et al., 2021）采用8个题项测量社交媒体社会工具型使用。其中被广泛地使用的是欧和戴维森（2011）的量表，学者们在探索员工社交媒体使用与敏捷性关系的实证研究中普遍采用这种测量方式（Pitafi et al., 2018; Cai et al., 2018; Wei et al., 2020）。除了开发量表外，还有学者使用客观测量方法评价社交媒体使用，比如访问特定社交媒体的次数（Van and Steinfield, 2016）和定期使用各种社交媒体的数量（Bizzi, 2020）。国内学者韦路和陈稳（2015）也是沿用这种研究思路，关注社交媒体使用强度对工作绩效的影响，用社交媒体使用的具体时间、年限、朋友数量等量化数据和社交媒体依赖性来衡量社交媒体使用强度的大小。有的学者用社交媒体使用的实际情况来测量社交媒体使用情况，例如，黄昊舒和何军（2018）在研究农民工社交媒体使用效果的时候，运用社交媒体的周使用时间、社交媒体使用的月花费和社交媒体使用的 App 种类来分析农民工社交媒体使用情况。还有学者用社交媒体的具体点击量来衡量其使用情况，如刘嘉琪和齐佳音（2021）在对品牌企业社交媒体使用情况进行衡量时，以电影产品为研究对象，将中国电影院线领先企业在微博平台发布的企业生成内容（EGC）作为社交媒体使用情况的变量。总体来说，单一维度社交媒体使用的测量方法缺乏综合性，不利于深入地对社交媒体的使用情况进行探索（吴金南 等，2022）。因为社交媒体的使用场合非常广泛，功能非常丰富，为用户的多样使用行为提供了可能，而不同的使用行为和方式所产生的媒介效果存在较大差异（Guo et al.，2014），所以越来越多的学者将社交媒体使用按照不同的研究视角来进行多维度的划分和测量。

2. 基于使用动机的社交媒体使用结构划分与测量方法

基于使用动机的社交媒体使用结构划分在学术界被广泛接纳。这种研究思路主要是强调人们使用社交媒体的目的，或是关注社交媒体有什么不同功能。例如，我国学者甘春梅（2017）以微信为例，对社交媒体的使用动机和功能进行明确划分，其中使用动机划分为娱乐、消磨时间、社会互动等七个方面，功能包括群聊功能、评论功能、点赞功能等 11 项。韦路和陈稳（2015）则运用因子分析的方法，归纳出信息生产、信息获取和社会交往三个社交媒体使用维度。综合来看，目前学术界有两种划分方法得到普遍认可。

（1）社交型使用、认知型使用和娱乐型使用

阿里 – 哈森等（Ali-Hassan et al.，2015）运用使用与满足理论，分析社交媒体使用的社会和心理起源。调查研究发现，社交媒体可以满足使用者的

社会需求，如需要加强与家人、朋友和熟人的联系；娱乐需求，如情感需求、愉悦的情感体验；认知需求，如寻求信息、知识和地位的需求，由此得出了社交媒体社交型使用、认知型使用和娱乐型使用三个维度。其中，社交型使用是利用社交媒体建立新的关系和维持已有关系；认知型使用是指基于知识分享的目的，通过社交媒体新建和发布信息，如发布个人照片、提出意见、分享经历等；娱乐型使用是指利用社交媒体从事娱乐活动，以消磨时间和实现工作脱离。他们还根据社交媒体使用的这三个维度开发了测量量表，用实证研究的方式探索这三个维度的社交媒体使用对技术工作冲突与压力以及工作绩效的影响效应（Cao and Yu，2019）。

（2）工作导向型使用和非工作导向型使用

在工作场所社交媒体使用的研究中，学者们基于社交媒体使用动机，采用了更为精简的两维度划分方法。比如，卢等（Lu et al.，2019）从使用动机、行为表现、信息内容和社会纽带四个方面详细界定了工作导向型使用和关系导向型使用的差异。工作导向型社交媒体使用侧重完成工作任务，行为表现是规划、分类和掌控工作任务，沟通的信息内容侧重于职业与工作信息，形成的社交关系是工具型关系。关系导向型社交媒体使用是为了建立和维持社会关系，行为表现是同事间的倾听、鼓励和相互支持，涉及信息多为个体与一般性信息，形成的社交关系则是表达型关系。类似地，还有学者将社交媒体使用划分为工作导向型和非工作导向型使用，例如，卢等（2016）发现，前者积极影响员工任务执行和工作绩效，后者则对任务执行和工作绩效产生不利影响。陈和魏（2019）开发了工作导向和社交导向的两维度社交媒体使用量表，并探究其与员工感知的超负荷之间的关系。基于使用动机视角的社交媒体使用结构划分方法倾向于以技术使用的主体挖掘个体技术使用行为的社会和心理根源，强调个体的主观使用动机，即技术对员工需求的满足程度以及由此产生的结果。该方法的优势在于强调了人的主观能动性，技术是为人提供服务的，不同的使用行为在于满足需求，呼应了组织管理中"以人为本"的思想，缺点是忽略了社交媒体技术本身的客观属性特征（吴金南 等，2022）。

3. 基于使用范围的社交媒体使用结构划分与测量方法

这种社交媒体使用结构划分建立在组织外部和内部两个主要的沟通领域基础上。面向外部的社交媒体使用指的是与利益相关者（如竞争对手、客户与求职者等）的沟通交流，面向内部的社交媒体使用则指用于组织内的协调与协作（Kane et al., 2014）。侯贵生等（2020）从使用范围上界定了面向外部和面向内部的社交媒体使用，并开发了相应量表，用于探索社交媒体使用与员工创新绩效的关系。基于使用范围视角的社交媒体使用结构划分方法从组织层面描述社交媒体使用，强调组织采纳社交媒体的目标，认为组织既可以将社交媒体用于内部主体的沟通与协作，实现提升内部绩效的目标，也可以用于外部利益相关方的沟通，实现外部营销的目标。该划分方法的优势是拓展了社交媒体使用的类型和应用范围，缺点是受到了诸多将社交媒体使用界定为专用于组织内部应用的学者们的质疑，因而研究其普适性具有一定的局限性（吴金南 等，2022）。

4. 基于可供性的社交媒体使用结构划分与测量方法

（1）可视性、可持续性、可编辑性和可联系性

随着社交媒体技术在企业的广泛普及，诸多学者采用"可供性理论"解释社交媒体能够提供何种特定功能，现已形成可视性、可持续性、可编辑性和可联系性四种类型的可供性（Treem and Leonardi, 2013；Rice et al., 2017）。可视性是指社交媒体为用户提供了一种能力，使他们可以在组织中获取到那些曾经不可见或者很难见到的信息，这些信息主要包括工作行为、元知识和组织活动流等。可持续性指的是用户在社交媒体上发布内容后，如果内容能以其最初展示的形式保持可访问性，则交流是可持续的，可持续性

主要影响知识保存、建立健全的沟通形式以及信息积累等三类活动。可编辑性指的是发布在社交媒体上的信息被别人查看之前，个体可以对其进行精心构思和重新编辑，也可以在交流后修改或修订这些内容，通常与调整个人表达、定位内容和提高信息质量等三类行为有关。可联系性指社交媒体可以在个体间、个体与信息内容以及沟通者与行动者间建立有关，包括支持社交联系、获取相关信息和确保紧急联系等活动。这四种可供性被广泛地与组织社会化、知识分享和权利演化进程方面的结果联系起来（Treem and Leonardi，2013）。瑞斯等（2017）采用定性与定量研究相结合的方法率先开发了包含此四类可供性的量表，此后学者们测量企业社交媒体可供性多采用或借鉴此量表。

（2）自我表达、副语言数字可供性认同和网络外部性

尽管上述对可供性的划分已形成较为系统的理论建构，仍然有学者对可供性进行了创造性的补充。尼维海撒和曼族尔（2020）将可供性定义为系统属性的组合，这些属性包括用户与系统的交互、感知行动的可能性以及系统向其用户提供的价值，进而将社交媒体使用区分为自我表达、副语言数字可供性认同以及系统提供的网络外部性。其中，自我表达（通过微博）指的是一种个体希望与其他人共享特定信息的机制；副语言数字可供性认同是诸如喜欢、积极反馈和点赞等非语言的沟通线索，它们允许同事间可以在没有详细对话的非正式情境中公开地即时认可和欣赏彼此的工作；网络外部性是指用户对现有和未来用户数量的感知与这些可视化的用户信息能够带来的有益结果。他们设计了测量这三类可供性的量表，并且使用该量表探索社交媒体使用对工作场所社交纽带形成和员工网络闲逛行为的影响。

可供性视角从描述技术属性出发，强调用户、技术以及人-技术交互带来的行动可能性，该视角集合了系统特征、用户使用以及相应行为三个方面的要素，意图帮助研究人员了解社交媒体技术的采纳以及采纳的结果。这种

分类的优势是综合考虑了客观物质性和社会能动性的思想，超越了唯"技术决定论"和唯"社会决定论"的局限性，克服了过于微观具体化的基于特定技术分析的思想，聚焦可供性而非技术本身，并且基于特定的组织环境，强调了技术使用的社会动态性演化。但是，该分类的缺点是从积极角度考察技术的效用，忽视了可能存在的不良技术使用行为（吴金南 等，2022）。

（三）社交媒体使用对农业经营的影响

1. 社交媒体影响农业技术和信息传播

有关社交媒体信息传播功能的研究始于对手机的关注，随着手机尤其是智能手机在农民中的使用越来越普及，国内外研究者们开始分析这一新的媒体工具对农业所产生的影响。

都特等（Duarte et al., 2013）声称56%的人现在利用社交媒体寻找新的食品，这个数字还会随着智能手机的推广而不断上升。莫里斯和詹姆斯（2017）以威尔士牧羊人为调查对象，通过访谈和问卷调查，发现有了社交媒体后，很多农场主都依靠它来搜索信息，而不是依靠互联网或是传统农业网络搜索信息。社交媒体提供了一个接触其他市场、与消费者接触、获得大众影响力和为其产品增值的机会。社交媒体有利于开发市场和寻找商机。比特等（Bite et al., 2017）通过结构问卷和深入访谈，对使用社交媒体的农民进行调查，描述性的研究发现，社交媒体是农业营销中非常有用的工具，它节省了农民获取信息的时间和成本。

国内学者中张会田和吴新年（2011）最早发现手机已经日益成为农民们主要的农业政策、农业生产科技信息、市场信息、劳务用工信息获取和传播途径。郑风田等（2012）与许竹青等（2012）深入海南进行农业生产信息调研，为我们展现了手机的使用为海南农业生产带来的帮助，描述性统计数据表明手机的使用有利于农民获取销售渠道和价格、种植品种、天气预报、种植技术等方面的信息；有利于改善农民的信息不对称状况，改变种植决策，最终避免菜贱伤农等问题的出现。杨沅瑗等（2013）对江苏和湖南两地农民信息行为进行对比研究，得出手机已经成为重要的信息获取方式的结论。对于手机在农业技术指导方面的作用，吴良等（2014）指出，农户和农业专家可以通过手机短信或微信的文字、图片和语音功能来开展咨询和指导。徐睿（2014）则从农产品销售信息方面来分析社交媒体的作用，他认为在传统农产品交易市场中，农民处于信息通道的末端，对最新的农产品市场信息缺乏了解，往往依赖以往的经验盲目地进行农业生产，不利于取得理想的农业绩效，而社交媒体的使用可以有效消除农产品产销过程中的信息障碍，帮助农民迅速传递农产品产销信息。学者们的研究认为，与传统的广播、电视、宣传板相比，新媒体对农业信息传播的优势明显，可以加强农民与外界的交流。农民在家就可以轻松地了解外部世界，改变被动地位，主动地接受农业生产和销售方面的信息，既有利于提高农村文明程度，又有利于保障农产品质量安全（岳琳，2014）。随着研究的不断深入，李国英（2015）借鉴美国的经验，指出我国移动互联网的普及将使得农业信息化进入新时代：在生产环节和流通环节分别出现精准农业和农业电子商务模式，这些又将改变我国传统农业的经营模式和管理模式。目前，这与我国农业发展的实践是相吻合的。社交媒体已经成为涉农信息生态链的重要环节，是信息传递的主要平台（张秀英，2018）。具体研究见表2-1。

表 2-1 社交媒体影响农业技术和信息传播

研究方法	研究结论	文献
定性研究	手机获取和传播农业政策、农业生产科技信息、市场信息、劳务用工信息等	张会田、吴新年（2011）
描述性定量研究	手机改善农民的信息不对称状况，传递生产、销售等方面的信息，可以避免菜贱伤农等问题	郑风田等（2012）；许竹青等（2012）
描述性定量研究	手机成为重要的信息获取方式	杨沉瑗等（2013）
定性研究	农户迫切需要通过手机短信或微信（文字或照片）与农业专家开展咨询和指导	吴良等（2014）
定性研究	新媒体对农业信息传播的优势：第一，新媒体加强了农民与外界的交流。第二，新媒体推动了农业经济发展。第三，新媒体有利于保障农产品质量安全	岳琳（2014）
定性研究	社交媒体的使用可以有效消除农产品产销过程中的信息障碍，实现农产品产销信息的迅速传递	徐睿（2014）
定性研究	我国移动互联网的普及使得农业信息化进入新时代：精准农业和农业电子商务的出现将会改变传统农业经营模式和管理模式	李国英（2015）
定性研究	社交媒体是涉农网络信息生态链中的信息平台	张秀英（2018）

2. 社交媒体影响新型职业农民和消费者之间的沟通

国外开展社交媒体和农业企业客户关系管理方面的研究早于国内。安德森（Anderson，2009）的研究发现，社交媒体在协助指导人际交流、创造真实的农业意识方面是非常有益的工具。农场主使用社交媒体的原因各有不同，一些农场主是积极使用社交媒体开展沟通，另一些农场主则是被动开展沟通。一些农民加入推特来帮助自己或是消费者学习相关农业政策或是向对农业缺乏了解的消费者传播农业知识。巴伯沙（Barbassa，2010）的研究发现，农学家们利用社交媒体来教育消费者了解食物的起源和发展，他们还召开了大量的研讨会和培训活动来教农民们如何在农场经营中使用社交媒体。当反农业组织在社交媒体上攻击农业时，农场主们也会在社交媒体上予以回应。陈宇波等（Chen et al.，2011）认为，大众对于农业如何运作知之甚少，农业传播者必须与消费者保持开放的对话。今天，农业通信有了新的形式。农民和牧场主们正在通过推特、脸书、YouTube、LinkedIn、博客等社会化媒体与消费者交流农业信息。崔悦（2014）采用案例研究的方法，以雪松公园农贸市场为例，通过对公司的Facebook社交媒体创建以来的页面进行回看和分析，发现无论是市场组织者、客户、供应商还是当地社区，在公司的社交媒体上都能看到他们的参与痕迹；农贸市场经常使用Facebook作为营销平台来发布一些和经营相关的即时信息（例如，市场销售什么农产品、公司有开展哪些活动的打算等），这些做法有利于市场与顾客、供应商之间保持联系；雪松公园农贸市场的Facebook页面成了网络社会中心，与当地社区保持联系。里曼和宙斯夫（Lehmann and Joseph，2015）运用访谈和问卷对尼日利亚的农业企业家进行调研，研究发现尼日利亚61%的农业企业家都使用社交媒体，其中Facebook的使用率最高，新型职业农民使用社交媒体的主要用途是客户关系管理。张一新等（2016）采用案例分析的方法，以中国社区支持农业的先行者小毛驴家庭农场为例，调查分析了农场微博的使用对社区支持农业（community supported agriculture，CSA）这种农业经营模式的影响。研究发现，微博有利于农场和客户之间进行即时的交流和互动，农场利用微博来发布文字和照片，客户成员可以获取有关农场的直接信息，微博还提高了客户投诉处理的效率，形成了社区效应，农场利用它来宣传先进的农业理念，而顾客之间也经常在微博上开展交流互动（Zhang et al.，2016）。

国内学者陈卫平及其团队以中国社区支持农业为对象进行了相应研究。实证方面的研究揭示了社交媒体使用如何影响消费，即在社区支持农业的过程中，社交媒体为消费者与消费者、消费者与生产者之间建立联结提供了一种途径（陈卫平，2015）。微信、微博等社交媒体是提供信息的平台和与消费者开展情感内容互动的工具（陈卫平，2015），它们既有利于消费者初始信任的产生，又有利于持续信任的建立（谭思、陈卫平，2018）。

3. 社交媒体增加农民社会资本

史丹利（Stanley，2013）的研究发现，社交媒体的价值在于它能够增强农民的社会资本，可以提高供应链的透明度、参与度、信任感和真实感。陈卫平（2015）在北京市、南京市、福州市和广东省四省市7个社区支持农业农场开展调查，运用结构方程模型，对336位消费者的样本数据进行分析。实证研究发现，在社区支持农业情境下，消费者的社交媒体参与对消费者信任有显著的直接正向影响。

4. 社交媒体促进农业企业营销

社交媒体也被广泛运用到农业企业的品牌推广、产品营销活动中。学者们围绕这一视角开展了简单的案例研究和定性研究。刘锦（2016）以联想佳沃农场为对象进行案例研究发现，社交媒体在提升品牌影响力方面具有极大的优势，有利于宣传企业文化与经营理念，增强农业企业品牌的知名度。但斌等（2017）认为，农业企业要借助社交媒体来开展营销，运用社交媒体平台输出文字、图片和视频等相关的体验项目信息，在此基础上构建体验意象，借此激发生鲜消费者产生线下体验的动机。陈旭（2019）认为，要利用社交媒体开展场景营销，吸引消费者注意。

（四）研究述评

通过对文献的回顾可以发现，社交媒体使用已经成为信息管理、新闻传媒、企业管理、教育管理和健康心理学等多学科共同关注的新兴热点问题。国内外学者们围绕企业社交媒体使用开展相关研究，在不同主体社交媒体使用的行为和结果方面已经取得了比较丰硕的研究成果，加深了人们对企业社交媒体使用的内涵、结构与测量方法的认识，为我们比较全面地理解农业领域企业社交媒体使用的结果提供了多视角的理论解释和经验证据。当前研究呈现如下特点。

1. 当前研究的特点和不足

（1）研究成果主要为非农领域员工视角的社交媒体使用

目前，在企业管理领域，学者们对社交媒体使用的研究，更多地局限在非农领域工作场所员工社交媒体的使用上，从社交媒体使用的维度划分和测量来看，基于使用动机将社交媒体使用划分为社交型使用、认知型使用和娱乐型使用三个维度，或是工作导向型使用和非工作导向型使用两个维度；基于使用范围将社交媒体使用划分为组织外部沟通使用和组织内部沟通使用两个维度；基于可供性的社交媒体使用结构有两种研究思路，第一种思路用可视性、可持续性、可编辑性和可联系性来测量社交媒体使用，第二种思路用自我表达、副语言数字可供性认同和网络外部性来测量社交媒体使用。从社交媒体使用的结果来看，学者们探讨了工商管理领域员工社交媒体使用对组织行为方面的影响，包括社交媒体使用对员工工作绩效和工作态度等内部因素的正反双面影响。这些研究成果为非农领域员工社交媒体的使用提供了很好的经验指导，但是却无法反映农业领域创业者对社交媒体使用的真实情况。

（2）农业领域社交媒体使用的研究以信息管理视角为主

农业领域社交媒体使用的研究主要从信息管理的视角来分析，探索社交媒体使用和农业技术信息传播、客户关系管理、农产品营销之间的关系，这些研究成果反映了当前农业领域社交媒体使用在农业技术信息、客户信息、产品信息等方面的最新情况。但是，农业创业是非常复杂的创业行为，除了信息管理之外，资源管理、创业者自身行为管理、创业结果管理等都很重要。而社交媒体使用对农业创业领域的影响应该是全方位的，只关注信息管理，不能全面地揭示社交媒体使用对农业创业领域影响的深远程度，不利于充分了解中国当前农村创业的现实情境。

（3）农业领域社交媒体使用的研究以定性研究和案例研究为主

运用科学的方法对农民社交媒体使用情况进行研究是充分发现农民社交

媒体使用规律及其对农业经营管理发挥作用机制的必要途径。当前,在农村领域,对农民社交媒体使用的研究主要采用定性研究和案例研究方法,如通过单案例或是多案例来分析社区支持下农业社交媒体社群上的互动情况等,这种研究方法适合对农村的社交媒体使用情况进行探索性的分析,有利于发现新问题,却无法从案例中得出有说服力的规律性结论。虽然社交媒体现在在农村的普及率已经比较高了,但是对农业领域社交媒体使用的大样本量化研究却比较少,量化研究结论的缺失将不利于农村社交媒体活动的开展和有效利用。

2. 未来的研究方向

综合社交媒体使用研究方面的文献可以发现,在当前,中国对农业领域社交媒体使用的现有研究还存在诸多值得进一步探究的问题,本书提出以下亟待突破的拓展方向。

(1) 探索农村创业者视角下的社交媒体使用研究

社交媒体使用会受到个体人力资本和社会文化习惯等因素的影响,因而不同职业和身份的个体和社会文化情境因素都会影响社交媒体使用的测量、方式和使用效果。城市工商企业职业场合员工社交媒体的使用倾向于员工视角职场工作的完成与关系的管理,而在新型职业农民创业的过程中,创业者视角的社交媒体使用在社交媒体的使用动机和目标方面都表现出差异,员工视角的社交媒体使用研究结果无法反映创业者视角的社交媒体使用情况和效果。在乡村振兴的过程中,中国农村会涌现出大量新型职业农民。因此,未来可以加强对新型职业农民的社交媒体使用行为的研究。

(2) 开发新型职业农民的社交媒体使用量表

社交媒体从诞生到现在全社会范围的广泛使用经历了不断的技术更新迭代,无论是在表现形式还是功能方面都非常丰富。目前在农村领域对社交媒体使用的研究主要将社交媒体使用作为单一变量进行分析,这种测量方法过于笼统，不能准确地了解新型职业农民社交媒体的具体使用方式，更无法了解不同模式之间的差异和效果，不利于更加高效地指导新型职业农民使用社交媒体。因此，未来可以综合考虑社交媒体使用动机和使用强度，开发适合新型职业农民的社交媒体使用量表。

（3）深化社交媒体使用对新型职业农民创业过程的影响研究

在全球迎接创新创业浪潮和中国实施乡村振兴战略的背景下，深化社交媒体使用对新型职业农民创业过程的影响研究是未来值得关注的重要方向。现有研究已经初步证实了社交媒体使用对创业过程中的一些重要因素会产生影响，例如，社交媒体使用可以加快农业技术信息的传播，有利于加强客户关系管理，并获得客户的信任，还可以用来促进销售。但是，社交媒体使用在影响创业信息传播和管理的同时，是否还会影响新型职业农民创业过程中的其他因素，如社会资本、创业学习、创业能力？社交媒体使用是否也会影响新兴职业农民创业的结果以及这种影响是如何发挥的？目前，学术界对这些方面尚没有进行系统的研究。新型职业农民开展涉农创业关系到我国农村的产业兴旺，是乡村振兴的重要支撑，利用社交媒体开展创业活动是推动现代农业发展的重要途径。为了进一步促进农业的现代化发展，未来的研究可以重点关注社交媒体使用对新型职业农民创业过程及其结果的影响，尤其是揭示创业过程中关键因素的影响机制。

二、社会资本研究回顾

（一）社会资本的概念

社会资本概念属于经济学与社会学的交叉词汇，自提出以来，社会资本在管理学、政治学、经济学与社会学等多个学科的研究中得到运用，也由此逐渐演变成一个层次复杂的多维度概念。综合社会资本的研究文献，对社资本概念的界定主要包含网络观、资源观、文化规范观和能力观四种观点。

1. 网络观

这种观点认为社会关系网络就是社会资本的本质。法国学者皮埃尔·布尔迪厄（Bourdieu，1986）是最早提出这一观点的学者，他认为"社会资本与对某种持久网络的占有密不可分，这一网络是大家共同熟悉的、得到公认的，而且是一种体制化的关系网络"，从布尔迪厄对社会资本的定义可以看出，他将社会资本界定为一种社会关系网络，他认为社会资本不是自然形成的，而是与个体长时间在社会结构中获得的成员身份以及社会关系网络密切相关，这种成员身份和社会关系网络可以帮助个体获得资源。因而，个体可使用社会关系网络的规模大小决定了个体所占有的社会资本数量。社会关系网络规模越大，个体的社会资本越丰富。

与布尔迪厄不同的是，美国社会学家罗纳德·伯特（Burt，1995）更加关注个体在社会网络中所处的位置，并在此基础上提出了结构洞（structural holes）理论。他认为网络中个体的位置更重要，个体所占有的结构洞（个体与部分人有直接关系，但与其他人无直接关系，这一现象好似网络中的"洞穴"）越多，掌握的信息和资源也就越多，更有利于获得资源。因而，他将社会资本定义为"一种网络结构，能带来资源或者决定资源"。

2. 资源观

持这种观点的学者认为社会资本是一种资源的集合，这种集合体可以是实际的，也可以是潜在的。詹姆斯·S.科尔曼（Coleman，1988）认为，个体行动都有其目的性，即控制能满足自己利益的资源，因此他主张从功能的视角来定义社会资本。他将社会资本定义为个体利益交换时形成的社会关系，社会资本可以给个体带来更多满足利益的资源。按照科尔曼的观点，社会资本与个体人际关系密切相关。社会资本、物质资本和人力资本共同构成了个体生存发展的三种重要资本。社会资本和人力资本是无形的，物质资本是有形的，它们三者之间可以转换。

林南（Lin，1999）将社会资本放置在资本理论的体系中来进行考察，他认为既然资本是"期望在市场中获得回报的资源投资"，那么社会资本就是"期望在市场中获得回报的社会关系投资"，因此，社会资本被定义为"在目的性行动中获取的，或被动员的、嵌入在社会结构中的资源"。按照这种观点，社会资本是嵌入个人社会网络中有价值的社会资源，可以通过个人的直接和间接网络关系来获取。在个体的目的性行动中，个人可以通过获取信息或影响的方式从社会网络成员那里摄取社会资源。社会资源观还认为，个体对社会资源的摄取与使用受两个因素的影响，一个是个人的初始社会地位，另一个是行动者和联系人的关系强度。因此，更好的初始社会地位，比如，有较好的社会经济资源基础与最初的社会经济地位，可以提高得到和使用更高社会资源的可能性。

3. 文化规范观

这种观点认为社会资本的本质是信任、互惠等文化规范。美国社会学家罗伯特·普特南（Putnam，1999）是文化规范观的代表学者，他在对意大利地方社区进行研究时，提出应从群体层面来考察社会资本，普特南把社会资本界定为组织内部的信任、规范和网络，并且认为这些社会资本能够通过推动协调和行动来提高社会效率。普特南对群体层面的社会资本是非常认可的，因为信任为社会生活增添了"润滑剂"，它提高了投资于物质资本和人力资本的收益。在现实中，一个依赖普遍性互惠的社会往往比一个没有信任的社会更有效率。他还认为，体现为信任、惯例以及网络这样的社会资本存量有自我强化和积累的倾向，对社会文明发展发挥了重要作用。张文宏（2003）认为，普特南的观点将社会资本等同于市镇、都市甚至整个国家这样的社区中的"公民精神"的水平。

学者弗朗西斯·福山（2016）认为，社会资本是现代社会的重要组成部分，在《信任：社会美德与创造经济繁荣》一书中，他指出"如果一个群体诚实守信、遵守规则，那么就能产生信任，信任能产生社会资本，而这社会资本取决于群体所遵守的规则及个体隶属于群体的角色"。这种观点从集体层面来理解社会资本，将社会资本界定为集体所共有的资本，它表现为集体成员在充分沟通后产生的信任以及在此基础上获得的互惠。

4. 能力观

持这种观点的学者将社会资本定义为行动者在社会关系中摄取资源的能力。美国社会学家波茨（Portes，1998）是这一观点的主要代表，他认为社会资本是"个人通过他们的成员资格在网络中或者在更宽泛的社会结构中获取短缺资源的能力"。这一定义从个体的角度来研究社会资本，包含了两层含义：首先，他认为社会资本作为一种资源或资产，体现为个体的能力，不同个体在社会资本获取方面存在差异；其次，个体在智力、学历、学识方面的能力不是个体天然私有的资产，而是个体嵌入于社会网络中的结果，个体于不同的社会网络中取得的成员资格，帮助他们拥有了资源获取的能力。由于个体嵌入的社会网络不同或是在同一网络中嵌入的程度不同，他们在社会资本占有方面也有所不同。能力观为微观社会资本的研究提供了一个可行的视角，得到了很多学者的认可。

不管是将社会资本视为社会网络、资源、文化规范还是能力，学者们都是从某个观察角度揭示了社会资本所涵盖的内容。或关注其用途与构成，或关注其主体，或关注其发挥作用的范围。对社会资本所赋予的意义，都是服务于学者们对相关问题的研究。

（二）社会资本的维度

与社会资本概念的复杂性一样，社会资本维度的划分目前也是存在多样的标准，本书依据研究的主题从创业企业家视角和社交媒体两个视角来分析社会资本的维度，探究与社交媒体情境下涉农创业相关的社会资本的具体内涵。

1. 创业企业家视角的社会资本分类

房建奇（2020）总结了学者们的研究文献，认为目前学术界主要通过三种方式来对创业企业家的社会资本构成维度进行划分。

（1）根据创业企业家网络内容与形式分类

波利（Birley，1985）认为，企业家社会资本主要由其社会网络构成，可以划分为正式网络和非正式网络两个层面。科尔曼（1988）则认为，外部资本和内部资本是企业家社会资本的两个重要组成部分。贺小刚等（2006）将企业家社会资本分为政府关系、企业关系和企业内部员工关系三个维度。耿新（2009）则把企业家社会资本分为商业、制度和技术三个维度的社会资本，这一维度划分方法近年来得到了较多学者的认可（吴俊杰、戴勇，2013；李辉、王聪，2016）。

（2）根据创业企业家联系的方向或总类划分

边燕杰和丘海雄（2000）认为，企业家社会资本由横向、纵向和社会联系三个维度组成，其中横向联系是指企业家与行业内企业的联系；纵向联系指的是企业家与上下游厂商、政府部门和监管机构之间的联系；社会联系则是企业家嵌入社会中的各种联系。这种分类方法体现了企业经营中交错复杂的联系，被很多后续学者采用并加以改进。例如，徐万里等（2013）在此基础上将维度划分有所延伸，他们从企业内外部相结合的角度将企业家社会资本分为外部横向关系网络、外部纵向关系网络和企业家内部纵向关系网络。

（3）根据创业企业家网络特征划分

那哈彼和葛沙尔（Nahapiet and Ghoshal，1998）提出，社会资本由结构、关系和认知三个维度构成。其中结构维度指的是行动主体间联系的整体模式；关系维度是人们在互动过程中建立的一种具体关系，也称关系嵌入

(Granovetter，1992），主要包括信任、规范、认同、义务等；认知维度指的是提供不同主体间共同理解、解释和意义系统的一系列资源，主要包括共同语言、文化习惯等，它是嵌入在组织中的一个共享范式，有助于个体行为符合组织目标要求。学术界较为认同他们对社会资本的界定，在后来的研究中有不少学者都借鉴了这种划分方法。例如，莫兰（Moran，2005）把产品和销售经理网络分为结构嵌入和关系嵌入。与之类似的，在国内学者张静和朱玉春（2019）的研究中，同样将科特派企业家社会资本分为结构型、关系型和认知型社会资本。房建奇（2020）也沿用这种划分思路，将企业家社会资本划分为结构维度、关系维度和认知维度三个社会资本构面，其中结构维度社会资本指的是企业家从社会网络联系和网络结构中动员和攫取到的资源，反映的是企业家联系的整体模式，其关注点在于企业家网络联系存在与否及强弱；关系维度社会资本是指企业家与企业外部利益相关者互动过程中建立起来的包括信任、规范、认同和义务等在内的具体关系资本，主要关注企业家社会联系的人格化特征；认知维度社会资本指的是企业家与企业外部互动过程中所具有的共同理解的表达、解释和意义系统的资源，包括文化习惯、共同语言、共有编码等，有助于不同个体对群体目标的理解，从而推动个体的行为方式符合组织要求。

2. 社交媒体视角社会资本维度的划分

围绕社会资本的讨论产生了多种分类，普特南认为在所有的类型中，最重要的是结合型（bonding）和桥接型（bridging）社会资本（Putnam，2000）。普特南运用马克·格兰诺维特的强连结和弱连结的概念（Grannovetter，1973）进行说明，结合型社会资本与强连结的关系网络相对应，一般来自家庭以及亲密的好友，能够提供情感慰藉与支持；相对的，桥接型社会资本对应弱连结的关系网络，个体间的关系松散不牢固，这种连结能够提供有用的信息和新鲜的观点。结合型社会资本向内，联系着亲戚与亲密朋友等同质群体，这种紧密的联系有利于团结,在很大程度上支持更狭隘的自我;桥接社会资本向外,跨越不同的群体和圈子,这种较弱的关系更适合连接外部资源和进行信息扩散,可以形成更广泛的社会网络。结合型社会资本具有排他性,而桥接型社会资本更具包容性。因此,相对于结合型社会资本,弱关系的桥接型社会资本更有可能将不同的群体联系在一起。

社交媒体主要的功能包括社交功能、信息功能和娱乐功能。社交媒体的便利性和互联性决定了其在与人开展联系的时候具有极大的优势,既能够促进现有关系的增强,又可以不断开拓弱关系,因此,学者们在对社交媒体情境下的社会资本进行划分的时候,借鉴了普特南(Putnam,2000)的划分方法,艾里森(Ellison,2007)将其分为结合型与桥接型社会资本两类,其中结合型社会资本主要产生在社交媒体上熟悉的社会网络,而桥接型社会资本主要来自社交媒体上陌生的人群。国内也有学者认可这种维度的划分,但是在维度命名的时候会有一些差别,开发弱关系的叫连结社会资本,开发强关系的叫作黏合社会资本(赵曙光,2014)。虽然叫法不同,但是本质一样,认可了社交媒体通过线上网络在社会资本的发展,尤其是弱关系的拓展上发挥的重要作用。

(三)社交媒体使用与社会资本的关系

社交媒体是一种基于互联网的信息技术工具,所以在谈论社交媒体与社会资本关系的时候,可以借鉴互联网和社会资本关系的研究。社交媒体使人们的交流方式发生了巨大改变,让人与人之间的交流更加便捷。但是目前学术界对社交媒体使用和社会资本之间关系的研究,在结论上仍然存在争议。总结前人研究,借鉴互联网与社会资本的关系研究,社交媒体使用对社会资本的影响也主要存在三种不同观点(周懿瑾、魏佳纯,2016)。

1. 社交媒体转化社会资本

持这种观点的学者认为社交媒体转化了现有的社会资本。社交媒体刚开始进入人们生活的时候，人们还是习惯于与线下现有的社会关系开展联系，所以先将线下社会资本转移到线上。与传统线下联系不同的是，社交媒体的存在扩展了人们的交流方式，降低了交流门槛，使人们能够脱离空间限制转而对现有线下关系进行更好的经营和互动，所以虽然社会资本只是发生了转移，但是关系的强度还是比线下更密切。随着社交媒体使用程度的不断提高，人们的生活再也离不开社交媒体，线下和线上生活融为一体，所有的线下社会资本都可能转移到线上。

2. 社交媒体削弱社会资本

随着社交媒体在人们社会生活中嵌入程度日益增加，学者们也开始关注社交媒体对社会资本的负面作用。另一些学者就提出了不同的观点，他们认为社交媒体的使用削弱了社会资本。学者们认为，影响个人社会资本积累的不是技术本身，而是人们使用技术的方式，例如，利用互联网浏览新闻可以促进公民参与，而玩网络游戏则对公民参与产生消极影响。互联网的使用造成了线下人际关系的隔离，人们在网络上消耗的时间越长，意味着现实生活中与亲人好友的交流越少，从而会导致孤独感的加强，进而削弱了社会资本。为了充分验证社交媒体使用和社会资本之间的关系，学术界进行了大量的实证研究。例如，黄含韵（2015）在对中国青少年社交媒体使用情况进行调查后，研究分析发现沉迷于社交媒体的青少年容易失去日常社交媒体兴趣，导致人际沟通障碍，进而损害其社会资本。以企业员工为研究对象的分析也发现，员工过度沉迷于社交媒体的娱乐和社交活动，对于工作绩效影响并不显著，反而会对正常工作的开展产生负向作用（毕砚昭 等，2020），因为社交媒体会使得员工的专注力降低，使他们减少了面对面的人际交往，此外，一些员工还受困于社交媒体的负面情绪，这些都会导致个体压力增大，从而产生职业倦怠。

3. 社交媒体补充社会资本

持这种观点的学者认为，社交媒体融入生活中，延续了人们在现实世界互动交流的空间，社交媒体使用补充了社会资本，而没有转移或削弱社会资本（Quan-haase and Wellman，2004）。

社交媒体自诞生起就具有强大的社会关系网络编织功能，在网络媒介上，人与人之间可以打破时间和空间的界限，建立大量弱关系联系，从而形成浅度信任型社会资本，也可以称之为"游离性"社会资本。因此，人们可以利用社交媒体在虚拟的空间中构筑社会关系网络，从而成为一种新型社会资本而对自身及组织发挥作用和影响（周宇豪、杨睿，2021）。社交媒体在促进社会资本形成方面具有优势，它可以帮助人们建立和维护各种强关系和弱关系，通过人际反馈和同伴的接受帮助用户建构个人身份，影响人们对生活的满意度和自尊心。在社交媒体中，人们还可以基于不同的原因加入自己感兴趣的小组，形成社群进行相互交流，推动集体行为的形成（赵曙光，2014）。在学术界，以不同人群为研究对象的结果都证实了这一观点。

国外有学者基于Facebook的研究发现，社交媒体的使用有助于结合型社会资本的形成，人们可以通过社交媒体很简单地建立并维持自己的弱关系，广泛的弱关系让人们可以与更多的人进行交流，获取有用的信息或是不同的观点（Steinfield et al.，2008）。还有研究证明Facebook的使用强度与大学生生活满意度、社会信任、文化参与和政治参与呈正相关，但用户通过浏览政治新闻会增强对政治参与的热情，并倾向于使用已经形成的政治网络解决切身权利与义务的问题（Valenzuela et al.，2009）。Facebook的使用放大了同龄群体的广度（Pempek et al.，2008），并且能将现实中从未见面联系的潜在的关系转变成桥接型社会资本，例如，人们基于共同的兴趣爱好而组建的网络社群（Ellison et al.，2007）。

国内学者的研究也有相似的发现。例如，赵曙光（2014）在对社交媒体的使用频率和使用模式与不同类型社会资本关系进行研究时，得出社交媒体的使用频率不会显著影响个人生活满意度和社会信任，但对行为层面的社会资本有显著影响的结论。其中，微博对生活满意度、社会信任的影响最为明显，微信则对公民参与社会意愿的影响最为明显。他将社会资本分为连结社会资本、黏合社会资本和维持社会资本三种类型，实证研究表明，三类社会资本与社交媒体的使用频率均呈显著的正相关关系。微信、微博、社交网站对不同类型社会资本的影响效果存在差异。在对农民工的研究中，黄昊舒和何军（2018）发现，社交媒体使用对新一代农民工社会资本有正向促进作用，尤其是在帮助女性农民工这一弱势群体建立城乡弱联系、获取更多社会资源方面发挥了更显著的作用。贺建平和黄肖肖（2020）则关注老年人的社交媒体使用，他们的实证研究发现，微信实际使用促进了社群互动关系，使得城市老年人的结合型社会资本和桥接型社会资本都显著增加，尤其是后者变化更加明显，从而正向影响了他们的主观幸福感。

在企业界，学者们对社交媒体使用和社会资本的关系展开了更加充分的研究。相关的研究结论表明，社交媒体拓宽了员工社会网络，使员工从不断积累的社会资本中获取信息、知识、社会支持和其他有价值的资源，进而提升其工作绩效（吴金南 等，2022）。阿里哈森等（2015）发现，企业社交媒体使用使得员工社会资本的结构资本、关系资本和认知资本均显著增加。陈夏宇和魏斯（Chen and Wei，2019）的研究表明，社交媒体使用可以促进工具型社会关系和情感型社会关系的发展。富金迪等（Fu et al., 2019）的研究证实了工作导向型和社交导向型社交媒体使用一方面通过增加外部社会资本（桥接型）降低工作满意度，另一方面通过增加内部社会资本（结合型）提高工作满意度。此外，基于可供性视角的研究还发现，员工在社交媒体上的自我表达、副语言数字可供性认同和网络外部性等三类可供性有利于促进同事间的合作与建设性沟通，进而增加员工社会资本（Nivedhitha and Manzoor，2020）。

当然，学者们也指出，作为社会资本的一种新型形态，建立在社交媒体传播基础上的社会资本的形成需要进行投资，包括手机、电脑和网络等硬件设备的投资，社会行动者应具备一定的媒介素养，维护虚拟空间社交网络所需的时间和精力以及有目的性的网络圈层社会活动（周宇豪、杨睿，2021）。

学者们进一步深入分析了社交媒体不同使用模式与不同类型社会资本之间的关系。例如，有学者对社交媒体与社会资本关系的研究主要关注日常使用行为（如使用时间）以及在站点上具体的行为（如为好友发布的内容进行评论）对社会资本的影响（Vitak et al.，2011）。斯坦菲尔德等（Steinfield et al.，2008）将社会资本划分为桥接型以及结合型社会资本，研究发现Facebook的使用与桥接型社会资本的关系要强于与结合型社会资本的关系。以艾里森等（2007）的研究为例，他从Facebook使用强度、使用行为等维度研究了社交网站使用与社会资本的关系，同时引入了用户的自尊感、幸福感等变量进行研究。结果发现Facebook的使用与社会资本的创造与维护存在正相关关系，尤其是桥接型社会资本。

国内学者郭羽（2016）认为，在社交媒体匿名性的网络社区上，个体的自我展示存在"火车上的陌生人"效应。个体愿意在社交网络上自我展示，将内心深层次想法和个人信息透露给陌生人，这种行为有利于人们建立弱关系，促进桥接型社会资本的增加。同时，社交媒体上的自我展示也容易增加线下人际关系资本的积累。以移民为对象的研究发现，社交媒体的使用可以帮助移民建立起跨越型的社会网络，进而形成跨越性社会资本，促进城市融合（刘传江 等，2018）。韩金、张生太和白少一（2021）关注社交媒体使用者的个性，基于实证研究得出的结论认为外向性、宜人性人格特质正向影响微信使用强度，并最终正向影响桥接型和结合型社会资本。刘嘉琪和齐佳音

（2021）发现，企业社交媒体发布的信息性和说服性内容均会正向增加企业线上桥接型和结合型社会资本，而且信息性内容作为企业向消费者传递的强信号，还可直接为企业带来更多的销售收入。

（四）新型职业农民的社会资本

1. 新型职业农民社会资本类型研究

本书在研究的过程中收集了与新型职业农民社会资本相关的文献，通过对资料的整理发现，学者们对新型职业农民社会资本的范畴没有形成统一的界定，主要是根据具体研究的需要来明确新型职业农民社会资本的内涵，所以目前在中国农业创业的相关研究中，新型职业农民社会资本的研究按照研究内容的不同可以进行相应的归类，主要包括农业合作社社会资本、家庭社会资本、集群社会资本和农民社会资本四种类型。

（1）农业合作社社会资本

这类研究主要关注农民加入合作社后与之相关的整个合作社社会资本及其他社会资本的变化。首先，学者们认为，农民们加入合作后会形成合作社社会资本，可以表现为结构性社会资本和认知性社会资本两种类型，前者直接对创新绩效产生影响，后者通过吸收能力间接影响创新绩效（戈锦文 等，2016），除此之外，合作社的这两类社会资本还通过资源获取的中介作用，对合作社成长性发挥显著正向作用（李旭、李雪，2019）。后来，学者们开始关心加入合作社后，合作社中理事长、社员等个体社会资本的变化。基于中国江苏省、吉林省、四川省三省的样本合作社与农户数据进行的实证研究表明，以理事长为代表的合作社核心成员政治性社会资本与政策性资金支持关系密切，呈显著正相关；在获得政策性资金的合作社内部，政策性资金在内部成员间分配不均，普通成员受益程度显著低于核心成员（徐志刚 等，2017）。还有研究发现，虽然农民们加入同一个合作社，但是农民社员存在着极大的异质性，其中社会资本的差异很显著，主要表现在对合作社和社长的信任程度不同，以及由政府和金融机构组成的社会网络关系不同方面（周蓉、李明贤，2019）。对于加入合作社可以获得额外的社会资本，学者们也是持肯定态度的。研究表明，规模农户加入合作社可以获得社团型社会资本，并能够提升其原生型社会资本，最终可以显著缓解其正规信贷约束（周月书 等，2019）。

（2）家庭社会资本

对家庭社会资本的作用，学者们得出了不同的看法。一部分学者认为，农户创业行为与家庭社会资本密切相关，是创业中首先要关注的社会资本。家姓是否为村里的大姓、亲戚好友的数量、在村里和村外当干部的亲戚的数量等条件决定了一个家庭的社会资本，这些都对农村劳动力创业转移存在显著正向影响（罗明忠、罗琦，2016）。另一些学者的研究却发现，亲戚交往、邻里关系等家庭社会资本对失地农民的非农就业分化不会产生影响，他们的创业选择更多地是受其他因素的影响（戚晓明，2017）。

（3）集群社会资本

这类研究从产业集群的视角来研究新型职业农民的社会资本，关注的是嵌入集群的农业创业企业社会资本的变化、影响因素及其结果。目前，比较典型的是对茶叶产业和淘宝村电商产业集群的研究。例如，以安徽省茶叶种植产业集群为例开展的调查研究发现，茶叶产业集群内社会资本对茶农收入有显著影响，茶农纯收入与茶叶产业集群的发展密切相关，集群内各种社会网络的存在可以促进农户之间，农户与企业和合作社之间的信息、知识、技术的交流、传递与共享，而后促进农民社会资本和人力资本的积累与提高，并进而实现农户增收（卫龙宝、李静，2014）。淘宝村电商产业的案例研究则揭示了集群社会资本对农户网店经营绩效的作用机理，基于淘宝村的质性研究发现，集群社会资本通过作用于资源获取、创新能力和市场开拓3个中介变量影响农户网店经营绩效；其中，集群网络和集群声誉通过作用于资源获取对农户的网店收入产生影响；集群网络和集群规范通过作用于创新能力对农户的网店收入和销量产生影响；集群声誉通过作用于市场开拓对农户的网店销量产生影响（曾亿武 等，2017）。

（4）农民社会资本

这类研究关注的是农民创业者个体的社会资本，学者们在研究中致力于探索社会变迁进程中出现的异质性农民社会资本，得出的相关结论不断丰富了农民社会资本的研究。从表2-2可以看出，早期学者们认为，农民的社会资本分为民间社会资本和官方社会资本，后来有学者从社会资本结构、关系和认知维度来分析农民社会资本，最近这几年有学者从宏观地域社会资本或社区社会资本的角度来分析农民社会资本的不断变化，例如，刘传江、覃艳丽和李雪（2018）从人口流动的视角将个体社会资本划分为"整合型"社会资本和"跨越型"社会资本。前者是指由农村传统的亲缘、地缘、人缘等"关系"而带来的闭合性社会网络构建的社会资本，可能兼具"原始型"和"新型"双重特点；后者来源于社会流动，处于不同社会群体成员的"跨越"社会网络，将原有社会网络进行"延展"而形成"跨越型"社会资本，因此具有开放性的特征。随着对社会资本研究的不断深入，学者们更加关注在新的情境下特殊社会资本的研究。所谓特殊社会资本，指的是在个体关系网络中具备较高社会地位关系的数量（郭红东、丁高洁，2013），在一定程度上代表了农民的网络资源。宋帅和李梦（2021）认为，农民的特殊社会资本在整个创业过程中发挥了重要的作用，因为其代表了农民创业者关系网络中嵌入的社会质量的总体情况，网络资源质量高表示社会资本更加有效。创业者的个人网络中具有较高社会地位的人越多，高质量的信息渠道越丰富。创业者更容易从特殊社会资本中获取有价值的非冗余信息（Granovetter，1973），这些差异性资源是获得客户信息、管理知识以及有关技术的重要渠道，可以有效判识创业机会并合理评估创业风险。因此，拥有更高特殊社会资本的农民，在使用数字金融缓解融资约束后，可以通过特殊社会资本获取相关资源，提高创业机会识别的能力，从而提高创业的概率。

表 2-2　农民社会资本研究

研究内容	文献来源
官方社会资本、民间社会资本	秦红增和刘佳（2009）
结构社会资本、关系社会资本和认知社会资本	万生新、李世平和宁泽逵（2012）
人际关系资本、组织关系资本和政治关系资本	张鑫、谢家智和张明（2015）
信任（人际信任和制度信任）、互惠规范、公民参与网络	颜廷武、何可和张俊飚（2016）
地域型社会资本和脱域型社会资本	谢家智和王文涛（2016）
同质性社会资本和异质性社会资本	郭铖和何安华（2017）
"整合型"社会资本和"跨越型"社会资本	刘传江、覃艳丽和李雪（2018）
关系资本、政治资本、经济资本	郭如良等（2019）
认知社会资本、结构型社会资本	杨晶、孙飞和申云（2019）
微观-宏观两个层面的社会资本，微观社会资本主要指家庭社会网络的规模和异质性，宏观社会资本是指村庄社会融合程度	王建（2019）
一般社会资本、特殊社会资本	宋帅和李梦（2021）

2. 涉农创业者社会资本与农业创业关系研究

社会资本是涉农创业者最重要的资源的集合，学者们对社会资本和农业创业的关系进行研究，发现涉农创业者的社会资本有利于新型职业农民采纳创业行为，例如，曾亿武、陈永富和郭红东（2019）利用江苏省沭阳县895个花木农户的问卷调查数据实证研究证明社会资本不仅直接促进农户采纳电子商务，而且在"先前创业经历—农户电商采纳行为"和"先前培训经历—农户电商采纳行为"的正向关系中发挥部分中介作用。王金杰、牟韶红和盛玉雪（2019）运用统计数据，实证研究发现在电子商务环境下，农村居民获得了异质且更广泛的社会网络，减少了对亲缘信任关系的依赖，适应了社会规范，形成了更加丰富的新型社会资本，最终促进创业活动的开展。

更多的研究发现涉农创业者的社会资本有利于农业创业企业的创新，有利于促进企业成长，并最终促进创业绩效的提升。例如，戈锦文、范明和肖璐（2016）通过对苏中、苏南、苏北不同地区的367家农民合作社进行问卷调查，运用结构方程模型的研究方法，实证分析发现农民合作社的认知和结构社会资本对合作社的创新绩效均会产生显著正向影响。李旭和李雪（2019）基于辽宁省200多家合作社的调研，进一步实证分析表明，合作社的认知和结构社会资本不仅对创新产生正向影响，还通过对资产型和知识型资源的获取，最终显著促进了合作社的成长。郭铖和何安华（2017）利用745个农民涉农创业样本考察了创业环境约束下农民的社会资本对其涉农创业绩效的影响。结果显示：农民的社会资本能够显著提高创业资源的可得性，它是影响农民涉农创业绩效的重要因素；异质性社会资本的影响比同质性社会资本更大；在创业环境约束性较强的情况下，社会资本对农民涉农创业的作用更为重要。农民当前可以根据不同类型社会资本的特点，充分利用社会资本提高其涉农创业绩效。

3. 涉农创业者社会资本来源研究

个人和社会的发展离不开社会资本的显著正向促进作用，因而有必要培育和发展社会资本。但是对于社会资本的来源，学术界的研究是比较少的。方亚琴和夏建中（2013）认为，要培育社会资本，人们要投入时间、经历以及金钱保持连续的社会交往，并且在交往中不断确认彼此之间的社会联系，形成相互支持的力量。吕涛（2019）提出，要通过嵌入性资源和关系强度来获取社会资本。

在企业管理领域，徐军辉（2012）运用历史观，梳理了民营企业社会资本的积累。研究发现，民营企业社会资本随着社会的变化、企业的发展，来源也日益多元化。初期的原生性社会资本是源于血缘、地缘关系。随着网络媒体的兴起，企业间的交往更高效快捷，极大地便利了企业和上下游企业之间的联系，降低了企业的交易成本，促进企业社会资本增值。在企业商业互信资本的基础上，如果企业规模继续扩大，企业会日益重视外部声誉和社会责任，政企关系社会资本增加。

（五）农民社会资本与创业活动的关系

农民社会资本是涉农创业活动中的重要因素，一直是学术界研究的热点。通过对文献的梳理，本书发现，学者们围绕农民社会资本与创业活动的关系进行了充分的研究，论证了农民社会资本与创业决策、创业意愿、创业机会识别、创业模式选择、创业即兴行为、企业家精神、创业绩效、创业生态系统和创业能力等多个变量的关系。

1. 社会资本与创业决策

汪雨雨、姚万军和张辉（2020）基于中国家庭收入调查数据（CHIP）2013农村居民数据的实证分析发现，电子商务的发展减弱了社会资本尤其是社会网络对农户创业选择决策的影响；在电子商务的作用下，家庭成员之间的信任关系能显著提高农户创业选择。

汤学兵、吴磊和李峰波（2020）基于山东省平邑县创业的农民工调研分析发现，农民工的社会网络有利于创业信息、资源和技术等创业资源的获取，并进而促进他们创业行为的实施。

宋林和何洋（2021）基于中国家庭追踪调查（CFPS）2014—2018年的数据展开计量研究发现，在使用了互联网后，农村家庭的社会资本显著增加，创业概率也大幅度提升。同样，张剑、周小强和肖诗顺（2021）利用2016年中国劳动力动态调查（CLDS）数据探讨了外出务工经历对农民创业的影响，得出结论发现，农民工外出务工经历会通过社会资本渠道提高农户创业概率。

宋帅和李梦（2021）把农民的社会资本分为一般社会资本和特殊社会资

本。其中特殊社会资本指的是在个体关系网络中具备较高社会地位关系的数量，在一定程度上代表了农民的网络资源，其表达了农民创业者关系网络中嵌入的社会质量的总体情况，网络资源质量偏高表示社会资本更加有效。创业者的个人网络中具有较高社会地位的人越多，高质量的信息渠道越丰富。他们的研究证明了拥有更高特殊社会资本的农民，在使用数字金融缓解融资约束后，可以通过特殊社会资本获取相关资源，提高创业机会识别的能力，从而提高创业的概率。

张要要（2022）认为，社会资本对于创业有重要作用，它能够在实质上发挥非正式的社会保障功能，显著降低农户家庭因制度性社会保障不足而面临的创业风险。同时，社会资本的信息传递效应能够促进创业信息共享，有助于创业者获取创业所需的资源，如提高农户家庭民间及亲友借贷的可能性，缓解创业资金约束。但是，当前存在的数字鸿沟显著抑制了农户家庭社会资本，不利于农户家庭参与创业活动。周战强、李彬和易成栋（2022）在研究外群歧视与农民工城市创业行为关系时发现，外群歧视降低了对农民工的社会尊重程度，会显著减少农民工社会资本以及人力资本的积累，并进而抑制了其城市创业行为。

2. 社会资本与创业意愿

根据社会资本理论，人们可以通过自己的社会关系去获取无法通过个体自己获得的各种有形和无形的资源。商业活动是一项离不开人的活动，整个活动流程的完成需要各种各样的人来共同参与、共同完成。对于创业者来说，其所拥有的人脉关系的多少和社会网络的大小是影响其创业是否成功的一大关键因素。因此，个体在开展创业活动时，会充分考虑自身所拥有的社会资本的情况（王辉、朱健，2021）。学者们的研究也证实了社会资本对创业意向有显著影响（朱红根、解春艳，2012；陈昭玖、朱红根，2011）。农民创业者原有的血缘、地缘社会资本、城市务工社会资本乃至互联网社会资本对其创业意愿都会产生重大影响。李海波和毛现桩（2021）构建了"社会网络嵌入—社会支持—返乡创业意愿"模型，从结构性嵌入和关系性嵌入两个维度考察了农民工城市社会网络嵌入对其返乡创业意愿的影响和作用机理，并基于湘、黔、浙三省879户农民工家庭的调查数据，运用计量方法对两者之间关系进行实证检验。研究表明，城市社会网络嵌入对农民工返乡创业具有显著的促进效应，城市社会网络每增加一个单位，农民工返乡创业意愿提升11个百分点。社会网络嵌入的两个维度对农民工返乡创业意愿的影响同样显著为正，关系性嵌入比结构性嵌入具有更大的促进效应。在数字经济背景下，这一研究也得到了同样的结果，例如，唐红涛和谢婷（2022）发现，网络资金可以缓解农民创业的资金压力，并为其带来网络社会资本，增加农民创业意愿。

3. 社会资本与创业机会

学者们认为社会资本与创业机会密切相关，社会资本有利于人们获取差异性资源，这些资源是获得客户信息、管理知识以及有关技术的重要渠道，可以有效判识创业机会并合理评估创业风险（郭红东、丁高洁，2013）。杜晶晶等（2022）发现，创业者利用数字生态系统可供性积累的社会资本，将会显著影响创业机会的形成和发展，既有利于创业机会信念的形成，让人对机会的可行性做出准确判断，也会带来更多的具有迭代和创新特征的创业机会。

4. 社会资本与创业模式选择

宋瑛、杨露和宋帅（2021）在对互联网环境下农户电商创业活动进行分析时发现，互联网嵌入后社会资本增加的农户更倾向于选择自主型电商创业渠道，而社会资本不足的农户倾向于选择合作型电商创业渠道。

叶秋妤和孔荣（2022）认为，中国社会处于转型期，一方面城乡二元社会依然存在隔离，另一方面农村人口又积极流动，所以农民的资本包括整合型社会资本和跨越型社会资本两类。两类社会资本对农民创业模式的影响不同，整合型社会资本在转入土地影响涉农创业中发挥调节作用，而跨越型社会资本在转出土地影响非农创业中发挥调节作用。

5. 社会资本与创业绩效

社会资本是影响创业者活动及其绩效的重要因素。学者们研究发现，社会资本可以通过机会发现、资源效应和能力提升等途径来改善创业绩效。例如，马红玉、陈梦妍和夏显力（2020）在对陕西农户的调研分析的基础上，实证研究发现，农户的社会资本可以促进他们对创业机会的识别和创业环境的感知，从而促进创业绩效的提高。朱志胜（2021）发现，农民工社会资本水平的提高扩大了该群体进入机会型创业活动的概率，进而促进农民工城市创业回报的提升。

社会资本作为推动新创企业成长与发展的重要动力，其资源效应是提高新创企业绩效的主要内容。而创业拼凑作为突破新创企业资源约束的关键因素，成为社会资本向绩效转化过程中的重要枢纽。王庆金、王强和周键（2020）基于社会资本理论，结合双重关系嵌入的差异化表现，分析社会资本对新创企业绩效发挥作用的路径机制以及外部影响。结果表明，社会资本对新创企业绩效具有显著正向影响；创业拼凑在社会资本与新创企业绩效的关系中存在部分中介效应；内外部关系嵌入正向调节创业拼凑和新创企业绩效间关系。彭少峰、赵奕钧和汪禹同（2021）同样从资源获取视角对返乡农民工社会资本影响其创业绩效的内在机制进行了实证研究。结果表明，返乡农民工社会资本的规模、密度和关系强度这三个维度对创业绩效均有显著的正向作用，资源获取发挥了显著的中介作用。

何晓斌、柳建坤和王轶（2021）以返乡创业者的电商创业为研究内容，研究发现采纳电子商务手段后总体社会资本显著提升，获取了更多有价值的信息和资源，风险承担能力也不断提高，从而提高了创业的经营业绩。

张强强、吴溪溪和马红玉（2022）认为，增加农民社会资本、心理资本、经济资本等三个维度的资本积累是提高农民创业绩效，促进农民创业活动开展，并进一步推动乡村振兴的关键。

6. 社会资本与创业即兴行为

创业即兴行为是一种依靠直觉，用具有自发性与创造性的新方法解决创业客观问题的行为（马鸿佳 等，2018）。创业即兴行为体现了创业者在复杂环境下的动态能力，对创业的成功至关重要。马鸿佳等（2021）在对相关文献整理的基础上发现，创业者社会网络越丰富，同伴支持越多，社会资本积累越多，发生创业即兴行为的概率也越高。

7. 社会资本与创业生态系统

这是近年来新的研究视角，学者们认为创业生态系统为创业活动的开展提供了良好的创业生态环境，而生态系统的形成离不开认知、关系和结构三类社会资本的交替演进。关系资本促成种群的形成，认知资本促成群落的形成，结构资本促成系统的形成，社会资本成为创业生态系统个体、种群、群落及系统的黏合剂（李娜娜、张宝建，2021）。

8. 社会资本与创业精神

社会资本是影响创业精神的重要因素之一。王轶和单晓昂（2021）基于全国返乡创业者的调查数据证明，社会资本是影响返乡创业者企业家精神的重要渠道。葛宝山和许蓝月（2021）认为，新企业很难从外部获取资源，要想突破资源局限，有效地利用嵌入在创业团队内部的社会资本至关重要。基于社会资本理论和高阶理论，在对432家新创企业开展实证研究后发现，创业团队内部社会资本与创业精神存在显著正相关关系，在技术变革的情境下，新创企业领导者可以通过优化团队内部社会资本来激发企业的创业精神和企业活力。

9. 社会资本与创业能力

创业能力的提高需要借助环境中的力量和支持，社会资本是其中非常重要的一个影响因素，学者们的研究证明，社会资本与创业能力之间的作用关系非常显著，随着社会资本的增加，创业者的组织领导、经营管理、开拓创新和社会交往等能力都显著提高（吴能全、李芬香，2020）。

（六）研究述评

通过对文献的回顾可以发现，社交资本在企业管理领域一直是研究热点。国内外学者们围绕社会资本开展相关研究，在社交媒体使用与社会资本关系、农民社会资本、社会资本与创业活动关系方面已经取得了比较丰硕的研究成果，加深了人们对社交媒体情境下社会资本发展与涉农领域农民社会资本变化的认识，为我们比较全面地理解新型职业农民利用社交媒体开展创业活动提供了借鉴和研究基础。当前研究呈现如下特点。

1. 当前研究的特点和不足

（1）对新型职业农民社会资本内容和维度的研究需要进一步创新

当前，在涉农创业领域，学者们对农民社会资本的研究并不少，既有基于合作社视角的农业合作社社会资本的研究，也有基于家庭支持视角的家庭社会资本的研究，还有基于产业集群视角的集群社会资本以及基于创业者个人视角的农民社会资本的研究，这些研究视角都有不同的发现，丰富了农民社会资本理论，也体现了农民社会资本的复杂性。可见，在开展农民社会资本研究的时候，只有根据具体的情境来考虑农民社会资本的内涵与维度，才能在研究中得到创新的发现。

（2）农业领域社交媒体使用与社会资本关系的研究成果较少

从当前社交媒体使用与社会资本关系的研究来看，认同社交媒体使用补充社会资本的研究成果最多，学者们以大学生、老年人、农民工和企业员工为研究对象，对他们的社交媒体使用行为进行了充分的研究，都验证了两者之间的正向相关关系。然而，在涉农创业领域，以新型职业农民为研究对象，对社交媒体使用与社会资本关系的研究还比较少。虽然有少数学者以社区支持农业为案例，对农场主使用微信、微博与客户信任之间的关系进行了研究，且对假设进行了检验，但是，除了信任这一社会资本外，对其他的结合型社会资本和桥接型社会资本会产生怎样的影响却不得而知。因此，未来对这些内容的研究还可以继续深入。

2. 未来的研究方向

综合社会资本研究方面的文献可以发现，在当前中国，对农业领域社会资本的现有研究还存在诸多值得进一步探究的问题，本书提出以下亟待突破的拓展方向。

（1）加强对社交媒体情境下新型职业农民社会资本内容和维度的研究

学者们对农民社会资本的研究成果不少，说明农民社会资本的复杂性。不同的情境下，从不同的视角，都可以探索差异化的农民社会资本。当下，中国农村的最新情况就是，乡村振兴战略下有越来越多的涉农创业者涌现，这些新型职业农民，拥有不同的创业背景，有的是返乡农民工，有的是大学生，有的有过创业经历，有的学的是农业相关的专业，在创业过程中，他们都会充分运用手机、移动互联网等信息技术工具等。中国农村的社会环境已经不像过去那样封闭，新型职业农民的社会资本也早就不只是局限于亲缘、地缘的传统社会资本，对农民社会资本的研究需要不断创新，挖掘更多新的内涵。因此，未来对新型职业农民社会资本的研究要多关注新型职业农民差异化的个人经历所带来的不同的社会资本，例如，返乡农民工在城市的工作经验和是否会利用社会网络、大学生的创业教育和创业经历、农业专业学生的专业背景等，同时，对新型职业农民社会资本的研究也要更多地关注移动互联网技术所带来的线上社会资本的变化。

（2）深化新型职业农民社交媒体使用与社会资本关系的研究

目前，非农领域社交媒体使用与社会资本关系的研究已经取得了丰硕的研究成果，但是，这些研究结论是否适用于新型职业农民目前还有待考证，毕竟农村的创业环境不同于城市，新型职业农民作为涉农的创业者，他们对社会资本的需求有自己的特殊性，他们使用社交媒体的目的与学生、老人等有所不同。因此，结合社会资本的种类来进行新型职业农民社交媒体使用与社会资本关系的分析是深化这一领域研究的关键。未来学者们对新型职业农民社交媒体的使用情况可以加以关注，深入探索社交媒体所带来的创新社会资本的变化，包括学者们已经有过研究的社会资本，目前研究还比较少的是创业团队内部或是农业带头人与农户之间的结合型社会资本，以及新型职业农民通过社交媒体开发的桥接型社会资本等，这些新的研究内容反映了社会实践，将进一步丰富农民社会资本的研究，并且其研究成果将有利于推动新型职业农民利用社交媒体开展创业活动。

（3）构建社交媒体情境下新型职业农民社会资本对创业行为影响研究综合模型

通过对先前的文献进行分析，本书发现，学者们围绕农民社会资本与创业活动的关系已经进行了充分的研究，涉及农民社会资本与创业决策、创业意愿、创业机会识别、创业模式选择、创业即兴行为、企业家精神、创业绩效、创业生态系统和创业能力等多个变量，这些研究成果表明了农民社会资本与创业关键变量之间千丝万缕的联系，为我们理解两者的复杂关系奠定了基础。但是农村的创业情境在不断变化，这些研究的不足之处是没有考虑到当前新型职业农民使用社交媒体的情境，以及农民社会资本发生的变化。因此，未来研究可以将社交媒体情境纳入研究范畴，综合考虑新型职业农民结合型社会资本与桥接型社会资本对创业各变量的相互影响，探索在新的情境下新型职业农民创业的新规律。

三、创业能力研究回顾

(一)创业能力的概念

创业者应该具备何种技能才能完成创业任务?围绕着这一疑问,学者们开展了对创业能力的研究。目前对创业能力概念的界定分为两个视角。

一是创业者个体特质视角。即认为创业能力是创业者的性格、气质、风险承担倾向等个体先天特质以及后天学习与培训获得的知识和经验(Bartlett and Ghoshal,1998)。该视角的研究结论非常丰富,创业能力的范畴非常广泛,包括知识、技巧、受教育程度和心理学领域的动机、性格和成就需要等。

二是创业过程视角。该流派认为创业能力是创业者在创业过程中担任角色或完成任务时所需的能力,担任角色或是所处阶段不同,所需创业能力也不同(赵文红 等,2016)。按照这一理解,学者们将创业能力划分为机会能力、战略能力、资源整合能力、关系能力、承诺能力、运营能力等,其中,国内学者将创业能力划分为机会能力和运营能力两个维度,得到了较多研究人员的认可。

(二)创业能力的维度

由于创业过程视角的创业能力更能有效揭示创业的内在机理,所以得到了众多学者的认可,他们还提出了划分创业能力维度的不同方法。目前,国内学者对农民创业能力维度的研究主要按以下四种思路来分类探讨(李练军 等,2021)。

一是从创业者的个人特质分类。黄德林、宋维平和王珍(2007)认为,农民创业能力包括创新能力、合作能力和坚韧能力三个维度,其中创新能力是核心;叶春霞(2010)从创新性、坚韧品性和合作性三方面对城市农民的创业能力开展评价;魏凤等(2012)从人际资源性、创新性、竞争性、坚韧性和风险承受性五个方面衡量返乡农民工创业能力。这一分类标准多数运用因子分类方法对创业者的创业能力进行因子提炼，尽管能反映创业者的个体性格特征，但无法体现创业者在不同创业成长阶段的能力差异。

二是从整个创业过程分类。陈等（1998）认为，创业能力可分为机会能力和运营管理能力，这一分类标准被国内学者马鸿佳等（2010）广泛借鉴。庄晋财等（2014）也依据此分类标准，将创业能力划分为机会能力和运营管理能力两个维度。易朝辉、罗志辉和兰勇（2018）同样将创业能力划分为机会能力和运营管理能力两个维度，并且结合农民创业者的特点，设计了符合农民创业的创业能力量表，其中机会能力的衡量题项包括"我能准确感知消费者未被满足的要求""我能通过各种手段识别到高质量的市场机构""我善于开发新产品或服务"和"我善于发现新市场"4题，运营管理能力的衡量题项包括"我能合理配置农场现有资源""我能为农场制定合理的长期规划""我能根据农场内外部情况及时调整农场经营目标和经营思路""我能与政府职能部门建立良好的关系""我能与金融机构建立良好的关系"和"在农场经营过程中，遇到困难我能坚持不懈"6题。这一分类标准考察创业过程中不同创业阶段的不同能力，在创建阶段主要需要机会能力，而在成长阶段则更需要运营管理能力。

三是从创建阶段分类。与前一分类标准不同，这一分类标准侧重于企业的创建阶段，更重视创业机会与创业资源的融合。曼等（Man et al., 2002）研究发现，具有较高能力的创业者往往表现出能识别到有价值的商业机会、能整合创业所需的资源等行为特征；杨艳（2012）认为，创业机会识别和获取资源是创业者必须具备的关键创业能力。赵文红、王玲玲和魏泽龙（2016）在分析了学者的研究后，综合创业机会观和创业资源观，将创业能力划分为机会识别与开发能力和资源管理能力两个维度。前者强调创业机会的识别和开发，后者强调创业资源的获取和利用。李练军等（2021）也是按照机会和资源的视角对返乡创业新生代农民工的创业能力进行分析，并提出对应的发展建议，即具有较强的机会能力的返乡创业者，可以选择对创业机会要求较高而创业资源需求不强的新型农业开展创业，根据已有机会特性整合现代农业所需资源，容易创业成功并取得较好绩效；具有较强资源能力的返乡创业者，选择对创业资源要求较高而创业机会需求不强的乡村旅游业开展创业，根据已有的资源特性寻找适合乡村旅游所需的机会，容易创业成功并取得较好绩效。这一分类标准虽然强调了企业创建阶段中创业者的机会能力与资源能力，但忽视了企业成功创业后在成长阶段中创业者的运营管理能力。

四是从综合的角度分类。一种是将创业者个人特质与创建阶段结合，如武优勐等（2015）将农民工创业能力分为创业者个人特质、创业机会识别能力、资源获取能力。姚文（2016）认为中国家庭农场处于起步阶段，创业者能够成长为家庭农场主与创业能力密切相关，他用创新意识、学习能力、创业机会识别能力、进取意识、情商、风险承受能力、人际关系协调能力、风险意识等8个指标来考察户主的创业能力。梁成艾和陈俭（2018）将山区农民创业者的创业能力划分为个体和社会两个层面，包含自身素质、专业技术修养、经营管理和市场行为四个维度。吴能全和李芬香（2020）在研究中主要关注创业能力的核心，构建了组织领导能力、经营管理能力、开拓创新能力和社会交往能力四维度的创业能力指标体系。另一种是将创建阶段与成长阶段结合，如张广花等（2010）提出，农民创业能力的构成要素包括创建过程的创业机会识别能力、资源获取和成长过程的配置能力、组织管理能力、社会能力。侯德恩、林晨和熊爱华（2022）也按照这种思路，将新型职业农民的创业能力划分为机会能力、技术能力、市场能力及运营能力。

(三）创业能力的影响因素

学者们通过研究发现，对创业能力会造成影响的因素包括创业者自身的人力资本、创业学习、心理资本、网络关系和创业培养环境等几个方面。

1. 人力资本

研究表明，创业者的创业能力与受教育水平、先前经验和先前知识等人力资本因素密切相关。受教育程度是人力资本构成的灵魂要素，受教育水平的高低直接影响创业决策能力和创业信息分析能力的高低。一般来说，受教育程度越高，创业能力越强（徐锡广，2017）。创业者在创业时面对的是变幻莫测的市场变化以及过度泛滥的市场信息，需要冷静分析眼前创业形势并及时做出创业决策，而这些都需要靠自身的人力资本。

学者们探索了创业者先前经验的多寡、性质、类型对机会识别能力的影响，并得出了不一致的结论：巴隆（Baron，1998）指出，拥有过多的先前经验会对识别创业机会产生不利影响；威斯赫德等（Westhead et al.，2005）却认为，拥有较多的先前经验尤其是创业经验的创业者，更有可能识别新的创业机会并进行连续创业；安巴萨兰等（Ucbasaran et al.，2009）指出，创业经验尤其是失败的创业经验与创业机会识别数目呈倒 U 形关系；沙恩（Shane，2000）指出，业务经验、工作经验和行业经验有利于机会识别和开发。因此，先前经验与创业能力之间的关系与具体情境有关，不同创业者从先前经验中获取信息的类型、质量和数量不同，转化方式也不同，导致先前经验对机会识别能力的影响可能具有差异性。学者们还对先前经验和资源管理之间的关系进行了研究，发现创业者的先前经验可以促进创业资源的获取（Marvel and Lumpkin，2007）。

2. 创业学习

当创业者面临变化的、突发的情境，或者转化并利用先前经验时，需要及时通过创业学习形成或更新自身的知识和能力（Cai et al., 2014）。创业学习可以直接对创业能力产生作用，如经验学习、探索式学习和感知式学习等学习方式可以提升创业者的机会识别和开发能力（Wang and Chugh, 2014），认知学习和实践学习则有助于将获取到的资源加以整合和利用（Zhang et al., 2010），也可以与创业网络、先前经验等其他因素共同影响创业能力（Minniti and Bygrave, 2001）。学者们在文献梳理的基础上发现，创业过程中的学习活动对创业能力有积极影响。创业者可以通过专业学习和创业学习提升动态能力，帮助企业解决技术创新与组织变革方面的问题，创业学习过程还可以识别和发现一些创业机会（Lecler and Kinghorn, 2014）。秦双全和李苏南（2015）以创业园区创业者为调研对象，开展的实证研究证明，创业经验的多寡并不意味着创业能力的高低，创业经验通过学习机制对创业能力发挥作用。创业者的创业经验越多，其学习能力越强，其创业能力越高。但是，当创业经验积累到一定程度后，如果学习能力没有与之匹配，那么其创业能力也不会有较大提高。可见，创业学习对于创业能力的形成发挥了重要的影响作用。

3. 心理资本

心理资本是一种能够促进个体成长与组织发展的心理资源。心理学视角的创业研究认为，创业行为的发生不仅与客观环境相关，而且离不开创业者自身主观意愿与主体意识能力等主观心理因素（汤静、韦兴凤，2019）。例如，江波（2013）认为，创业者心理资本构成要素中的效能感知水平对于其在远期的创业能力将会带来十分重要的影响。吴能全和李芬香（2020）将心理资本界定为自我效能感的激发、对未来美好的期望、乐观的工作态度与极具韧性的工作行为等四个维度，实证研究显示创业者的以上四类心理资本可以显著作用于以组织领导能力、经营管理能力、开拓创新能力、社会交往能力为核心构成的创业者创业能力。

4. 网络关系

社会网络是创业者赖以生存的环境。创业者的创业活动总是离不开相关的网络环境，社会网络为创业者提供了重要的学习平台，也为创业者提供了创业相关的资源，但拥有不同网络关系的创业者表现出不同的机会识别能力和资源获取能力，因此，创业网络成为影响创业能力的重要因素。创业者的社会网络包含了复杂的信息网络和商业网络，这些网络在为创业者提供创业支持的同时，也有利于创业者与网络成员开展沟通，共享知识和信息，获取资源，进而促进创业活动的开展（宋晓洪、丁莹莹，2017）。

研究表明，创业网络的性质、强弱和种类都会导致创业者能力产生差异。例如，马鸿佳、董保宝和常冠群（2010）构建了包含网络构想能力、关系管理能力以及角色定位能力的创业者网络能力体系，实证方面的研究已经证明，网络能力的三个维度对创业能力的机会能力和运营管理能力两个维度都会产生显著的正向影响，创业者可以通过发展网络关系、培育网络能力来提升自己的创业能力。徐锡广（2017）在对民族地区返乡创业农民工进行研究时发现，由于他们主要基于亲缘、血缘和地缘等"强关系型"社会网络开展活动，"弱关系型"社会资本水平较低，因而削弱了返乡农民工整体的创业能力。网络视角的研究表明，创业能力差异不仅与创业者自身的禀赋、创业学习、心理因素等有关，更是外部网络环境综合作用的结果。这一视角将创业能力影响因素的研究从创业者个体因素拓展到了外部环境因素，更能体现创业活动的复杂性，为创业能力的培养和提升提供了新的发展思路。

5. 创业培养环境

创业培养环境是创业能力形成与提升所面临的成长、教育、支持环境，是创业能力赖以生成、发展的土壤与养分，是影响创业者创业能力的外部环境因素。以大学生创业者为对象的研究发现，家庭创业支持、学校创业教育和社会创业氛围这些创业培养环境可以影响大学生的创业意识、创业知识、创业实践和个性特点的形成，最终作用于他们的创业能力。要提高大学生的创业能力，需要充分调动在校大学生投身于创业能力培养的积极性与主动性，并要得到家庭和社会的支持（杨道建 等，2014）。

（四）创业能力与创业绩效

创业能力蕴含在创业者完成创业过程中的各项任务的行为中，并决定了完成任务行为的效率和效果，进而影响新企业的绩效水平（谢雅萍、黄美娇，2013）。国内外学者长期关注创业能力与创业绩效之间关系的研究，并且得出了不同的研究模型。

1. 创业能力直接作用于创业绩效

绝大多数的研究发现，创业能力可以直接影响到创业绩效，对创业者所创事业的发展和创业的成功发挥着重要作用。例如，曼（Man）等从竞争力的角度对创业能力与企业绩效间关系进行深入分析，从创业过程的视角，验证了机会能力、关系能力、概念能力、战略能力、承诺能力和组织能力等创业能力对企业绩效的关键作用（Man et al.，2008）。另有学者认为，中小企业的企业家在创业过程中承担了企业家、管理者等不同的角色，具有与角色相对应的创业能力将会直接促成商业成功（Ahmad et al.，2010）。

在创业能力对创业绩效发挥直接影响作用的过程中，有学者认为还需要考虑内部环境和外部环境两类具体的情境因素。内部环境主要包括创业导向和创业文化氛围，外部环境主要包括制度环境、市场环境和文化环境。例如，张宇等考察了制度环境在创业能力与创业成功间发挥的调节作用，结果发现，不完善的制度环境往往导致融资困难，而企业能力在不完善的融资制度中更容易获得融资，取得创业成功（Zhang et al.，2010）。艾哈迈德等（Ahmad et al.，2010）提出了在商业环境下中小企业创业者创业能力与企业成功间关系的理论模型，实证研究显示，中小企业创业者的创业能力与企业成功之间的关系受到商业环境的调节，在不利的动态环境下创业能力与企业成功的关系强度比在友好、稳定环境下的关系强度更高。

2. 创业能力通过中间变量影响创业绩效

随着研究的不断深入，学者们开始考虑创业能力与企业绩效的关系路径中可能存在的某些中介变量。例如，陈旭阳和陈松（2016）认为，个人创业能力的发挥必须与团队其他成员的能力相契合，这种契合表现在创业能力各要素之间的关系上。因个人在时间、能力和精力方面的局限，团队的必要性得到充分体现；团队成员构成特质对创业绩效会产生不同的影响，基于大学生创业行为的研究已经证明了创业团队在大学生异质化创业能力对创业绩效的影响过程中发挥了中介作用。尤勇和常青华（2008）在对中国高新技术企业进行研究后发现，企业家创业能力不仅直接影响企业获得风险资本融资，而且还会通过企业创新水平间接影响风险资本融资，企业创新水平在两者之间发挥了显著的中介作用。

3. 创业能力的调节作用

还有学者研究发现，创业能力可以调节创业机会、资源等环境因素与企业绩效之间的关系，是创业成功与否的重要制约因素（Chandler and Jansen, 1992）。例如，董保宝和周晓月（2015）认为，机会能力可以调节网络导向和新企业竞争优势之间的关系。机会能力强的新企业，其网络关注度和开放性对竞争优势的作用更加明显，而网络合作性对竞争优势的作用却被抑制了。姜超（2017）以重庆的新创企业为对象的实证研究发现，创业者的创业能力可以显著增强新创企业商业模式各维度与创业绩效之间的正向关系。王伟、张善良和于吉萍（2018）研究发现，创业能力在创业者关系网络构建和新创企业绩效之间起正向调节作用，创业者的创业能力越高，关系网络构建行为对新企业创业绩效的积极影响就越大。具有高创业能力的创业者更有能力将相关资源用于解决新企业发展中的问题，从而可以提升企业创业绩效；而具有低创业能力的创业者即便在商业模式创新成功后也难以保证企业拥有良好的运营能力，不利于创业绩效的保持。

（五）农民的创业能力

随着乡村振兴战略的兴起，越来越多的农民参与到创业活动中来，因此对农民创业的研究也成为创业领域很独特的一个模块。通过对文献的整理，本书发现，有关农民创业能力的研究主要集中在农民创业能力的类型及其表现水平、影响因素和结果方面。

首先，学者们依据自己的研究对农民创业者的创业能力进行了界定和衡量。例如，黄德林、宋维平和王珍（2007）基于159名创业农民的实证得出结论，在我国农村具备创业能力的农民已经超过半数。但是，总体上农民创业能力整体水平处于中低层次，创业能力强的农民占比很低，农民创业存在较大潜力。从具体能力类型来看，大部分农民的创新能力处于良好和一般水平，合作能力和坚韧能力表现良好。周菁华和谢洲（2012）对重庆市366个创业农民的调研数据分析结果显示，重庆市创业农民的创新能力、发展能力还是综合能力水平仍然处于中低层次，其中，创新能力略好于发展能力。罗明忠（2012）发现，农民创业者对其资源整合与机会把握能力、产品生产（或服务提供）能力和关系协调能力的总体创业能力评价较为积极，而且认为这些创业能力对创业成功起到了积极的推动作用。苏岚岚、彭艳玲和孔荣（2016）将农民创业能力界定为包含经营发展能力、创新坚持能力和人际交往能力三者的综合体系。

其次，由于创业能力对农民创业者至关重要，所以学者们也通过研究来探索农民创业能力影响因素，致力寻找到对应的措施。如，罗明忠、邹佳瑜和卢颖霞（2012）认为，制度环境不够完善、农民缺乏创业信心、市场拓展与管理能力不足、风险承受能力差、创业经验和资金有限等创业能力的不足已经成为农民创业的障碍，严重影响农民的创业意愿和创业的效果，因此，要加大对农民创业的扶持，提升农民创业能力，不仅要给予资金和信息的扶持，还要注意提升农民创业者对创业机会的识别和把握能力、创业后的经营管理能力以及市场拓展能力，以能力提升增强农民创业的信心，激发农民的创业意愿；同时，要积极创造条件，采取有效措施，增强农民抵御创业风险的能力，推进农民创业后的事业发展。

最后，学者们的研究都致力于检验创业能力与农民创业结果之间的关系。大部分的学者都得出了两者之间呈正向影响的结论。例如，周菁华和谢洲（2012）认为，农民的创业综合能力与以家庭经营收入衡量的创业绩效存在显著的正相关关系。苏岚岚、彭艳玲和孔荣（2016）在陕西省463份农户数据的基础上，探索农民创业能力、创业绩效和创业获得感之间的关系，结果发现，拥有较强创业能力的农民，其组织绩效和个人绩效表现也较好，创业者在物质财富和精神满足方面的收获都比较大。易朝辉、罗志辉和兰勇（2018）收集了湖南省313家家庭农场的调研数据，实证检验表明，新型职业农民的机会能力和运营管理能力均对家庭农场的创业绩效有显著影响，农场主创业能力的提升会带来更好的家庭农场经营绩效，促进创业的成功。

（六）研究述评

通过对文献的回顾可以发现，创业能力是创业管理领域的研究热点。国内外学者们围绕创业能力开展相关研究，在高科技创业和中小企业创业等方面已经取得了比较丰硕的研究成果，加深了人们对创业能力的定义、内涵、维度、影响因素与结果等方面的认识，为我们比较全面地理解农民创业能力提供了借鉴和研究基础。

1. 当前研究的特点和不足

（1）对农民创业能力的研究还比较少

早期，高新技术领域和城市工商领域的创业活动比较活跃，因此，目前创业能力的研究成果大量都来自这两个领域。而在农业领域，由于农民的创业活动较少，所以农民创业能力研究成果也不多。从对象来看，当前对农民创业能力的研究主要还是集中在农民工等传统农民创业者身上，对新型职业农民，如农业龙头企业经营者、农场主、合作社经营者、种养殖大户等的研究比较少，不能满足当前农业产业化发展和农业领域创业活动指导的需要。从内容来看，对农民创业能力的研究更多地还是集中在农民创业能力的种类、创业能力对创业结果的影响方面，对农民创业能力影响因素这一重要问题的研究关注较少，不利于农民创业者提高创业能力。

（2）还可以继续挖掘创业能力的影响因素

当前，对创业能力影响因素的研究已经取得了一些研究成果，主要从创业者自身和创业环境两方面来总结。通过对文献的整理分析可以发现，在创业环境因素方面，研究者们都将视角集中在社会网络关系这个点上，从网络关系的类型、强度和性质等差异来探索创业能力的影响因素，这些研究都反映了社会网络关系在创业能力形成中发挥的重要作用。然而，仅考虑网络关系，无法全面揭示创业者的创业能力形成的真实原因，也不利于分析创业者能力存在的差异，所以，未来还要继续挖掘其他一些创业能力的影响因素。

（3）对农民创业能力后置结果的研究有待丰富

当前，对农民创业能力后置结果的研究主要集中于创业能力对创业成功、创业绩效的影响上，这些研究发现创业能力可以直接影响创业结果。然而，事实上，农民创业能力对创业结果的作用也可能是间接的，还有更多的中介因素可以进一步加以探讨，同时，创业能力是一个复杂的变量，有不同的维度划分，在不同因素作用于创业结果的时候也可能只充当一个调节变量，发挥着边界影响作用。因此，在农民创业能力作用的研究上，未来还有很多可以继续深入分析的地方。

2. 未来的研究方向

研究综合创业能力方面的文献可以发现，在当前中国，对农民创业能力的现有研究还存在诸多值得进一步探究的问题，本书提出以下亟待突破的拓展方向。

（1）开展以新型职业农民为对象的创业能力研究

近几年，随着乡村振兴战略的提出，返乡创业的农民工和大学生越来越多，新型职业农民已经成为一股不可忽视的创业力量，农村环境的特殊性、农业产业自身的特点都决定了农民创业不同于高新技术领域和城市工商领域的创业。因此，未来可以增加对新型职业农民创业者的研究，对新型职业农民创业者的创业能力的内涵、创业能力的类型等进行探索。同时，考虑到创业能力是动态发展的，可以关注新型职业农民创业能力的成长过程，分析不同创业阶段对创业能力需求的差异，同时探索形成差异的影响因素。

（2）深入挖掘新型职业农民创业能力的其他影响因素

新型职业农民创业能力的形成与新型职业农民的个体因素及环境因素都有密切关系。因此，未来可以分别从不同视角开展相关研究，例如，在个体因素视角，未来可以探讨新型职业农民个体受教育经历、培训经历、先前创业经验、行业内工作经验等因素对创业能力的影响；在创业学习方面，可以研究认知学习、经验学习和实践学习等不同维度和创业能力的关系，从中探索创业能力提升的有效学习途径；在环境视角方面，除了分析现有的社会网络关系，还可以分析当前农村广泛使用的信息技术环境对创业能力的影响，探讨互联网社会网络在新型职业农民创业中可能发挥的作用。除了分开研究外，未来还可以用综合的视角来分析，构建多种因素共同作用于创业能力的研究模型，揭示新型职业农民创业能力形成的复杂原因。

（3）丰富新型职业农民创业能力调节效应的研究

当前，将创业能力作为中介变量进行的研究比较多，这反映了创业者的创业能力对创业成功、创业绩效、创业收入提高等创业结果有重要影响。创业学者们认为，创业能力是创业成败的重要制约因素，在创业活动中所发挥的作用也是极其复杂和奇妙的。因此，未来在对新型职业农民的创业能力进行研究时，可以考虑将创业能力作为调节变量，探讨创业能力和其他因素一起作用于创业绩效的作用，揭示创业能力作为边界条件发挥作用的规律。

四、创业学习研究回顾

（一）创业学习的概念

学习是获得知识、培养技能和产生认知的重要途径。通过学习，人们可以提高综合素质和能力，增强解决问题的能力。创业活动是一项复杂的商业活动，创业者需要构建自己的创业网络，获取创业环境中的资源，吸引优秀人才加入创业团队，开展所创事业的运营管理，还要根据环境的变化调整经营策略，要完成如此艰巨的任务，这就要求创业者必须不断提升自己的认知，完善自身的能力。只有坚持创业学习，创业者才能识别出创业环境中的机会和威胁，快速适应创业环境的变化（王明杰，2016）。创业者通过对自身和他人创业成功的经历和经验进行总结，以及吸取以往创业失败教训的方式来开展学习（Minniti and Bygrave，2001）。在学习的过程中，创业者的创业经验不断转化为学习结果，为解决创业过程中面临的问题提供知识积累(Man，2012)。通过创业学习，创业者还可以不断获取新知识，并在创业决策中合理运用这些新知识（Holcomb et al.，2009）。借助于创业学习，创业者不断开发和积累创业知识，持续增强创业信心(Petkova，2009)。坚持创业学习意味着创业者以动态视角来分析创业过程中存在的问题（蔡莉 等，2014）。

由于能否坚持创业学习关系到创业的成败，因此学术界一直以来都非常关注创业学习的研究。

学术界将创业学习的概念普遍与知识的获得与生成紧密联系在一起。周冬梅等（2020）认为，创业学习是指创业者通过经验、观察与实践获取并吸收知识、发展技能和能力的动态过程。陈寒松、牟筱笛和贾竣云（2020）认为，创业学习促使创业者不断获取新知识，并结合已有知识，应用于实践，进而影响创业活动。梁春晓和沈红（2020）将大学生创业学习定义为大学生为获取创业知识和经验，积极参加创业教育课程和实践活动，主动与老师、同学、创业者、行业中的专业人士等交流互动，观察或模仿他人的创业行为，并对有关经验进行有目的、有意识的总结和反思以指导创业实践的过程。该过程包含了体验、观察、反思和实践等体验式学习的四个基础阶段。值得注意的是，创业学习不仅是指知识的获得，还包含知识的生成。如莫里斯等（2012）认为，创业学习不仅是掌握和解释客观的知识，且创业者沉浸于创业事件中，并在与创业环境的交互中产生知识。陈彪等（2014）将创业学习定义为创业者通过外部学习、内化和外化学习产生创业过程中所需知识的过程。

还有学者们从自身的视角对创业学习进行界定。张秀娥和徐雪娇（2017）认为，创业学习是指创业者为提升其运营和管理新企业的能力，以及快速识别复杂的创业环境中的创业机会而进行的学习，创业学习贯穿于创业活动的全过程。

（二）创业学习的维度

玛驰（March，1991）最早提出探索式学习和利用式学习的划分方法，并且做出了概念界定。他认为，探索式学习是指创业者在先前经验的基础上创造新的知识，改变固有的判断模式，采取与众不同的决策行动；利用式学习是指创业者对先前经验中已经确定的、可靠的行为模式加以开发、填充并完善现有的知识结构，从而形成较为稳定的决策模式。此后不少学者在开展创业学习时也借鉴了这种维度划分，并且结合研究情境设计了量表，例如，姚柱等（2020）为每个维度设置了3个题项来测量变量，探索式学习维度的题目包括"积极开发新市场""持续跟踪关注新产品或服务"和"积极开拓新产品或服务"，利用式学习维度的题目包括"加强现有产品或服务质量提升""利用现有技术知识进行学习"和"扩大已有产品或服务市场规模"。

行为学习、认知学习和实践学习被认为是创业学习的重要构成部分（Lunpkin and Lichtenstein，2005）。单标安和蔡莉（2014）将创业学习划分为经验学习、认知学习和实践学习三个维度，后续开展农民创业的学者也借鉴了这种维度划分，结合农民创业情况设计了农民创业学习量表，其中经验学习包含"积累和利用经验对我创业帮助很大""不断反思先前的失败行为"和"失败并不可怕，关键在于能从中吸取经验"3个题项；认知学习包含"经常与行业中的专业人员进行交流""非常关注同行业中'标杆'企业的行为"和"经常参与各种正式或非正式的讨论会"3个题项；实践学习包含"在创业过程中持续搜集内、外部环境的信息""通过持续创业实践来反思及纠正已有认知"和"通过创业实践获得的经验极为有限（反向题）"3个题项。

社会网络是创业者进行创业学习的重要平台，谢雅萍和黄美娇（2016）认为，创业者在社会网络中的创业学习方式包括模仿学习、指导学习和交流学习三种，模仿学习的测量问题包括"您经常通过观察网络成员的行为、行动或结果进行学习""您经常通过效仿网络成员的行为、行动进行学习"和"观察、效仿网络成员的行为、行动或结果的学习，对您的创业过程影响很大"3项；指导学习的测量问题包括"您经常得到网络中'高人'（如专家顾问、高素质专业人才、导师等）的指点、引导""网络成员的指点、引导可以帮助您解决创业过程中的关键问题"和"网络成员的指点、引导可以使您获得情感支持（如提高创业自信心、坚定创业信念等）"3项；交流学习的测量问题包括"您经常通过与网络成员的正式交流或合作（如与供应商的业务往来、与政府机关的公务往来等来进行学习）""您经常通过与网络成员的非正式交流（如闲聊、聚会、户外活动等）来进行学习""与网络成员间的正式交流或合作、非正式交流可以帮助您获得完成创业任务及应对挑战的信息"和"与网络成员间的正式交流或合作、非正式交流可以使您获得情感支持（如提高创业自信心、坚定创业信念等）"4项（谢雅萍、黄美娇，2016）。

（三）创业学习对创业活动的影响

创业学习对创业活动的影响主要体现在创业者能力的提高和创业绩效的改进方面。例如，谢雅萍和黄美娇认为，在社会网络中，创业者选择合适匹配的创业学习方式（交流学习、模仿学习和指导学习），可以提高创业能力，达到更好的创业绩效（谢雅萍、黄美娇，2016）。芮正云等（2018）基于"能力–资源–认知"综合范式观，指出创业学习能力可显著提升农民创业者获取人力资源、技术资源、市场资源等的能力，从而有效改善创业绩效。张强强、吴溪溪和马红玉（2022）认为，通过学习创业相关知识，农民识别和发现创业机会的概率会提高，进而根据识别的新机会整合现有资源，最终提高创业绩效。赵佳佳等（2020）也认为，创业学习可以增加创业知识与信息，提高认知与思维能力，进而改善创业绩效。

不少学者虽然认同创业学习对创业绩效的积极作用，但是对不同类型创业学习方式却有不同看法。罗明忠和陈明（2014）证实了探索式学习和利用式学习均会对农民创业绩效产生显著正向影响，但是他也发现探索式学习对创业者的素质要求更高。因此，农民创业者应该谨慎评估对探索式学习的选择。对于大多数农民创业者而言，由于自身文化程度不高，应该扬长避短，更好地发挥利用式学习的优势，在借鉴、消化和吸收已有创业经验与知识的基础上，审时度势，推进创业的顺利开展，提升创业绩效。但是从长期来看，过度的利用式学习可能会引发成功"陷阱"，使企业倾向于维持现有状态，而不是创新，最终难以适应外部环境的变化，不利于产品的差异化发展，从而影响企业长期的探索式创新活动与绩效（Naser et al.，2017）。国内以科技型中小企业为调查样本的实证研究也发现，利用式学习并不会促进创新绩效的提升（张玉明 等，2019）。姚柱等（2020）建议，农民创业者要平衡好双元创业学习的强度。他认为探索式创业学习和利用式创业学习是共生与相辅相成的。探索式创业学习和利用式创业学习均显著正向作用于创业绩效。两者强度的一致性越高，对创业绩效的提升效果越明显。

由于创业活动是高风险的活动，创业者经常会遭遇创业失败。因此，也有学者开始关注创业失败学习对创业活动的影响。例如，魏娟、赵佳佳和刘天军（2021）基于经验学习理论和失败归因理论，研究发现，失败未必是成功之母，农民创业者失败了并不能自发产生有效的学习（Cope，2011），再创业也许还是不能取得成功，因此，要想取得好的创业绩效，正确的方法是从失败中吸取经验教训，开展失败学习是非常重要的保障。

创业学习除了直接或间接影响创业绩效，还可以发挥边界调节作用。例如，赵文红和孙万清（2015）通过研究发现，不同类型的创业学习对不同的先前知识与创业绩效之间关系的调节作用不一样，因此，他们建议创业者在不同部门培养不同程度、水平的创业学习。比如，在产品/技术知识丰富且发挥重要作用的产品研发部门，在保证适当程度的探索倾向进行新产品或技术研发的同时，也要注重一定程度的应用性学习倾向，以增进对生产和技术知识的理解，加强知识的可靠性。而在顾客/市场先前知识丰富且重要的市场部门，则应该多了解市场整体状况，把握市场的普遍规律，不断发掘顾客的新需求，或者寻求新颖的需求解决方式，从而开拓新市场，形成先行者优势。

（四）创业学习的影响因素

1. 创业者人格特质

学习是一个不断发现问题、解决问题的过程，创造性地解决问题是在重新整合已有的知识经验的基础上提出新的解决方案。创业学习首先与创业者个体的人格特质、创业激情等因素相关。

罗明忠和陈明（2014）发现，农民创业者的创业学习受到其人格特质的影响，外倾性和经验开放性特质有利于农民创业者开展探索式学习，情绪稳定性和尽责性特质则与利用式学习密切相关；因此，建议农民创业者在创业过程中要重视人格特质的培养，根据自身特点选择合适的学习方式，才能有更好的学习效果。

在创业激情因素方面，学者们通过研究发现，学习和情绪之间的关系比较复杂（杨隽萍 等，2013），创业激情与创造性地解决问题呈倒 U 形关系（Cardon et al.，2009）。神经心理学领域的研究表明，积极情绪对认知会产生影响，因此，在创业过程中，适度的创业激情有利于多巴胺水平升高，提高创业者思维的灵活性，提升他们的环境适应能力，帮助创业者采用创新的方式识别信息，把握创业机会，创造性地解决问题 (Liu et al., 2011)。然而，研究同时发现，过低或者过高的激情有可能起到反作用。太过强烈的激情会让创业者产生自满心态，过于沉溺于激情体验，从而反对探索其他可以灵活地解决问题的方法。过低的创业激情又会使创业者容易安于现状，害怕风险，过于保守，习惯使用常规性问题解决方式。由此可见，创业激情的程度与创业学习方式的选择间存在一定的匹配性。谢雅萍等（2016）构建了包含愉悦、心流、韧性、冒险和身份认同等五维度的创业激情体系，实证检验了创业激情和创业学习之间的匹配关系，结果显示适度的创业激情有利于创业者进行探索式学习，过高或者过低的创业激情有利于创业者进行利用式学习。

2. 创业者先前经验

经验学习是有效的学习方式，学术界大量的研究表明，创业者经常从其先前经验中积累创业的知识和技能，通过总结好的经验，吸取失败的教训的方式来提高创业的水平，为新的创业活动提供参考和支持。例如，赵文红和孙万清（2013）认为，创业者早期的行业经验和创业经验为创业者提供了借鉴，有利于他们制定创业决策，成功的创业者可能有更多直接可借鉴的前例帮助其制定决策，因此可能会更倾向于采用应用型学习方式。而失败的创业者可能会去寻找新的创业领域从事创业活动，因此，这种类型的创业者可能会更多地采用探索型学习方式。而创业者先前行业经验能够为创业者带来行业知识和技能，帮助其克服新进入缺陷，但同时也制约了其探索和利用新机会。

3. 三维资本

经济资本、心理资本和社会资本被认为是影响创业学习的三维资本（张强强 等，2022）。其中，社会资本对创业学习的影响最大，心理资本次之，经济资本居于第三位。社会资本丰富的创业者，可以借助其社会网络开展更多的创业经验交流、总结和模仿创业学习；积极的心理状态可提高农民在创业过程中的抗压能力，增强自我激励，从而乐观地面对创业困境，开展更好的创业学习，并通过不懈努力获取创业资源和竞争优势，使创业活动顺利进行（马红玉 等，2020）。

在社会资本中，社会网络和信任的作用受到了学者的关注，学者们就此展开了深入研究。吴春雅、江帆和袁云云（2020）建议，农村电商经营者要多与电商同行开展沟通互动，交流学习，政府应创造更好的环境，组织培训，为创业者提供学习条件。从信任视角来看，信任是创业者向外部环境（如顾客、供应商、同行等）学习的前提条件，是创业学习的重要前定变量（Bergh et al.，2011）。首先，信任通过调控信息与经验的沟通意愿影响创业学习。创业学习是一个互动的过程，强调与网络中其他成员的知识共享与经验交流。信任水平较低的农民创业者在学习网络中容易表现出紧张、敌对等消极情绪，这种消极情绪会削弱创业者的行动自由度，诱致知识隐藏行为，最终阻碍个体创业学习（赵红丹、夏青，2019）。其次，信任通过改变信息与经验的采纳程度影响创业学习。创业学习同时也是创业者探索与开发并将经验和信息转化编译成创业知识为己所用的过程（Politis，2010），这一过程的起点是基于对已获取信息和经验的信任，转换效果在很大程度上取决于创业者的信任水平。当收到外界机会信息时，低信任水平的农民创业者常常无法客观衡量所获信息的真实价值，进而削弱对信息的加工利用程度。因此，农民创业者的信任水平可通过影响信息与经验的吸收，最终影响创业学习（赵佳佳 等，2020）。

有学者将创业者社会网络分为行业外网络和行业内网络，行业外网络的联系让管理者接触到其他行业中存在的新颖观点，从而能够吸引管理者去搜索新领域的知识、实验和挑战。另外，行业外网络的联系还可以起到环境扫描的作用，有助于创业者提前了解新兴市场趋势，为企业探索新的市场和开发新的顾客群提供条件（Stam and Elfring，2008），因此，行业外网络的联系比行业内网络的联系更有利于创业企业进行探索式学习。相反，行业内网络的联系以提供同质性的信息和知识为主，这些知识有助于加深创业者对行业的理解。所以，行业内网络的联系比行业外网络的联系更利于创业企业进行利用式学习。由于探索式学习与创业绩效呈正相关关系，利用式学习对创业绩效无显著作用，创业企业要以探索式学习为主，保持创新，增强企业竞争力（张文伟、赵文红，2017）。

4. 互联网络

随着互联网在乡村的普及，越来越多的农民创业者开始使用互联网。互联网络的嵌入，也影响了农民的创业学习活动。吴春雅、江帆和袁云云

（2020）认为，农民在开展电子商务创业活动的过程中，依靠互联网组建了一个虚拟社会网络，使得不同个体之间的交流突破了时空限制，交流变得愈发简单，为创业者更好地获得所需资源、增强创业学习能力提供了更好的基础。姚柱等（2020）发现，互联网嵌入既可以帮助他们获取外部的信息，了解行业的最新动态，降低机会成本，又可以帮助农村创业者发现新的销售渠道，取得较好的创业收益，还有利于他们随时与外界保持友好联系，吸取其他成功企业的经验，提升创业绩效，最终达到创业目标。

（五）农民的创业学习

农民创业者是特殊的群体，农民群体普遍知识水平不高，所以在创业过程中识别创业机会面临着极大的挑战。创业学习是提升农民创业者创业机会识别概率的重要影响因素，农民通过经验总结、认知学习和实践的方式开展创业学习，可以提高感知、思维和反应警觉性，并最终提升创业机会识别能力（张秀娥、徐雪娇，2017）。

张敬伟和裴雪婷（2018）对中国农民的创业学习行为进行了深入探究，通过创业学习视角，综合运用扎根理论和内容分析两种方法，分别定性和定量地分析 CCTV-17《致富经》栏目报道的 136 个农民创业故事，以期透视中国农民创业者的创业学习行为规律。最终提炼出农民创业者的 2 类（包括直接学习和间接学习）、6 种（包括试验学习、试错学习、即兴学习、观察/调查学习、替代学习和外部建议学习）创业学习方式，及其不同的应用特征。证据表明，农民创业者总体倾向于采用直接学习的创业学习方式，直接学习中的观察/调查学习、即兴学习以及间接学习中的外部建议学习最为普遍；此外，不同创业环节中使用的创业学习方式也存在一定差异，创业学习更多地发生在创业过程中的生产环节。

姚柱等（2020）基于对湖南和广西乡村旅游景点创业农民的实证调研发

现，互联网在农村地区的推广使用，让更多的农民创业者及时准确地获取了市场信息和外部资源，他们通过互联网与外界沟通，进行资源整合，开展探索式创业学习和利用式创业学习，总体创业绩效得到了显著提升。

农民创业是高风险的商业活动，常常伴随着失败的情况，因此，创业失败学习也日渐成为学术研究的一个热点。侯德恩、林晨和熊爱华（2022）在对CCTV-17《致富经》栏目中14个典型"败后复兴"的农业创业案例进行研究的基础上，运用扎根理论，将农民创业过程中的失败学习划分为归因学习、经验学习和迭代学习3种学习方式，并且揭示了其作用于"败后复兴"过程中的创业能力的形成机制，即在败后复兴的3个具体阶段，失败学习通过填补知识空白、经验知识内化和知识体系革新3个关键机制与创业能力互动，能够有效促进创业能力演化，在败后复兴过程中起决定性作用。

以返乡创业者为对象的研究表明，创业学习不仅直接或间接影响创业绩效，而且还成为互联网金融等因素作用于创业绩效的边界条件。不同类型的新农人创业者需要选择与自身特征相匹配的创业学习方式。对于大学生创业型新农人来讲，由于他们刚刚毕业不久，很多都缺乏工作经验，因此，不仅要积极进行利用式学习，多吸收借鉴成功创业的经验，还要在此基础上利用所学知识进行探索式学习，为未来长期获得竞争优势打下坚实的基础。对于农民工返乡创业型新农人来说，探索式学习对其创业绩效的积极调节作用不明显，因此，他们应将创业学习的主要精力放在利用式学习方面，对其返乡创业前的经验及其他成熟的创业经验进行积极利用。对于跨界创业型新农人来说，利用式学习对其创业绩效的积极调节作用不显著，因此他们应积极利用探索式创业学习方式提高其创业绩效表现（严爱玲 等，2020）。

（六）社交媒体使用与创业学习

社交媒体基于移动互联网，有学者研究发现，互联网通过构建线上社会网络、打破时空限制的方式实现了媒介传播的低成本化，为知识共享的发展提供了强劲动力，从而促进了创业学习活动的开展（张玉明等，2019）。线上社会网络是建立在社交媒体上的社会网络关系，它为用户提供无边界化的交流合作、分享信息、讨论问题的机会。在这个社会网络中，分散化的用户聚在一起分享经验和建议，形成一定的社会网络关系结构（Nilmanat，2011）。例如，基于Facebook的研究发现，企业通过与网络用户的互动交流，形成一定的关系强度（Chu and Du，2013）。当弱关系形成后，线上用户与企业间便可以进行多样化且异质性的知识共享（孙世强 等，2019）。这些多样化的异质性知识有利于冲击企业现有的知识体系，使得企业破除传统进而创造新事物。企业进行探索式学习可以突破原有知识、技术模式，发现与发明新的知识学习方式（Laureiro et al.，2015）。通过弱关系可以获取有别于现有知识基础的异质性信息和知识，从而促进探索式学习。另外，由于弱关系具有更大的开放性，可以促进企业的跨界交流，降低知识共享的成本，使企业易于摆脱过去网络关系的束缚和固有的思维模式，推动企业搜寻异质性知识，拓展现有的知识共享范围，推动探索式学习（王永健 等，2016）。

在线上社会网络建设的初期阶段，企业与用户间的弱关系会随时间而衍化为强关系。随着交流频次与亲密度的逐步提高，企业与用户之间的信任度会随之上升，形成稳定的强关系（解学梅、王丽君，2019）。另外，企业供应链中的供应商与消费者也会从原来的线下社会网络强关系转移至线上社会网络强关系，这种强关系会稳定地促进知识的传递与共享，以及对知识的深入挖掘，帮助企业不断完善现有知识体系，推动已有知识的渐进式积累。而利用式学习指的是整合与利用现有知识的能力，目的在于提升企业效率与竞争优势（汤淑琴 等，2018）。随着由强关系所推动的渐进式的知识获取与积累的增加，企业可以更好地开展利用式学习。

此外，社交媒体还超越了最初用于建立社会关系的用途，成为创业者日常生活、学习密不可分的一部分，成为其获取信息、分享信息、创业交流的即时虚拟社区。社交媒体虚拟社区契合了创业者沟通交流的特点，同时非常方便、快捷，成本低廉，满足了创业者个性化的需求。创业者在社交媒体上不同的虚拟共享空间开展互动、沟通，进行创业学习（刘然 等，2017）。社交媒体技术支持创业者自主学习。在社交媒体平台上，创业者拥有更多的自主权、参与权、发展权，形成了以"创业者"为中心的学习模式。这种模式非常适合创业者利用碎片化的时间开展突发性的、即时性的创业学习。社交媒体还通过自身的社会网络发展功能和媒体功能为创业者在社交平台上构建了"聚合中心""资源中心"和"服务中心"（刘和海、潘阳，2018），这些虚拟空间可以促进创业者开展个性化学习，从而达到推动创业活动开展，实现创业成功的目的。

（七）研究述评

通过对文献的回顾可以发现，在创业管理领域，创业学习的研究越来越受到学者们的重视。国内外学者们围绕创业学习开展相关研究，在知识管理领域等方面已经取得了比较丰硕的研究成果，加深了人们对创业学习的概念、维度、影响因素、结果以及社交媒体与创业学习关系等方面的认识，为我们比较全面地理解社交媒体情境下新型职业农民的创业学习提供了借鉴和研究基础。

1. 当前研究的特点和不足

（1）对新型职业农民创业学习的研究还比较少

农民创业活动的日益活跃是中国创业领域新现象，因此，对农民创业学习的研究总体来说不是很多。从现有文献来看，农民创业研究的成果主要集中在两个方面：一是农民有哪些创业学习的方式。开展这类研究的学者们往往运用扎根理论和内容分析等质性研究的方法，结合CCTV-17的《致富经》

栏目报道的农民创业故事,来探索中国农民创业者的创业学习行为规律,从中总结归纳出创业学习的类型,例如,张敬伟和裴雪婷(2018)将中国农民创业者学习方式划分为直接学习和间接学习2类,包括试验学习、试错学习、即兴学习、观察/调查学习、替代学习和外部建议学习6种创业学习方式。侯德恩、林晨和熊爱华(2022)将农民创业过程中的失败学习划分为归因学习、经验学习和迭代学习3种学习方式。二是将创业学习作为创业研究模型中的一个变量,探讨与其他变量之间的关系。这类研究往往用量化研究的方式,通过实证来检验农民创业学习的作用。虽然得出了相关结论,但是,量化研究的成果发现还比较少,无法深刻地揭示农民创业学习的特点,尤其是创业学习对农民创业活动中一些重要因素的影响。

(2)还需继续深入研究新型职业农民社交媒体使用和创业学习之间的关系

通过对文献的整理分析可以发现,当前,学术界对社交媒体使用和学习之间的关系进行了相关研究,但是主要的研究成果都是在知识管理领域,包括社交媒体可以促进知识共享,有利于提升企业与用户之间的信任度,形成稳定的强关系和可以满足创业者个性化的需求等方面,这些研究成果反映了社交媒体使用将会对学习产生重要影响。然而,已有研究更多地是将社交媒体作为一个综合变量,来分析它与创业学习之间的关系,没有明确社交媒体使用的具体维度,缺乏对社交媒体不同使用模式与创业学习之间的具体关系和作用路径的深入研究,因而,无法为创业学习的具体提升指明方向,同时,这些研究成果大都出自非农领域,是否适用于新型职业农民的社交媒体实践和创业学习实践也有待考证。

2. 未来的研究方向

综合创业学习研究方面的文献可以发现,在当前中国,对新型职业农民创业学习的现有研究还存在诸多值得进一步探究的问题,本书提出以下亟待突破的拓展方向。

（1）加强对新型职业农民创业学习的研究

创业活动的复杂性决定了创业必须是一个不断学习的过程。加强对创业学习的研究可以有效推动创业活动的开展。新型职业农民是创业领域的新兴力量，对开展创业学习活动研究、了解农民创业活动规律、促进农民创业成功具有重要意义。因此，未来可以加强对新型职业农民创业者的研究，对新型职业农民创业者的创业学习的内涵、创业学习的方式、创业学习的影响因素、创业学习的结果等方面进行探索，尤其是对当前政府在农村地区大量开展的农村电子商务创业培训、农村创业榜样带动的创业学习等热点问题，可以进一步深入研究。

（2）深化新型职业农民社交媒体使用和创业学习之间关系的研究

非农领域的研究已经表明，社交媒体的使用会带来移动学习领域的创新。对于新型职业农民而言，在开展涉农创业的过程中，广泛利用现代信息技术已经是一种普遍现象，影响着新型职业农民的创业学习。因此，新型职业农民社交媒体使用和创业学习之间的关系还有很多可以继续深化研究的地方，例如，在社交媒体嵌入视角方面，可以分析社交媒体不同使用模式与创业学习之间的具体关系和作用路径，探索利用社交媒体提升创业学习的不同方法，同时，新型职业农民在使用社交媒体时，是直接作用于创业学习还是间接作用于创业学习，两者之间作用的发挥有没有受到其他因素的调节等，这些都是未来还有待进一步深入挖掘的地方。此外，新型职业农民利用社交媒体开展涉农创业的最终目的并不是创业学习，获取更好的创业收入，取得创业成功才是他们使用社交媒体的动力来源。那么，社交媒体使用、创业学习、创业资源、创业能力和创业绩效等创业中的重要因素彼此之间的关系是怎样的，目前在学术界还没有相关的研究，未来可以考虑构建综合研究模型，揭示这些因素之间的复杂关系。

五、创业绩效研究回顾

（一）创业绩效的概念

创业绩效是指在创业过程中完成某项任务或达到某个目标的程度。目前，学术界对创业绩效尚未形成统一的界定，常见的研究视角包括目标理论视角、系统资源理论视角、创业过程理论视角和利益相关者理论视角（吴耀昌，2016）。

1. 目标理论视角

目标理论视角的研究认为，每个组织都制定了自己认可的最终目标，绩效应用完成目标的程度来测量（Bertero，1967）。目标理论强调的是完成目标的结果。在创业实践中，创业目标达成情况，尤其是一些客观的指标，如销售额、利润额等往往被用来衡量创业的成效，因为这些指标容易测量。在创业研究中，目标理论视角也受到学者的欢迎，因为在创业初期，创业者或创业团队对创业绩效具有主导作用，而且创业者主要就是创业企业的经营者，用目标的完成情况来衡量创业的成效是有一定的合理性的，所以不少创业研究都以目标理论作为创业绩效的理论基础。例如，葛宝山、滕星均和柳燕（2009）就认为，创业绩效是创业组织对目标完成程度的衡量，方曦（2018）也主张用创业绩效来衡量创业的成果和有效性。

2. 系统资源理论视角

系统资源理论认为，每个组织都是一个完整的系统，系统内部包含了丰富的内部资源，同时，组织又与所处的外部环境保持着不可分割的关系，系统外部资源对组织的生存和发展会产生重要影响。因此，组织在衡量绩效时应该同时考虑多方面的绩效，用组织获得和拥有的有价值的稀缺性资源的能力来衡量组织绩效（Yuchtman and Seashore，1967）。系统资源理论视角站在企业层面，考虑内外部可用资源对创业企业生存和发展的重要意义，强调企业通过自身变革，整合内外部资源来影响创业绩效（余绍忠，2013）。系统资源理论重视对组织维持和发展系统资源能力的评价，其可以对组织能力的培养起到指导作用。

3. 创业过程理论视角

有学者认为，应该从创业的过程与各阶段的创业成效去评估其创业绩效。蒂蒙斯（Timmons，2010）提出，成功的创业活动必须要能够将机会、创业团队和资源三者做出最适当的搭配，并且要能随着事业发展而做出动态的平衡。创业活动始于对创业机会的识别和利用，在取得必要资源与组成创业团队之后，创业者方可开启创业计划。机会、团队与资源三项因素并非同步发展，在不同的阶段，良好的创业管理必须要掌握当期的活动重心，以创造动态平衡，最后才能取得创业成功。此外，新创企业发展中面临诸多风险，机会模糊、市场调整、环境变化等因素都会影响创业结果（吴耀昌，2016）。在对创业过程关注的研究中，克里斯提（Christian）等认为，创业管理的整个焦点应该放在创业家与新事业之间的互动上，因此，将如何创立新事业（new venture creation）、随着时间变化的创业流程管理（process management），以及影响创业活动的外部环境网络（environmental networking）等三个议题，视为创业管理的核心问题，每一个阶段的互动效果都是创业过程绩效的表现，最终影响到创业结果（Bruyat and Julien，2001）。

4. 利益相关者理论视角

利益相关者理论认为，应该将不同利益相关者的满意程度纳入组织绩效的考虑范围（Connolly et al.，1980）。由于个人和群体都会对组织的生存和发展产生影响，特别是投资者、供货商、员工、顾客、政府等，因此，组织不仅要保障资本所有者的利益，也要保证其他利益相关者的利益，只有在这个前提下才能达成自己组织的目标。按照这种理论，创业绩效的衡量除了要考虑创业组织目标的实现程度，也要考虑创业团队内外各种利益相关者的满意度。

综上所述，现有的多种研究理论视角，为分析、评估创业绩效奠定了必要的理论基础。但是，由于人们对于"绩效"概念认识的不同，甚至由于创业类型的差异、创业环境的不同，也会导致对创业绩效衡量标准产生差异。创业绩效的指标建构也存在着诸多差异。但是，对创业者来说，创业目标实现程度是其最基本的绩效指向。

（二）农民创业绩效的维度

学术界并未统一衡量农民创业绩效的方法。学者们依据研究的具体情境分别采用单一指标和多指标、财务指标和非财务指标、客观指标和主观评价法等不同的方法来衡量农民创业绩效。

采用客观评价法研究的学者往往通过询问创业者家庭经营年收入（张益丰、郑秀芝，2014）来评估绩效，也有学者考虑到指标的丰富性，加入了"创业农民家庭年雇工人数"（周菁华、谢洲，2012）一起来衡量创业绩效。然而，在研究的过程中，学者们发现，农民所创事业规模较小，财务制度不够完善，财务数据难以获得，因此，有很多学者用主观评价法来调查创业绩效。

采用主观评价法来评估创业绩效时，学者们的调研题项可以分为单一指标、双指标和多指标几种情况。朱红根和康兰媛（2016）通过询问创业者对自己创业成功与否的评价来衡量创业绩效，将创业绩效分为不成功、不清楚、成功三个程度。郑秀芝、邱乐志和张益丰（2019）通过询问创业者现在创业项目所处状态是上升、维持和还是不乐观来衡量创业绩效。郭铖和何安华（2017）则是采用"创业活动对生活水平的影响程度"和"与周围创业者相比，创业成功程度"纵向和横向双指标法评估创业绩效。更多的学者采用财务和非财务指标相结合的多项指标量表方法来综合衡量创业绩效。研究中，有的学者没有对指标进行分类，用创业满意度、销售情况、投资回报率、创业预期目标达成度和利润水平来综合考察创业绩效（Cooper and Artz，1995；郭红东、丁高洁，2013；罗明忠、陈明，2014；李后建、刘维维，2018）。有的学者强调与同行的对比，从规模增长速度、销售收入增长速度、销售利润增长速度、吸引消费者的能力和创新的能力与创新性来测量创业绩效（易朝辉 等，2018）。

还有的学者将创业绩效划分了不同的维度，分别测量创业绩效。如刘影和魏凤（2014）选择了生存绩效和成长绩效两个维度，郭铖和何安华（2017）则通过财务指标与非财务指标来分析创业绩效。苏岚岚、彭艳玲和孔荣（2016）将创业绩效分为个人绩效和组织绩效两个维度，个人绩效强调个人财富、获取创业经验、提高知识技能、拓展人际网络；组织绩效强调公司规模扩大、市场份额增大、公司利润增长、研发能力增强。

（三）农民创业绩效的影响因素

农民的创业绩效是农民创业结果的集中体现，在农业领域的创业研究中，它一直是研究的热点。通过对国内外相关文献的整理，本书将影响农民创业绩效的因素概括为宏观环境、中观组织和微观个体三个层面。

1. 宏观环境层面

系统论认为，创业组织存在于社会大系统之中，受到外在环境的制约。学术界有大量的文献研究外部政策环境对创业绩效的影响，具体包括以下几个方面内容。

（1）品牌扶持政策

李道和与池泽新（2011）以 2003—2010 年江西省 26 家农业龙头企业的面板数据为基础，运用回归的方法实证分析，结果显示，政府品牌扶持金额政策支持对全要素生产率、技术效率、技术进步有不同程度的影响；张明林和文丽情（2016）对绿色食品农业龙头企业的研究却发现，绿色品牌扶持和生态基地扶持政策对企业生产效率提升效应不明显，应该考虑其他的通用性扶持政策。

（2）财税政策

崔海云和施建军（2013）基于198份各地的农业龙头企业调研数据的回归分析研究发现，财税政策可以正向调节龙头企业内向开放式创新与其经济绩效关系。崔宝玉和刘学（2014）认为，政府财税政策主要扶持了龙头企业，对农户的扶持不大，实证结果表明政策扶持目的和效果之间出现偏离，财政补贴、所得税减免与增值税减免三种政策工具因企业的异质性，对综合绩效、财务绩效、税收绩效和社会绩效会产生不同的影响，政府在实际中要灵活运用财税政策。

（3）金融支持

赵德昭（2016）以返乡农民工为研究对象，发现获得政府资助和银行贷款的农民工更易获得较高的创业绩效，验证了创业政策环境对创业绩效的影响。陈鸣和刘增金（2018）对湖南省家庭农场经营效率进行分析发现，金融支持政策可以促进当地家庭农场经营绩效的提高，但是要从空间视角来提供金融支持，以避免产生对邻近地区的负面抑制效应。

（4）知识产权政策

崔海云和施建军（2013）的实证研究发现，知识产权政策可以正向调节外向开放式创新与农业企业经济绩效的关系。

（5）管理扶持政策

曾福生和李星星（2016）以湖南省家庭农场为样本的实证研究发现，扶持政策只有通过企业家才能起到经营环境中介的作用，才能对创业绩效产生显著作用，因此，政府不能仅提供财政扶持政策，而要完善土地流转、管理培训等扶持政策。

（6）农地产权制度

学者们一致认为，农地产权影响了土地和劳动力生产要素效率，进而影响了农业绩效和农民收入。有的学者强调土地产权安全性的影响。例如，饶芳萍等（2016）认为，土地产权的安全性是影响农民增收的重要因素。农户感知土地产权安全会提高他们对未来投资收益的心理预期，进而促进他们对土地、劳动力、农家肥等相关生产要素的投入和使用，最终影响农户农业的产出和种植收益。还有学者强调不同类型的农业产权的影响作用和路径。例如，仇童伟（2017）利用广东省2 492户农户的调查数据，通过回归分析的方法，实证研究发现，农地产权对生产要素以及农业绩效所产生的影响非常复杂。处分权的完善通过赋予农户处置农地和自由配置劳动力的权能，在农地和劳动力规模对农业收入的影响上起到了正向和负向的调节作用。使用权的完善通过优化农业种植结构，提高了农地规模对农业收入的正向激励，但是却弱化了劳动力规模对农业收入的正向激励。李宁等（2017）的研究更进一步，增加了一个收益权，并证明了不同种类的农地权利对农业生产要素效率影响的变动趋势存在差异。

农民开展创业活动本身就是一种企业经营行为，是农村经济发展的重要组成部分，因此，除了政策环境，学者们也非常关注经济环境和农民创业绩效之间的关系，例如，我国学者张益丰和郑秀芝（2014）的研究就发现，产业环境对农业创业绩效有重要影响，创业项目与本地农业关联度显著正向作用于农民创业绩效，农民创业成功的基本条件是新型职业农民结合当地生产特点开展创业计划。

随着农业农村领域信息技术的日益普及，国内外学者也日益开始关注技术环境对农民创业行为的影响，例如，国外学者采用案例研究的方法，以肯尼亚妇女农业创业为研究对象，分析了东非社会网络、手机使用和农业创业之间的关系。研究认为，手机通信技术的发展为企业家创造了机会，使得她们能够有选择地扩展社会网络，开展值得信任的商业和社会交往。在创业的过程中，手机可以帮助妇女创业者们了解市场信息，加强和中介、消费者之间的联系，最终提高创业绩效（Mehta et al.，2011）。同时，国内学者对于农民借助信息技术开展创业活动的研究成果也越来越多，其中尤其以对淘宝村的研究最有代表性，学者们不仅对淘宝村产业集群开展了研究，而且对产业集群中农民创业者的创业行为也进行了微观的分析，例如，曾亿武（2018）在对沭阳电商创业农民进行调研的过程中就发现，电子商务技术给创业花农的创业活动带来了巨大的影响，利用电商技术开展创业的农户创业收入明显高于不使用电商技术的花农。可见，电商技术对农户的创业绩效有显著的正向促进作用。

2. 中观组织层面

随着研究的进一步深入，学者们认为，在分析创业企业绩效影响因素的时候，除了要关注外部的客观环境之外，还应该要考虑创业组织自身的原因，包括组织结构、组织资源、组织战略和组织创新四个重要因素。

（1）组织结构

早期学者们关注经营规模、专业化程度等因素，如姚寿福（2012）运用历史分析方法，先后将中美两国的农地规模经营、专业化与农业绩效之间关系进行分析和对比，结果发现，扩大农地经营规模可以提高农业专业化程度，并最终促进农民增收。此外，张益丰和郑秀芝（2014）认为，创业项目与本地农业产业化契合程度对农民创业绩效有显著正向影响。刘克春（2015）认为，农业企业与农户会形成企业网络，基于调查问卷的调研和结构方程模型的实证研究证实了企业网络规模、网络强度以及网络互惠度对农业企业绩效的正向促进作用。

随着新型农业经营组织的出现，有学者认为，农户们在经营方式上的差异是绩效产生差异的重要原因，如加入合作社对农户绩效的影响就非常复杂。张晋华、冯开文和黄英伟（2012）基于东、中和西部不同地域35家合作社及

561个农户的调研数据,运用两阶段模型分析发现,加入合作社能够显著地增加纯农户与兼业农户收入。农民土地入股合作社是农户和合作社之间利益博弈的过程,在加入合作社初期农户可以获得合作社带来的诸多好处,故有利于绩效的增加,但是后期随着博弈关系的发展,关系可能破裂(周敏、李菁,2015)。

契约型农业是农户开展经营的一种重要方式,学者们针对这种经营方式可能给农户绩效带来的影响进行了不同角度的分析。蔡荣和蔡书凯(2013)利用水稻主产区安徽省水稻种植户的调研数据,实证研究证明,农户参与订单交易后,稻米的产量提升、质量改善、价格提升,总体收益增加,但是生产成本和交易成本降低不是主要原因。还有学者从渠道管理控制的视角来分析,夏春玉等(2015)以渠道治理理论为基础,运用多元层次回归分析实证研究发现,在契约型农产品交易关系中契约的明确性与可执行性对农户绩效有显著正向作用,收购商对结果和过程的管理控制活动也能显著提升农户绩效,但是这些控制活动会削弱契约治理对农户绩效的提升作用。田敏和夏春玉(2016)基于契约型农业的情境,结合管理控制论,将契约型农业收购商的管理控制分为过程控制、结果控制和能力控制三种类型,利用217份问卷的数据实证分析表明,无论哪种控制都会促进农户绩效的提升,其中生产能力控制的影响最为显著,农户感知分配公平会削弱收购商管理控制对农户绩效的促进作用。还有学者研究发现,订单农业对农户绩效的影响有一定的前提条件,如黄梦思、孙剑和曾晶(2017)从渠道功能的视角,基于5省参与"订单农业"的344个农户的调研数据,实证研究证明了契约功能会通过伙伴合作间接影响农户和农业龙头企业之间的交易绩效,如果没有合作行为出现,控制条款无法真正发挥效用。

(2)组织资源

资源基础理论认为,组织持续保持竞争优势的关键在于拥有不可复制、难以模仿的异质性资源,组织拥有资源的独特性越强、可替代性越差,那么该资源能够创造的利润也就越大,组织的竞争优势自然也越强(Barney,1991)。在农业领域也是如此,不同创业组织依据自身的资源状况制订出不同的经营计划,继而导致了不同的创业绩效表现。

从具体的资源内容来看,国外学者卡伯等(Kabir et al.,2012)研究表明,女性企业家通过获得一系列生计资产可以实现可持续生计。在小规模农业创业中,畜牧业和家禽业者可能会提供更高的经济效益和社会效益。但是,缺乏资源、农业的脆弱性和缺乏制度支持是长期可持续发展的三大制约因素。我国学者桑培光(2013)基于企业资源理论和资源整合理论的回归分析发现,知识资源、关系资源和政策性资源获取对创业绩效有显著的正向影响作用,其中资源整合能力发挥了一定的部分中介效应。

农村创业与城市创业不同,创业者的社会关系网络呈现出更强的地缘特征,农村创业者常常主动选择利用这些社会关系以帮助企业成长(杨学儒、李新春,2013)。在农业创业绩效的研究中,社会资本是学者们探讨得最多的一种资源。实证研究发现,学者们对农村社会资本的不同网络表现形式进行了分析。俞宁(2013)研究发现,农民亲友中公务员的数量对农业创业初始绩效起到了正向促进作用,但是讨论网密度对新创事业的初期绩效具有反向的影响。杨学儒和欧晓明(2013)以东进农牧为案例,分析了高家族涉入对农业家族企业持续创业的影响。耿献辉和周应恒(2014)与张鑫、谢家智和张明(2015)的研究发现,人脉关系、网络资源、人情支出以及弱关系的互动频率显著影响农民的创业绩效。刘克春(2015)将中小农业企业的企业网络划分为企业网络规模、网络强度以及网络互惠度三个维度,实证方面的研究证明每个维度都会正向影响农业企业的市场导向和创新导向,并最终对农业企业绩效起正向促进作用。封玫和刘克春(2017)对江西省的调研数据做实证分析,结果发现社会网络中的情感型、商业型和支持型网络对中小农业企业创业成长绩效具有不同程度的显著影响，其中商业型网络的影响特别大。少数学者用动态观点来分析社会资本对农业创业的影响。如，黄洁（2010）的研究发现，在农民工返乡初期，人际网络有利于他们对创业机会的识别，随着创业活动的开展，企业进入不同生命周期，社会资本也动态发展，商业网络的作用日益凸显出来。除了以上所说的社会网络资源的内容外，学者在研究中还发现，资源获取效率也与创业绩效呈正相关（常冠群，2009）。

（3）组织战略

战略导向对企业绩效会产生显著影响（Jantunen et al.，2005）。国外学者罗威尔（Lauwere，2005）将农业企业家的战略导向分为三种：社会导向、生长导向和财务稳健导向。为了了解环境变化下荷兰农业创业的情况，他采用电话调查的方法，对752个农业企业家进行电话访谈，结果发现，不同类型的农民根据自己的喜好选择不同的战略导向。社会化的农民社会导向分数特别高，传统种植者选择生长导向，谨慎的农民选择财务稳健性导向，新的种植者更多地选择社会导向和生长导向，优柔寡断的农民涉及各类战略导向。罗威尔根据未来的预期和家庭收入，得出的结论是社会导向的农民和新的种植者比其他农民更成功。

国内学者俞宁（2013）很早就关注农业新创企业的市场定位与初期绩效之间的关系。他发现从农业企业第一年的销售利润率来看，市场补缺者和追随者的绩效好于挑战者。后来，更多的研究关注于市场导向战略、政策导向战略与创业绩效之间的关系，如陈启杰、江若尘和曹光明（2010）的实证研究，检验了市场和政策双重导向战略对农业龙头企业不同时间长度绩效的影响。结果显示，两种战略都可以显著地直接作用于农业企业的绩效，市场导向战略还可以通过动态能力的中介作用对企业绩效产生显著的正向影响，不同的战略导向在影响方式上具有差异，市场导向程度高的企业长期绩效较好，政策导向程度高的企业短期绩效较好，具备双重战略导向的企业长短期绩效均较好。对农业企业而言，多元化非农经营战略也是研究的重点，如，刘克春、张明林和包丽（2011）基于江西省农业龙头企业的数据，运用OLS最小二乘法和方差分析，实证研究发现，在企业追求适度的经营规模的前提下，实施多元化非农经营的农业龙头企业，产出绩效会显著提高。

（4）组织创新

随着创新经济的发展，越来越多的学者从创新的视角来分析创新因素对农业创业绩效的影响。例如，崔海云和施建军（2013）实证了内向开放式创新和外向开放式创新与农业龙头企业经济绩效和社会绩效的正向相关关系，研究发现，在经济绩效方面，内向开放式创新的影响更大，在社会绩效方面，外向开放式创新的影响更大。他们在对北京、江苏和安徽三地的休闲农业农场开展调查，实证研究后发现，服务产品创新和过程创新两者都会显著正向影响休闲农业企业绩效。学者们的研究将组织学习和创新相结合，如耿献辉和刘志民（2013）在对山东大蒜主产区的小农户进行调查研究后发现，农民可以通过学习来增强市场导向和创新精神，并最终提高农业经营绩效。封玫和刘克春（2017）对江西省的调研数据做实证分析，结果发现，创新导向和市场导向一样，也会显著影响中小农业企业的成长绩效。

3. 微观个体层面

还有学者认为，在研究创业企业绩效的时候不能忽视创业者个体的因素。创业者是创业活动的主导者，他的行为与创业的成败密切相关。创业要想取得好的绩效，离不开创业者有效发挥积极性。基于该视角的研究本质上认为创业活动的结果取决于创业者的个人特质，在对中国农村情境下的创业研究进行分析发现，新型职业农民个人的人口统计特征和创业主体的心理要素等主观因素是影响创业绩效的最重要因素。人口统计特征因素包括健康情况、年龄、教育水平、性别（俞宁，2013；汤建尧、曾福生，2014；刘婧 等，2017），学者们的研究认为，年纪较轻、学历较高、身体素质好的男性农场主创业绩效表现较好。

农业是具有高风险和弱质性的行业。如果创业主体素质提高，就可以更好地识别和利用商业机会，整合内外部的资源，扩大规模，增加收入，从而达到良好经营绩效的目标。因而，企业家素质是该视角研究更加关注的因素。学者们主要从创业主体的创业精神、心理资本、企业家才能、管理经验等方面来分析创业者个人特质对创业绩效的影响，例如，我国学者张益丰和郑秀芝（2014）利用389位农民创业实践者的调研证实农民创业者的创业经验、冒险精神、管理与领导经验等企业家才能对创业绩效有显著影响。尹然平（2016）选取了泛珠江三角地区138个农业企业作为样本，运用结构方程模型，实证研究证明了创新性、先动性和风险承担性三个维度的创业精神对农业企业创业绩效的正向影响作用。张德元、李静和苏帅（2016）在对安徽的384家家庭农场进行调研后，实证研究发现，家庭农场经营者的管理经验，尤其是经营者通过"干中学"所获得的农业生产技能对农场经营绩效的提高有显著影响。王洁琼和孙泽厚（2018）以河南、湖北的新型农业创业人才为对象的实证研究发现，新型职业农民的知识和经验、能力、乐观的心态、吃苦耐劳的品质都能对农业创业企业绩效产生积极影响。

（四）社交媒体使用与创业绩效

国内外学者对创业公司企业家、员工在工作场所使用社交媒体的行为进行了研究，发现社交媒体的不同使用方式对创业企业的经营绩效、员工满意度、财务绩效、创新绩效、发展绩效等各类绩效各有不同程度的影响。

首先，创业者们往往将社交媒体运用于创业所需的各项社交活动中，在社会资源获取等方面产生了重要作用。例如，何晓斌等（2013）通过对一个包含各行业的1 311个中国新创企业组成的代表性样本的实证分析发现，新创企业家花在日常经营管理上的时间与企业绩效没有显著相关性，而花在社交活动（外出联系生意、开会和公关招待等）上的时间与企业绩效呈显著正相关。古继宝、陈兆锋和吴剑琳（2017）认为，在交往的过程中，社交主动性高的创业者社交能力更强，他们一方面加强与利益相关群体的沟通，一方面准确理解对方传达的信息，建立了良好人际关系，扩大并夯实了企业社会网络。因此，创业者社交主动性越高，新创企业的社会网络质量越好。戚涌和饶卓（2017）等以社交指数来衡量社交网络，实证结果表明，社交指数与创业者创业意向之间呈显著正相关。因而，创业者要通过家人、亲戚、朋友的帮助，建立广泛的社交网络来获取更多的资源。

其次，有大量证据表明，在工作场所使用信息技术来娱乐很可能会对个人工作表现产生负面影响。因为，利用社交媒体来娱乐浪费了时间，减少了员工执行公司特定工作任务的时间，并降低了员工的效率（Teigland and Wasko，2008；Ali-hassan et al.，2015）。所以，脸书和推特等许多组织出于担心员工效率下降的考虑而禁止员工使用某些社交媒体工具。社交媒体娱乐使用的另一个潜在负面影响是员工分心的可能性。分心冲突理论可用于解释分心如何造成注意力冲突或个人感觉到将注意力分配给多个排他性投入的趋势、愿望或义务的情况（Baron，1986）。

最后，国内外学者在对社交媒体认知使用模式与创业绩效二者之间的关系进行研究时发现，社交媒体上的信息获取和发布对财务绩效、创新绩效、发展绩效等方面有着显著的促进作用。张栋凯和齐佳音（2015）通过对上市公司的定量研究发现，在社交媒体发布的信息中，企业形象提升类信息有效地提高了投资者的感知价值，降低了信息不对称程度，与股票交易量之间呈显著的正相关关系；非企业形象提升类信息多为中立信息，过多地占用了投资者处理企业形象提升类信息的注意力资源，不利于降低信息不对称程度，显著地削弱了企业形象提升类信息与股票交易量之间的正相关关系，并且与股票交易量之间呈显著的负相关关系。黄丽佳和袁勤俭（2018）认为，企业利用社交媒体发布信息，开展印象管理，可以提高财务绩效。丁慧、吕长江和黄海杰（2018）发现，在社交媒体环境下，利用信息技术可以提高投资者的信息获取和解读能力，从而优化市场效率，能够降低市场信息不对称，这种提高市场效率的方式能够在一定程度上与机构投资者的作用产生互补效果。陈万明等（2019）研究发现，大学生在创业活动中创建共享平台，平台上的信息和科技资源可以为参与者提供服务，对创业者机会创新性与创业绩效有显著正向影响。

（五）研究述评

通过对相关文献的回顾可以发现，对农民创业绩效的研究日益受到学者们的重视。国内外学者们围绕农民创业绩效开展相关研究，已经取得了比较成功的研究成果，加深了人们对农民创业绩效的内涵、测量、影响因素等方面的认识，为我们对当前中国情境下新型职业农民的创业绩效研究奠定了基础，提供了借鉴。

1. 当前研究的特点和不足

（1）对新型职业农民创业绩效测量存在较大差异

新型职业农民的创业绩效问题是一个比较复杂的问题，学者们根据自己的理解提出了不同的测量方法，从现有文献来看，主要有两种具有代表性的测量方法：第一种是单一变量测量方法，常见的是用农民的创业收入、公司的营业收入这些客观数据来衡量创业绩效。单一变量测量方法的特点是研究起来比较简单，但是不足之处是财务数据不易获取，不利于研究工作的开展，同时，创业公司的发展有一个过程，在刚开始的几年创业财务数据也未必理想，单一的收入测量方式不能真实地反映创业的真实情况。第二种是通过设计创业绩效测量量表，收集相关数据来测量创业绩效变量。目前，在创业绩效的量表设计方面没有形成统一的成熟量表，有的学者考虑生存绩效和发展绩效，有的学者强调与同行的对比，从规模增长速度、销售收入增长速度、销售利润增长速度、吸引消费者的能力和创新的能力与创新性来测量创业绩效。学者们的研究都是出于研究情境的需要来考虑的，因此，未来要开发适合农业领域创业研究的创业绩效测量量表。

（2）需继续深入对社交媒体情境下新型职业农民创业绩效影响因素的研究

通过对文献的整理分析可以发现，当前，学术界对农民创业绩效影响因素进行了相关研究，研究的成果非常丰富。在宏观环境方面，对制度环境和创业绩效关系的研究比较丰富，但是从科技环境视角来研究创业绩效的成果比较少。虽然现在在农村地区社交媒体已经得到了广泛使用，但是对社交媒体使用和创业绩效关系的研究更多地还是以高科技企业、城市工商企业为研究对象，分析新型职业农民社交媒体使用和创业绩效关系的研究成果还比较少，无法真实反映出当前新型职业农民利用信息技术开展涉农创业的实践，因此，未来在这一方面的研究可以继续深入。

2. 未来的研究方向

综合农民创业绩效研究方面的文献可以发现，在当前中国，对社交媒体情境下新型职业农民创业绩效的现有研究还存在诸多值得进一步探究的问题，本书提出以下可以拓展的发展方向。

（1）加强对中国情境下新型职业农民创业绩效量表的开发

农业创业活动的复杂性决定了新型职业农民创业绩效有不一样的内涵，所以高科技企业和工商企业创业绩效的测量方式对于新型职业农民的创业活动来说不一定适合，当前，有必要考虑中国农村新型职业农民的创业实践，开发适合他们的创业绩效量表。在开发新型职业农民创业绩效量表时，可以借鉴已有的创业绩效量表，在对新型职业农民创业者进行调研的基础上，充分听取他们对创业绩效的理解，再设计出符合当前农民创业实践的创业绩效量表。结合先前学者的研究，未来新型职业农民创业绩效的量表可以有不同的开发思路，一种是考虑农业创业企业的发展历程，设计包含生存绩效维度和发展绩效维度的量表。另一种是考虑农业创业企业经营满意度、创新满意度和员工创业满意度等不同维度来设计量表。

（2）深化新型职业农民社交媒体使用和创业绩效之间关系的研究

非农领域的研究已经表明，社交媒体使用对创业绩效会有显著的影响。社交媒体使用在创业企业社会网络的扩展、知识共享和创新管理方面都发挥了积极的正向作用。然而，在涉农创业领域，对新型职业农民社交媒体使用行为及其与创业绩效关系的研究却还比较缺乏。因此，未来在这一方面还有很多可以深化研究的地方，例如，既可以分析社交媒体使用的不同模式对新型职业农民创业绩效的直接影响，也可以探索两者之间作用关系的各种中介变量，如社会资本、创业学习等，还可以构建综合研究模型，考虑社交媒体情境下中介变量和调节变量等多种因素一起共同作用于新型职业农民创业绩效的情况。此外，对新型职业农民的研究要加强对种养殖大户、合作社负责人、农场主等示范性创业代表的调查和深入访谈，通过案例研究的方式来探索新型职业农民利用社交媒体开展创业过程中的各种新问题，从中找到影响创业绩效的关键因素。

第三章　新型职业农民社交媒体使用现状

一、农民利用社交媒体开展涉农创业总体情况分析

本书搜集了相关资料，对国外农民涉农创业中对信息技术的使用情况进行了分析，追溯社交媒体使用的历史前缘，通过分析中国新型职业农民涉农创业中社交媒体使用的背景和发展过程，充分了解当前新型职业农民涉农创业中社交媒体使用的宏观现状，借助相关报道信息探索涉农创业中社交媒体使用的最新趋势，并对社交媒体使用对当前中国新型职业农民涉农创业造成的影响进行了总结，较为全面地介绍了中国新型职业农民利用社交媒体开展涉农创业的总体情况。

（一）国外农民涉农创业中对信息技术的使用

目前，从搜集到的文献来看，国外农民对信息技术的使用主要围绕在手机使用、互联网使用和电子商务三个方面。国外学者分别对以上三个方面进行了探究，分析其对农户市场参与、销售价格、销售规模、收入增长等经济变量的影响（曾亿武，2018）。

1. 手机使用

手机是最早得到学者们关注的信息技术工具，国外一些学者长期跟踪研究印度、菲律宾等亚洲发展中国家和卢旺达、坦桑尼亚等非洲发展中国家的手机普及与使用所带来的经济效应，积累了很多研究成果。这些研究发现得

出的结论并不一致,有的认为手机的普及使农户拥有了获取信息的有效渠道以及便捷的沟通手段,可以改善农户的供给响应、增强农户与中间商谈判时的讨价还价能力、减少搜寻市场的运输成本、减少农产品价格的波动性等,显著地提升生产者的福利水平(Jensen,2010)。另一些学者的研究却有不一样的结论,他们发现,手机的使用未必能够给农民带来显著的积极影响,例如,莫罗尼(Molony,2008)对坦桑尼亚地区种植土豆和西红柿的农民进行研究,发现手机并不能帮助很多农民获取市场谈判优势,在挖掘其他市场的潜在客户方面积极作用也不显著;虽然农民使用手机后获取市场信息的能力增强了,但是由于收购商为其提供了贷款,农民们在出售农产品时依然处于劣势地位,只能够被动地接受收购商给出的价格,而没有议价能力。还有部分学者在研究的过程中同时使用多个不同层面、不同地区或不同种类农作物的数据,发现了手机使用对农户的经济影响效应具有复杂性。地域的差别、农产品种类的不同等因素都可能导致研究结果出现差异。

然而,这些研究更多地关注手机的可及性,即是否拥有手机,而对手机的用途和使用模式,以及不同农户使用手机的时间、频率、习惯、能力和动机等更为重要的细节因素并未进行分析,所以在手机对农民涉农创业影响的研究方面还有待进一步深入。

2. 互联网使用

随着互联网技术的普及,国外农民也将其运用到了涉农创业中。从目前的文献来看,大多数文献都认为,互联网使用能给农户带来积极影响,例如,多布森(2010)用定性分析的方法进行研究,借助来自墨西哥手工艺品市场的个案简要阐述了互联网使用给当地农民收入所带来的积极变化,案例研究结论表明,互联网有助于实现生产者与全球市场之间的对接,进而提升农民的技艺性收入。

相比于手机使用效果的研究,对互联网使用效果的研究比较少,从已有的研究来看，互联网使用对农民的积极效应远不如手机使用的作用大，不少受调查的农户在访谈中也表示，自我感觉使用互联网后并未受益（曾亿武，2018）。

通过对相关研究的分析可以发现，当前对互联网使用和农民创业的关系研究主要集中在农民"是否有使用互联网"上，而没有深入探讨农民使用互联网的模式、目的和水平。从结果变量来看，仅仅分析了农民的收入，缺乏对创业绩效、社会资本等其他涉农创业变量的研究，因此，关于互联网使用对农民影响效应的研究还需要继续深化。

3. 电子商务

电子商务体现了信息技术在商务领域的应用。电子商务不仅减少了流通环节，还深刻地影响了农户获取信息和与客户沟通的渠道，这是营销模式的重大变革。无论是在国内还是国外，农业领域的电子商务都有了一定程度的发展，学者们关注于研究电子商务对发达国家农场或发展中国家农户的影响效应。例如，学者们在对美国 374 个使用 Market Maker 平台开展电子商务的中小型家庭农场进行调查后，统计数据显示电子商务使绝大多数农户受益，平均增收幅度在 10%～25% 之间（Cho and Toblas，2010）；另一些学者则采用定性分析的方式开展研究，他们认为电子商务是一种创新的商业模式，可以清除农户与消费者之间的障碍，增进双方的沟通，农户借助电子商务直接与消费者联系，有助于增加农产品的价值（Tumibay et al.，2016）。

（二）中国农民涉农创业中对信息技术的使用

1. 对传统信息媒体的使用

改革开放以来，国家对农业信息化加以重视，在农村推广以电信、电话和电视为主体的传统媒体，到 2010 年年底，电信网已基本覆盖全国，农村电视机普及率超过了 100 台 / 百户，全国所有行政村都通了电话（周婷婷，

2015）。因此，中国农民最早使用的信息技术是电视和电话。农民们主要通过电视台中的天气预报、经济频道、农业科技频道等相关节目来获取农业生产所需的气象、市场、农业技术信息，同时用电话来实现彼此的沟通交流。总体来说，电视是使用最为广泛的一种信息工具。

2. 对农业信息网站的使用

1994年，农业部启动推进我国农业信息化建设的"金农工程"，正式拉开了农业信息化建设的序幕，中国农业信息网和中国农业科技信息网也相继开通运行，标志着信息技术在农业领域的应用开始迈入快速发展阶段，到1999年，全国农业信息网站数量达到了1 200个（郑红维，2001）。进入21世纪以来，农业信息化更是被提到了国家发展战略层面，从2004年开始，中央"一号文件"对农业信息化的指向越来越明确，党的多个会议文件也将信息化列为新时期农业农村经济工作的重要支撑。在政策的指导下，各项农业信息化活动相继展开，并取得了较好的成效。我国农业信息化服务体系初步建立，信息服务模式多样化，包括农信通系统、县乡村三级信息服务站及信息连锁超市、各种类型的农业专业协会、农民之家服务场所及三电合一基建项目等；信息化技术渗透到整个农业，农业信息监测系统、灾害预防技术、精准农业、计算机专家决策系统等已得到大力发展和广泛应用；信息采集与资源开发渠道日趋完善（周婷婷，2015）。

这一阶段，中国农业领域的互联网发展日趋全面，从供给端来看，农业生产各环节的互联网资源都有一定发展，一些具有互联网意识的农民开始尝试接触网络，利用互联网工具进行农业生产经营资源的整合，成为最早转型为现代化新型职业农民的代表。但是，由于农村地区年轻劳动力外迁，留守的大多数农民对互联网信息技术不熟悉，且操作起来有一定难度，使得互联网信息技术对农村农民个体的影响非常有限，大多数的普通农民还是通过电视、电话的传统信息工具来进行信息获取和交流。

3. 淘宝村电子商务的发展

2003年，淘宝网成立，其开创了中国电子商务的先河。随着网购越来越受欢迎，一些人开始接触到电子商务，逐渐成为草根创业者，他们在自家院子里创业，自发成长，形成了最早的淘宝村。此后，淘宝村的财富效应迅速向周边村镇扩散，形成淘宝村集群，政府开始有序引导和支持其发展，产业空间也开始全面扩张。自2019年以来，农村网商的企业家化和电商服务业支撑起的生态大爆发，成为数字乡村建设的重要组成部分。

从2009年第一次发现的3个淘宝村，到2019年全国25个省（自治区、直辖市）发现的4 310个淘宝村（新华社，2019），无论是在数量上还是在分布广度上都发生了质的飞跃。淘宝村不仅在增加农民收入、带动返乡创业、促进产业兴旺等方面凸显出重要的经济、社会价值，而且还将持续助力乡村振兴。

淘宝村电子商务的发展体现出了蓬勃的生命力，促进了农业的信息化发展和现代农业的发展。淘宝村的电子商务将农业信息化从宏观的农业生产领域推进到了更加深入的产业发展中观领域和企业运营微观领域。

4. 社交电子商务发展

就在淘宝村电子商务快速发展的同时，智能手机横空出世，因其卓越的使用效果迅速占领了手机市场。大概从2015年开始，智能手机及其装备的社交媒体工具又逐渐开始被运用在涉农创业活动中，这是农业信息技术使用的新的表现形式。

（三）涉农创业中社交媒体使用的背景和发展过程

随着信息技术的更新迭代，日益丰富的社交媒体平台成为人们分享生活和建立社交关系的重要工具。传统电商模式在农村的经营遭遇发展瓶颈，新型职业农民惊喜地发现，社交媒体可以助力涉农创业，因此，越来越多的创业者将社交媒体技术运用于涉农创业活动中，形成了农业社交电商的重要商业模式（镇赉县商务局，2018），这一模式日益成为涉农创业的主要发展趋势。

1. 传统电商模式遇瓶颈

2015年以来，政府为推动乡村振兴，出台了一系列支持农村电商发展的政策，吸引了包括阿里巴巴、京东、美团等电商巨头在内的传统电商入局，这些企业力图在农村挖掘增量用户，实现电商业务的第二波高速发展。但是由于农村地理环境与城市不同，以及农产品自身的特性，传统电商模式在农村的发展并不理想。农村电商在具体经营中遇到了许多难题，如，电商创业者获取流量难、经营成本高、物流配送不够及时，导致消费者满意度低，影响了店铺口碑。因农产品市场信息沟通不畅出现滞销，农民的生产积极性受到了严重打击。而事实上，消费者一端对心仪的农副产品的购买需求却得不到满足。传统农村电商在发展中遇到的瓶颈亟须创新商业模式来加以突破。社交电商的出现，从技术层面解决了传统农村电商发展的难题，给农村电商的升级带来了新的希望。

2. 社交电商崭露头角

社交电商，是在移动社交背景下出现的电商新形式，是在互联网经济快速发展的环境下应运而生的。社交电商具有天然的社交"基因"，其注重消费者的体验和感受，在与客户互动和增加消费黏性方面比传统电商更加有优势，得到了消费者和商家双方的青睐。

一方面，从消费者的角度来看，富有生活化气息的网络社交购物更贴合消费者的心理。互联网社交时代下的社交电商，让传统的消费购物模式变成多人参与的社交互动，一次毫无新意的购物行为因社交给消费者带来了更丰富的消费体验；另一方面，从商家的角度来看，产品宣传更直接、快捷、有效。社交电商在产品宣传上具有天然优势，一旦建立了稳定的社交关系链，最新推出的产品会在第一时间推送到消费者面前，且这种联系无时无刻不在发生，交易也会随之不断发生。社交电商商业模式可以同时满足消费者和商家双方的需求，它已经吸引了众多涉农企业的参与，并且创造了销售奇迹。未来，社交电商还将在农村不断扩大覆盖范围，为农村电商发展注入新活力。

3. 社交电商将成为农村电商主流模式

（1）人们的消费习惯逐渐社交化

传统购物需要流量带动，其与消费者缺乏紧密联系。社交电商以人为核心，关注人的需求和感受，通过在社交圈反复呈现产品的方式来刺激人的消费欲望，营造社交营销生态圈。社交电商满足了人们消费便利和信任等方面的需求，日益成为人们重要的消费模式。商家通过社交流量带动财富流量，在快速打开市场、稳定客源方面有了重要保障。因此，社交电商将成为农村电商新的发展趋势。

目前，在电商平台中，好友推荐已经成为影响消费者购物的最主要因素之一，分享、点赞、评价、转发等社交行为在不断扩大产品的影响力。在农民商家看来，将产品快速卖出盈利是最大的目标，而从消费者角度来看，以实惠的价格买到优质农产品是莫大的购物追求，社交电商在这两者之间达到了一个动态平衡。

（2）社交电商运营成本"轻盈化"

中国电子商务协会副理事长姚广辉认为，农产品非标准化程度低，对物流的要求高，传统的电商平台销售有难度，社交电商平台的介入能更助力农产品的销售。社交电商具有天然的社交优势、推荐、点赞和分享等方式有利于形成宣传效应，可以用较低的费用来实现对涉农企业、农业品牌和农产品的推广。良好的宣传可以打通农产品的营销市场，从而促进供应链的整合，带动整个产业的发展，促进农村的振兴（国际在线，2019）。

（3）社交电商在农产品助销上优势明显

传统农村电商一直无法解决农产品滞销的难题。要实现电商帮扶助农，增加农产品销售量和提高农产品销售速度是关键。社交电商具有特殊的社交属性,可以快速地利用社群平台对农产品进行推广,实现产销对接,其天然地具有解决这一痛点的优势。近几年,在全国不少地区,社交电商帮扶农村都取得了可喜的成效,例如,2018年7月,拼多多联合平台的水果电商,仅用3天时间就帮山东枣庄农民清空了滞销的200万斤苹果;另一社交电商的"帮扶农村"项目,上线仅半年,就定向帮扶河南中牟县卖出大蒜600万斤,使当地农民再也不用担心销路的问题。社交电商走进农村,为农民带去销量和信心,也成为新型职业农民涉农创业经营的重要选择。

(4)社交电商联合农村电商,实现互惠多赢

一方面,社交电商与农村电商互相依托。社交电商可以弥补传统电商巨头的不足,帮扶农村电商发展和壮大,农村又为社交电商提供了丰富的资源和广阔的市场,两者相辅相成,都将迎来各自新的发展机遇。农村地区的农产品和乡村旅游在社交电商的帮扶下拓宽了销售渠道,农村电商和乡村产业迎来了新的发展。社交电商依托农村电商获取了更多的发展机会,有利于开发农村市场,在乡村振兴战略中发挥扶农助农作用,建立起良好的企业形象,实现企业可持续发展。

另一方面,社交电商联合农村电商助推现代农业发展。在产业层面,社交电商促进传统农业嵌入互联网技术,在信息技术的支持下,农业生产供应链将进一步完善,推动农业产业结构升级。在农业企业层面,在"社交电商"情境下,农业生产者和消费者可以直接互动,供求之间的信息传递更加迅速快捷,农业生产者能够更加敏锐地捕捉到消费者的需求变化,实现真正的按需生产和经营。"社交电商"可以帮助涉农企业经营取得更好的市场化效益,从而实现传统农业向现代农业的转型发展。

（四）当前新型职业农民涉农创业中社交媒体使用的特点

新型职业农民涉农创业中对社交媒体的使用，随着乡村振兴战略的深入而推进，呈现综合使用全媒体平台的特点。

目前，社交媒体的类型非常丰富，各自有不同的功能和效果，新型职业农民涉农创业中会综合使用微信、短视频，通过直播、团购等不同的功能，来发挥更好的助力作用。

1. 微信平台开源引流

乡村有着丰富的农产品和乡村旅游资源，不少新型职业农民会通过微信公众平台扩充农副产品和乡村旅游的销售渠道，并通过公众号文章对乡村农副产品进行宣传推广。在微信公众号营销的网文中，他们利用图文结合的方式来展示农产品和农村项目环境，还积极利用热门关键词为农副产品进行引流。

2. 线上直播精准带货

近年来，越来越多的用户体验到了线上购物的优惠与便利。直播凭借强大的内容承载力，可以更真实、直接地反馈农产品信息，与此同时，消费者可以通过直播看到农产品的原产地，甚至养殖和采摘过程，这加强了消费者对产地来源的信任感，有利于增加农产品的销量。因此，全国各地的涉农创业者都积极利用今日头条、抖音、快手等平台对农副产品进行直播带货。

3. 用短视频讲好乡村故事

以抖音、快手等为代表的短视频平台，具有较强的交互性、即时性和趣味性。新型职业农民充分利用短视频平台的优势，讲好农村故事，展现美丽乡村，及时向观众展示村民的日常生活、农副产品的生产过程以及村民在乡村振兴中所展现出的精神风貌，在故事讲述、文化传播的同时达到了比较好的商业营销效果，从而推动乡村振兴。目前常见的短视频内容包括：一是有关乡村农副产品的短视频，每条短视频下方都附有商品购买链接，方便观众在观看时就能够购买；二是记录村民日常生活中的有趣片段和记录乡村文化活动的场面，目的是让更多观众更好地了解农村的生活，同时也有利于传播乡村的特色文化，达到较好地保留客户黏性的效果；三是录制有关乡村振兴的短视频，旨在凸显企业社会责任感，同时呼吁更多的人加入推进乡村振兴的力量中，为乡村振兴做贡献（李纳米，2021）。

4. 整合传播形成矩阵

在融媒体时代，信息形式多样化，人们接收信息的渠道也多种多样，单一传播平台不能对信息进行广泛的传播。通过"互联网＋文章＋短视频＋直播"的全媒体、全方位的传播，形成新媒体传播矩阵，才能帮助新型职业农民开展涉农创业。

（五）新型职业农民社交媒体使用的培训类型

1. 各地政府组织的培训和推广活动

新型职业农民是乡村振兴的人力资源保障。因此，政府在提出乡村振兴战略时就提出了要对新型职业农民进行培养，并且制订了培训计划。这些计划主要是指各地政府组织的线下培训班，例如，新型职业农民培训班，既有时间为3年的学历提升班，也有只要2～3天的电商培训班、手机操作培训等，还有专门针对电商创业榜样、农业龙头企业、优秀示范农场主和养殖大户等的农村致富带头人培训班，也有相关的农技推广活动。无论哪种培训，新媒体运营都是重要的培训内容，直播技术、图片的剪辑和处理、短视频拍摄、社群运营等也是最受新型职业农民欢迎的课程内容。从目前的效果来看，政府的培训在涉农创业人才的培养上确实发挥了重要的促进作用，因此，未来的培训力度还会加大。2022年4月，农业农村部办公厅印发《关于实施"耕耘者"振兴计划的通知》（以下简称《通知》），决定自2022年起在全国启动实施"耕耘者"振兴计划。面向乡村治理骨干和新型农业经营主体带头人开展免费培训，计划在2022年至2024年，线上培训100万人、线下培训10万人。其中，新型农业经营主体带头人培训的对象以农民合作社带头人、家庭农场经营者为主，要求其从事当地主导或特色产业，且发展势头良好，带动农户达到一定数量（宋雅娟，2022）。"耕耘者"振兴计划的实施将为新型职业农民基于社交媒体的涉农创业活动的开展提供更多的技术保障。

2. 社会力量发起的培训项目

农村女性群体社交媒体的使用问题受到了以非营利性组织为代表的社会力量的关注。例如，由中国妇女发展基金会发起的"@她创业计划"，就是为适应互联网和数字经济时代发展，响应国家"大众创业、万众创新"的政策要求，进一步赋权女性，提高女性素质，支持更多的女性通过创业就业成功走进经济领域，为她们的创业提质增效的项目。该项目2022年为浙江淳安、武义、遂昌三地至少120名女性创业就业者提供直播、现代零售供应链等培训，帮其掌握新的技能，为其创业、就业助力，实现女性自立自强的同时，带动更多女性创业者一同参与到她们家乡的乡村振兴工作当中，帮助她们的家乡变得更好。山东威海打造巾帼电商三级服务体系，光是2021年下半年威海市各级妇联累计举办的巾帼电商培训班就有63期，惠及妇女5976人次；培养"社群女管家"等电商达人30名，培育有独立店铺的巾帼创客2700多名，销售额达6 000多万元，成功带动9万名妇女创业增收（姚建、王丹青，2022）。

3. 新型职业农民学院的专业技能培训

2021年4月16日，山东潍坊首先响应政府号召，职业农民学院挂牌成立，该农民学院采取"固定课堂"+"田间课堂"的教学方式，有针对性地讲授园林常见弱寄生性病害识别与防治、实用新型农业技术、温室大棚蔬菜生产新技术等实用知识。2022年5月10日，广东省河源市灯塔盆地仲恺乡村振兴职业培训学院正式挂牌成立，乡村培训学院由河源市灯塔盆地农高区（示范区）管委会与仲恺农业工程学院合作共建（中国网，2022）。目前，全国各大农业大学、学院和职业院校都有开设新型职业农民培训班，其中包括为他们提供社交媒体技能在内的专业培训，这种培训充分利用了学校中的专业教师资源，对新型职业农民的综合管理素质和能力起到了较好的提升作用。

4. 线上的付费培训

互联网上商业机构针对电商创业者提供了各类的培训班，包括短视频制作、图片编辑、主播孵化等培训，这些培训都是市场化运作的，有在线下上课的，也有在线上辅导的，但是都需要涉农创业者付出费用，有较高的成本支出，一般的涉农创业者不太愿意参与。这些培训是短期速成的，适合学习能力较强的新型职业农民，所以大部分涉农创业者也不适合参加，这一类型的培训总体来说比较分散，没有形成体系。

5. 互联网平台的培训计划

随着对新型职业农民培训工作的进一步深化，互联网平台也跟随政策脚步给予新型职业农民流量扶持。2020年8月，抖音推出"新农人计划"，投入总计12亿流量资源，扶持平台"三农"内容创作。目前抖音上农业内容账号超过999个，排名前三的作者粉丝在400万以上。2022年7月28日，抖音与中央农业广播电视学校签署合作框架协议，双方宣布，将整合利用各自资源，共同发起"新农人计划2022·来抖音学农技"项目，在内容创作、线上直播、联合推广等方面展开合作，推动农业技术知识传播、培训、扶持优质农技创作者，共建农技视频知识库，助力乡村振兴。该项目将从中央农广校引入至少1 500名农技专业人员和相关存量课程等资源；同时，抖音将投入亿级流量扶持农技创作者，并对引入的农技创作者进行"短视频+内容+电商"的系统培训，帮助他们掌握更多技能，对优质内容进行流量扶持，并通过抖音电商提升农资转化和销售拓展能力，从而带动当地产业发展（新榜有数，

2022）。

2021年1月，快手提出2021年将围绕创作者及新农人采取系列扶持政策，让直播成为新农具。2022年为了助力"三农"创作者同平台快速成长，快手还提出了围绕创作者及新农人实行的"秋实计划"与"耕耘计划"，即通过扶持"三农"领域的MCN（多频道网络）机构、组织专业培训、整合优化供应链等方式，更好地帮助"三农"流量变现，助力生产者成为销售者，农产品成为地域标志。同时还将新推出快手农技专家计划，将孵化1 000个农技专家，传播专业农技知识（凤凰网，2021）。

另一个社交电商平台拼多多则致力于人才本地化发展，成立覆盖21个省份的"多多课堂"，用以引导本地农业经营者发展为"新农人"。面对更加年轻的"新新农人"，未来拼多多将持续加大在农产品电商培训方面的资金、人力的投入力度，结合"新新农人"的知识结构和群体特性，建立有针对性的电商运营课程，培养更多"新新农人"（深圳新闻网，2022）。

互联网平台培训计划的目的主要是帮助返乡的内容创作者获取更多的流量，通过媒体平台卖货。

（六）新型职业农民社交媒体传播的内容

对于许多新农人来说，乡村社交媒体的潜力巨大：他们希望通过短视频的传播力来宣传家乡，让更多人了解自己的家乡，改变外界对家乡的偏见，又或者通过现场直播带货等方式来助力家乡发展。新农人对社交媒体寄予的极大期望，不仅体现了新一代农民的责任感，也表明新一代农民心中饱含着对家乡的热爱。当前，乡村社交媒体的传播内容非常丰富，包括乡村生活的真实记录、乡村文化的传播、农业技术的传播、自然场景的农产品带货和农民才艺的展示等。

1. 乡村生活的真实记录

在社交媒体上,有一部分新型职业农民喜欢发布记录农村日常生活的小视频。这些农民要么是从小生活在农村的居民,要么是从城市返乡的创业者,他们用镜头记录下家人的笑脸和一日三餐的日常。粉丝们通过视频可以看到真实的农村和农村人的真实生活,可以丰富自己的认知。同时,镜头中展示的农村广阔的地域,自然的风光,淳朴的民风,悠闲的生活,也很容易让城市的人们向往。

2. 乡村文化的传播

乡村文化内涵丰富,包括乡村物质文化和非物质文化。乡村物质文化是人类在乡村生存和发展中所创造出来的物质产品,包含乡村建筑和村落、民间民俗工艺品、民族服饰等。乡村非物质文化就是指人类在乡村社会历史实践过程中所创造的各种精神文化,包括节庆民俗、传统工艺、民间艺术、村规民约、宗族观念、宗教信仰、道德观念、审美观念、价值观念以及古朴闲适的村落氛围等(张坤,2021)。

乡村振兴也包括乡村文化的复兴。社交媒体平台的媒体传播功能对乡村文化的传播可以起到积极作用。当前,在社交媒体上,有很多账号或短视频都以乡村文化为主要内容。乡村文化视频中有关乡村美食、服装、工艺品、民俗等的内容特别受人欢迎,透过这些内容,粉丝们可以感受到乡村百姓的真实生活,看到乡村历史的辉煌,追寻到中华民族传统文化的根源,从而增加民族自豪感和文化自信心。

3. 农业技术的传播

在各大社交媒体平台上,还活跃着一批"农技达人",他们分享知识、解决问题,备受农民喜爱,收获了大量"铁粉"。这些"农技达人"的火爆,折射出农民对农业技术的迫切需求。

众所周知,农业科学技术知识是影响农业生产经营的关键要素。掌握了农作物生产、加工和销售等不同环节的关键技术，才能够有较好的产出，最终取得理想收益。我国不少农民文化程度有限，掌握的农业技术知识不多，他们缺乏正规的途径或是没有便利的条件去学习，这些都影响了他们的涉农创业活动。社交媒体上"农技达人"的出现，为农业科技信息的传播提供了一个有效的渠道，起到了非常好的传播农业技术的效果。

目前，社交媒体平台上的"农技达人"主要包括三类：第一类是农技推广人员，为农民提供线上线下服务，如高级农艺师赵新会因在社交平台帮助桃农化解虫害危机、助农增收而走红。目前，他在社交媒体平台有四十几万粉丝，他在社交媒体科普"三农"知识，帮助网友解决种植难题。他用通俗易懂的语言解释农业技术，在短视频中为种植户提出实用小建议、小技巧（杜娟，2022）。第二类是为农民提供农资的公司运营团队，如畜牧养殖的公司在社交媒体上录制短视频，为农民提供养殖经验和建议。农药销售企业在社交媒体平台上介绍不同种类农药的使用方法和技巧，这些内容都可以很好地服务于同类涉农创业人群，当然，农民们也可以在这些平台的店铺橱窗里购买视频所介绍到的农资产品。第三类是涉农创业达人，他们在社交媒体平台上分享自己种植或是养殖过程中的经验，起到了非常好的示范作用，这些达人还在讨论区回答农民们的困惑，提供实时答疑。总体来说，"农技达人"已成为一股重要力量，让广大农民朋友享受到了更加优质、高效的农技推广服务。

4. 自然场景的农产品带货

传统电商时期，标准化生产的日用品、服装等，保质期长的商品电子商务发展非常好，因为这些商品对保鲜和物流的要求不高，即使经历较长时间的物流配送对商品的质量也不会有什么影响。相反，在农村地区，除了一些标准化加工过的农产品外，大量的生鲜产品，如当季的水果、蔬菜、新鲜的鱼肉等，由于物流成本过高或是保鲜物流技术还不成熟，都没有办法实现网络销售。早些年，经常看到新闻报道某地的农产品滞销，农民收益受损的消息。近年来，农村地区的农产品社交电商发展火爆，成为创业的热门领域，这是多方原因共同作用的结果。首先，以顺丰为代表的生鲜物流不断发展，配送成本降低，配送水平提升，为生鲜电商的崛起提供了物流保障。其次，随着乡村振兴战略的深入，更多的新型职业农民涌现，逐渐参与到农产品社交电商发展中。最后，新型社交媒体的使用有利于生鲜产品的销售。抖音、快手等通过短视频和直播等现场互动功能，让消费人群第一时间感受到农产品的新鲜度，使其产生冲动性购买欲望。拼多多、美团等团购社交媒体又通过极大的让利，以极其优惠的价格吸引着消费者在网上下单。

在各类社交媒体上，直接带货销售农产品是很重要的传播内容。这些带货的社交媒体不仅只是展示产出的农产品，而且会对农产品生产和加工的第一现场进行直播和展示，这些真实场景再现很容易打动屏幕前的消费人群，使其产生下单冲动，从而极大地促进了农产品的销售。

5. 农民才艺的展示

社交媒体平台为有才艺的农民提供了自由展示的空间，在各大不同媒体上，有大量的农民网红通过网络展示各自的才艺，包括唱歌、表演民间杂耍、跳舞、吹奏民间乐器、明星模仿秀、绘画等，无所不有，仿佛一个网络农村大舞台，为网友们展示了农民多才多艺的技能和农村的丰富生活。这些才艺展示不仅丰富了农民的精神需求，也给农民们带来了一些额外的收益。

（七）新型职业农民社交媒体使用的作用

1. 凸显了新型职业农民的主人翁地位

大众媒体时代，媒体宣传的主角往往是精英群体，草根鲜少能够出现在镜头中。智能手机的普及、移动短视频的兴起开启了小屏幕新时代。不同于大屏幕，在用智能手机拍照的小屏幕中，"我"成了中心，"我"不仅仅是照片的主体，而且拍摄的内容是由"我"来决定的。"我"通过短视频表达自我，或者传播"我"想要传播的内容。这种传播的自由不仅体现了技术的发展，更是农村群体"自我意识"的觉醒。农村和农民群体不仅可以成为传播的主体，而且可以成为决定传播内容的人。在全新的传播格局中，他们获得了充分的传播自由和传播权利。

2. 实现了较好的商业效应

传播权利促使新型职业农民自主性增强，激发了他们开展涉农创新创业活动的积极性。例如，湖北省宜昌市秭归县是脐橙的故乡，当地的新型职业农民意识到社交媒体的作用后，主动聘请专业的带货主播和培养自己的专业主播进行营销，这样一来不但迅速打开了脐橙的销路，而且定期分红让大家实现了脱贫。社交媒体的使用，也带动了乡村产业的融合和发展。例如，新型职业农民乡村短视频的传播使得很多原生态的乡村成为"网红打卡胜地"，原本默默无闻的偏远山村依靠短视频成了旅游胜地，旅游又带动了餐饮、交通和就业的发展，甚至带动了农产品的销售，促进了乡村产业的发展。

3. 带来了好的社会效益

巨大的经济效益不仅能使农村快速实现脱贫，而且致富后的农民在实践中更能发挥能动性和自主性，更加有责任感。他们会更加主动地传播乡村优秀文化，投入到乡村社会文化公益事业中，对乡村文明的发展和和谐乡村的建设起到重要的推动作用。

（八）社交媒体使用对中国新型职业农民涉农创业的影响

1. 社交媒体促进了年轻一代参与涉农创业

很长一段时间来，中国的年轻人一直在远离农村，回避农业。中国的农村也曾呈现出一派萧条的景象，年轻人纷纷进城务工，农村青壮年人口不断流失，仅剩老人、妇女和留守儿童，农村产业凋零，不少土地荒废。但是，随着中国乡村振兴战略的提出，近几年中国农村产业不断发展，年轻一代呈现回流态势。张维泰和张海霞（2022）基于中国劳动力动态调查（CLDS）2016 年数据的统计分析发现，在调查样本中，44.85% 的返乡农民工都具有从事农业生产的意愿，农业正在吸引着越来越多的年轻人加入。农业新电商拼多多发布的《2021 新新农人成长报告》报告显示，在拼多多平台上，1995 年之后出生的"新新农人"已经成为推动农产品上行的崭新力量。截至 2021 年 10 月，平台的"新新农人"数量已超过 12.6 万人，在涉农商家中的占比超过 13%（光明网，2021）。

年轻人返乡务农，扩容新型职业农民队伍是出于生存理性、经济理性和社会理性的考虑（张维泰、张海霞，2022），这同当前涉农创业中社交媒体的使用也密切相关。首先，基于社交媒体的涉农创业与传统农业不同。年轻的新型职业农民对于社交媒体工具比较熟悉，他们借助社交媒体开展涉农创业，在农业经营方式上有很大的创新，其与市场是对接的，符合现代农业的发展趋势，有较好的发展前景，增加了农民个体的收益，因此，年轻人愿意投入到涉农创业中。其次，社交媒体在当今年轻人的生活中扮演着重要角色，它是影响年轻人看待事物方式的一个非常重要的工具。涉农创业对年轻人的吸引力也不断增强。社群中分享的新型职业农民创业榜样的故事激励了怀有创业梦想的年轻人，并促使他们开始做出涉农创业的决定。由于社交媒体的传播效应，很容易在全社会产生连锁反应，年轻人返乡涉农创业就会成为一股潮流。年轻的新型职业农民的参与将会为中国涉农创业活动带来更多的新生力量。

2. 社交媒体为女性涉农创业提供了良好平台

女性农民是农村农业发展中活跃的生产力要素，她们在现代农业中的参与既关系着家庭农业的持续发展，也关系着农村女性的切身利益。因此，学术界长期以来一直有关注信息技术的使用对农村女性创业的影响，综合学者们的研究，目前得出了比较一致的结论，就是信息技术对女性创业有显著正向作用。例如，毛飞等（2021）基于中国综合社会调查CGSS（2017）的实证分析发现，互联网使用频率的增加显著提升了农村女性的创业概率，这一影响的主要路径可能在于互联网使用有效改善了农村女性的人力资本、社会网络、性别观念和商务活动，从而增加了农村女性的创业行为。吴磊、刘纠纠和闻海洋（2021）使用中国综合社会调查CGSS2015年的数据进行模型构建，探讨了农村女性创业中的"数字红利"——互联网使用对农村女性创业意愿的作用机制。通过Probit模型的回归结果，得到了结论：互联网使用对农村女性创业意愿有显著的正向作用；互联网使用能够通过影响传统观念、人力资本、社会资本等作用机制，提高女性的技能、经验积累，以拓展社会网络的方式积累创业的信息资源、资金等，从而影响农村女性创业意愿，提高农村女性创业概率。

在创业的实践中，妇女充分展现了巾帼力量，为农业农村高质量发展，推动实现共同富裕贡献了伟大力量。例如，全国妇联与农业农村部曾联合推介过99个全国"巾帼新农人"创业典型，这些女性都是乡村振兴大背景下的创业者，她们中有受过高等教育的年轻女性，也有自小生长在乡村的农家妇女。虽然成长背景、知识储备不同，但立足乡村创新创业的经历相似，都展示了新农村新女性的力量（洪玉华，2022）。浙江是中国电商发源地，优渥的"互联网+"土壤带给了女性广阔的发展空间和施展舞台。互联网已经成为浙江女性创新创业的重要途径，在"扩中""提低"、创富增收，带动省内26个县的姐妹同奔共富的过程中发挥着重要的作用（能量中国传播平台，2022）。

阿里研究院于2022年3月发布的《数字经济与中国妇女就业创业研究报告》显示，数字经济创造数字性别红利，扩大了女性在劳动力市场的价值，减少了女性在劳动力市场的弱势，为女性开创了新的就业空间和领域（阿里研究院，2022）。女性具有表达能力强，富有同理心、耐心、细心等性别特质，再加上她们熟知家庭主妇在农产品购买中的顾虑，因此，女性新型职业农民在社交媒体上推广农产品具有独特的优势。在抖音、快手或是拼多多等新型社交媒体平台，可以找到非常多的女性涉农创业知名主播，她们对农村社交电商的发展发挥了重要的影响作用。依据拼多多发布的《2021新新农人成长报告》的内容，即使是在"新新农人"群体中，95后的年轻女性同样展现了扎根田间地头的决心与韧性。数据显示，平台95后女性"新新农人"达到了39 060人，占比超过31%。例如，在四川省大凉山的会理市，25岁的空姐何爽辞职返乡卖石榴，3个月卖出3 000万，还荣获国务院农民工工作小组颁发的"全国优秀农民工"称号（光明网，2021）。

3. 社交媒体促使年轻人扎根本土创业，服务地方经济发展

在过去，经济不发达地区的年轻人往往需要背井离乡，奔赴东部沿海经济发达的城市打工，赚取生活费。近几年，随着农村农产品社交电商的发展，更多的年轻人在家乡找到了致富的路径，纷纷选择扎根本土，发挥地方产业优势，就地创业，发展农业经济。根据拼多多发布的《2021新新农人成长报告》报告，在新疆、西藏、甘肃、青海、云南等西部地区，"新新农人"的数量增速最快，从2019年的2 100人增长至2021年的7 900人，过去两年增长了近3倍。西部地区的农（副）产品过去两年以爆发式的增速上行新电商，直连全国近8.7亿消费者（光明网，2021）。

年轻人扎根本土创业，促进了现代农业和乡村创新发展。尤其是95后"新新农人"，这一群体普遍成长于移动互联网时代，他们具备高学历，懂经营、懂管理，擅长整合产业上下游的各类资源。在创业创新的过程中，"新新农人"群体积极回馈家乡，带动当地就业，推动农产品品牌化、标准化发展，他们已经成为全面推动乡村振兴、实现农业农村现代化的崭新力量。例如，在农产品品牌化方面，"新新农人"通过电商效应有效提升了农产品的附加值，进一步打响了平和蜜柚、阜平香梨、洛川苹果、宁德大黄鱼、连城白

鸭、建宁通芯白莲等农产区的产地品牌，呈现出"一县一品""一品一星"的现象。在推动农产品上行的过程中，"新新农人"群体通过自身的创业创新，借助互联网的力量，带动了当地农产品的产业发展，实现了农业的现代化和可持续发展。

二、新型职业农民的社交媒体平台

随着信息技术的更新迭代，社交媒体的种类和模式也在不断发展。新型职业农民利用社交媒体开展涉农创业的行为经历了一场历史演变，从最早开始带动农村创业发展的淘宝农村电商，再到微信在农民中的广泛使用，而后是最近几年的直播带货和移动互联网团购 App，新型职业农民的社交媒体创业平台也在不断创新，日益呈现出更加丰富多彩的局面。

（一）淘宝

淘宝网由阿里巴巴集团于 2003 年创立，是中国深受欢迎的网购零售平台，也是中国新型职业农民最早开始使用的社交媒体平台之一（钱江晚报，2023）。伴随着中国消费者对网络购物方式偏好的兴起和发展，分布在中国不同地区的新型职业农民发现了电子商务的商机，他们充分利用地方的农产品资源，通过在淘宝网上开设店铺的方式来进行农产品的销售，随着创业者的增多，规模不断扩大，最终形成了淘宝村农产品电子商务产业集群，例如，江苏沭阳的花卉产业，福建连城的地瓜干产业等。作为早期的社交媒体平台之一，淘宝在社交方面的功能相对简单，网购消费者可以在售前进行商品的咨询，售后对商品的性能、物流、服务等做出评价等，这些评价可以给有意向购买的潜在消费人群提供参考意见。总体来看，无论是新型职业农民创业者还是消费者在社交媒体上进行内容创作的空间都比较有限。

（二）微信

微信是腾讯公司于 2011 年推出的为智能终端提供即时通信服务的免费应用程序。截至 2023 年 3 月，微信已经覆盖中国超过 13 亿的智能手机活跃用户（中关村在线，2023）。

微信功能丰富，颇受用户欢迎，新型职业农民广泛使用的微信功能包括如下几个。

1. 基本功能

（1）聊天功能

新型职业农民利用微信来发送语音短信、视频、图片（包括表情）和文字，或是开展群聊（最高 500 人）。

（2）添加好友

在社交活动中，新型职业农民可以通过查找微信号、查看手机通讯录和分享微信号等方式添加好友，也可以用摇一摇添加好友、扫二维码添加好友和通过漂流瓶接受好友等方式来拓展人脉资源。

（3）实时对讲机功能

新型职业农民利用微信开展实时对讲通话，由于只需消耗少量流量，可以节约移动通信电话费，因此颇受欢迎。

（4）微信小程序功能

部分新型职业农民会创建与自己公司或是农场相关的小程序，作为营销渠道。

2. 微信支付与提现功能

新型职业农民以微信客户端绑定银行卡的快捷支付为基础，可以通过手机快速完成支付流程，同时，微信还有红包、面对面收付款、AA 收款等与金融相关的功能，在日常消费或是与上下游合作伙伴交易的过程中都非常方便，微信平台内的资金可以提现，每位用户（以身份证维度）终身享受1 000元免费提现额度，超出部分按银行费率收取手续费。由于微信的普及面很广，使得小额的交易往来完全可以借助微信来实现。

3. 其他功能

分享朋友圈、关注公众平台、消息推送等。新型职业农民利用微信将内容分享给好友以及分享到微信朋友圈，目前成为网络推广的重要方式。此外，通过关注公众平台，新型职业农民可以定期获得消息推送，及时掌握与创业相关的资讯。也有公司创建微信公众号，将其作为稳定的信息发布渠道，例如福州佳美农场公众号，就是由新型职业农民创建的，主要提供社区支持农业服务，创业团队长期运营公众号，定期发布农场及其产品或是亲子活动的图文信息，使得农场具有较高的认可度，为此积累了一批固定的家庭消费人群，保障了农场的生存和发展。

（三）抖音

抖音，是由字节跳动孵化的一款音乐创意短视频社交软件。该软件于2016年9月20日上线，是一个面向全年龄的短视频社区平台，用户可以通过这款软件选择歌曲，拍摄音乐作品形成自己的作品。最初的用户是大学校园里的俊男靓女，青春、精致、潮流一直是其给人的印象标签（万灿，2022）。

2020年起，抖音调整发展战略，大力扶持"三农"创作者，帮助各地农特产推广至全国大市场，支援乡村数字建设。为此，抖音加速开发下沉用户，先后推出"新农人计划"，增设"任务充电站""入驻激励"等扶持措施，吸引更多新农人入局创作，并辅以多元运营技能培训，为新农人提供短视频制作法则、优质"三农"内容要素和直播带货培训（万灿，2022），成为新型职业农民社交媒体创业的重要平台。

（四）快手

快手是短视频社区 App，是一个用户记录和分享生产、生活的平台。同抖音一样，短视频和直播的功能使得快手在农村也很受欢迎（搜狐网，2020）。根据快手《拥抱幸福乡村——2021 快手三农生态报告》的年度报告显示，目前快手平台中新增"三农"原创短视频已突破 2 亿条，而对"三农"题材表示感兴趣的用户已超过 2.4 亿，在快手，平均每 2.2 秒就有一场"三农"直播，直播日均观看时长超过 300 小时。在快手大力扶持乡村题材创作的风口，越来越多的新农人选择在这里展示关于家乡的美丽风景，宣扬家乡的优质产品（凤凰网，2021）。在 2022 年中国农民丰收节期间，快手积极开展以"幸福乡村丰收季"为主题的丰收节系列活动，在 9 月 10 日至 9 月 26 日活动期间，快手投入 15 亿流量资源助力"幸福乡村带头人"，带动各地农特产品销售，帮助农民增产增收；为了让更多美丽乡村被看见，快手公益联合中国乡村发展基金会、北京地下铁道通成广告股份有限公司，发起"田间发布会"直播活动，将千里之外的梯田丰年图景，传递给远离故乡的网友（新华网，2022）。

（五）拼多多

拼多多成立于 2015 年 9 月，是一家专注 C2M（从消费者到生产者）拼团购物的第三方社交电商平台。截至 2021 年年底，拼多多的活跃买家数接近 8.7 亿，总 GMV（成交金额）达到 24 410 亿元，总订单量达 610 亿单，其中很大一部分增量来自农产品，已成为国内最大的农产品上行平台（新京报，2022）。

拼多多制定了"新型农业科技企业"的发展战略，向农业上游走。公司将从农产品产区数字化、农研技术进化及商业化应用以及"新农人"培育三大方向持续投入（张思遥，2022）。

拼多多将培育"新农人"作为重点工程，着力扶持 95 后的"新新农人"，鼓励更多具备高学历、懂经营、会管理的青年人才返乡创业。根据拼多多发布的《2021新新农人成长报告》，以95后为代表的"新新农人"已经成为推动农产品上行的崭新力量。拼多多发挥新农人创业榜样的示范作用，快速培养了新农人创业队伍。截至2021年10月，平台"新新农人"数量已超过12.6万人，在涉农商家中的占比超过13%。其中，女性占比超过31%，达到39 060人；00后占比超过16%，达到20 160人（农民日报，2021）。

拼多多认为，农业产业化发展所需的"新农人"，应该具备以下四个方面的技能：一是懂农产品种植技术；二是拥有建立农产品品牌的意识；三是拥有基本财务知识；四是懂营销、物流和供应链常识。因此，拼多多积极推进"多多课堂"电商培训课程下乡，建立线上、线下两条专业性课程培训通道，累计达49万农业经营者，线上农产品商家70%接受过培训，帮助各地区农民上手产销全产业运营管理，推动乡村数字经济产业可持续发展。

拼多多借助自身的平台属性、客群基础，从渠道建设上帮助相关农产品进入市场，"新农人"则通过电商效应来提升农产品的附加值，目前已经打响了会理石榴、平和蜜柚、涌泉蜜橘、秭归脐橙、洛川苹果、宾川大蒜、盐源丑苹果、蒲江猕猴桃等农产区的产地品牌，呈现出"一县一星""一品一星"的现象。

三、新型职业农民社交媒体使用存在的问题

（一）新型职业农民社交媒体使用水平存在差异

虽然，现在在中国农村地区新型职业农民普遍都使用社交媒体，但是由于农民年龄、学历背景、创业经历以及媒介素养等因素的不同，在社交媒体使用水平上，不同的农民之间还存在着巨大的差异，主要体现在使用社交媒体的类型与功能上。

首先，新型职业农民在社交媒体使用的类型上存在显著差异。微信操作简单，是最早开始在农村地区普及的社交媒体。几乎所有的新型职业农民都使用微信，微信的使用覆盖面最广。在农村地区，微信覆盖的消费人群包含各个年龄段。微信的社交平台和支付平台功能非常强大，这两个功能又都是日常生活中经常会使用到的，所以微信成为农村地区最受欢迎的社交媒体，使用最为广泛。早在2020年，微信联合中国人民大学发布的报告就显示，在我国县乡以及农村用户中，使用微信支付的比例很高。全国县乡以及农村用户每个月所使用的微信支付平均数额高达2650元，且比例占80%以上。乡镇居民们利用微信来进行日常消费、生活缴费和医疗服务缴费（麒麟说财经，2020）。以抖音、快手为代表的短视频社交媒体近几年在农村地区的发展呈火箭式上升趋势，根据中国互联网络信息中心（CNNIC）发布的《2020中国网络视听发展研究报告》，短视频人均单日使用时长110分钟，大量农村题材的视频博主通过分享日常的农村琐事、耕种、农村剧情演绎等，涨粉百万，成为千万级博主（网易号，2022）。这类新媒体也是较为年轻的90后或95后"新新农人"比较擅长和喜欢的，他们通过短视频、直播新媒体运营，实现了涉农创业事业的"弯道超速"。

其次，新型职业农民在使用社交媒体的功能上也存在极大差异。使用转发、点赞、评论、收发文字和图片信息、支付等基本功能的普及率比较高。郑富锐、吴楚恩（2021）的研究结果显示：多数农民习惯于把时间花费在休闲娱乐内容上，他们大多没有自学农业相关知识或发布农产品销售信息的意识，所以对公众号、短视频中的涉农经营方面的信息和功能使用得比较少，学习能力也普遍较弱。但是年轻的新农人，尤其是从小就开始接触社交媒体的"新新农人"在这方面的意识比较领先，社交媒体往往成为他们发展事业和学习的工具。

（二）社交媒体对新型职业农民创业效益的正向影响有待提高

当前，几乎所有的新型职业农民都被动或是主动地卷入了移动互联网浪潮，虽然他们或多或少地都使用过社交媒体，但是社交媒体对他们创业效益的正向影响还有待提高，主要原因包括农民缺乏社交媒体运营管理意识、社交媒体操作技能较弱、社交媒体传播内容质量不高等。

尽管农村的网民数量已经超过 2 亿，但是中国农业媒体用户呈现"哑铃型"分布，一头是众多分散的小农户，一头是农业精英阶层，而中间的农业中产者用户太少，导致农业新媒体的粉丝群和其他领域存在先天差距（赵安之，2023）。结果就是，少数有专业公司正规运作的农业社交媒体运营得非常红火；社交电商带货能力强，农业经济效益转化效果好。但大多数新型职业农民社交媒体的粉丝群质量和活跃度普遍不高，没有发挥应有的作用。究其原因在于大部分农民文化程度不高，受生活地域的限制和自身文化素养的限制，没有充分地认识到社交媒体在农产品推广和农业经营中所发挥的作用，缺乏主动利用社交媒体与粉丝互动、做好社交媒体运营的意识。

此外，在实地调研中，研究人员发现，受身边创业榜样的影响，有些新型职业农民非常渴望通过运营社交媒体改善经营。但是开始尝试后，发现社交媒体操作起来很困难，怎么建群、如何拍图片、怎样拍视频等，这些新技能的使用需要花费大量的时间和精力，对于学习能力比较弱的新型职业农民来说，这是一个极大的挑战，也是一个漫长的过程，所以这部分人群利用社交媒体涉农创业的正向效应还需要更长时间来显现。

有部分年轻的、敢于创新的新型职业农民也开始尝试发图片、拍视频、做直播，但是媒介素养的薄弱直接导致了草根群体在进行社交媒体内容制作时缺乏专业性，所表达的内容多是"土味视频"、简单叙事等，难以符合受众多样化的信息获取需求。例如，乡村短视频就存在内容单一、形式缺乏创新等问题，亟须进一步改进并完善，只有这样乡村短视频才能对经济和社会发挥更积极的作用，并取得长远、稳定的发展（费来凤，2021）。

（三）社交媒体使用存在不规范现象

由于与"三农"相关的社交媒体素材可以吸引大量流量，人们纷纷涌入"三农"领域从事当下热门的短视频、直播等自媒体的运营，导致自媒体野蛮生长衍生乱象。

以短视频为例，由于缺乏引导和培训，新型职业农民拍摄的短视频不仅在传播内容上出现同质化严重、制作粗糙、缺乏传播技巧等问题，一些生产涉农内容的短视频导向也出现了偏差，对受众产生了一些负面影响（人民网，2020）。

农民的网络直播带货经营也不规范。近几年，农产品网络直播如雨后春笋般快速增长，直播平台在内容审核和有效监管方面又存在滞后性，野蛮生长的农产品网络直播给行业发展带来了不少负面影响。内容同质化、缺乏创新，直播中虚假宣传、数据造假等现象屡次出现，还有部分直播平台交易方式不规范，产品质量安全问题难以追溯，严重损害了消费者的权益……这些情况都不利于涉农创业活动的长期发展。因此，亟须规范农产品网络直播行业（谭砚文 等，2020）。

（四）缺乏专业的社交媒体运营和主播人才

由于农村综合条件与城市存在一定的差距，农村电商在发展的过程中长期面临人才短缺问题。为了能跟上互联网的步伐，很多新型职业农民只能自己琢磨社交媒体的操作，缺乏专业的运营管理技能，因而，无法充分利用好社交媒体。

目前，涉农创业中比较受欢迎的是短视频和直播的社交媒体运营模式，以直播带货为例，农村直播带货主要有三种模式：高人气的商业主播直播带货、乡村干部直播带货、与高校合作直播带货。其中，成熟的商业主播带货，就好比"速效救心丸"，只能解决农产品生产地区的燃眉之急，不能解决长期问题；而后两者非专业人士直播带货，经验不足，在直播中抓不住消费者的关注点。

（五）对社交媒体的不当使用带来了负向效应

研究者曾经对使用社交媒体的新型职业农民进行调研，发现对快手、抖音等短视频社交媒体的不当使用产生了一些负向效应。例如，有的新型职业农民基于消遣娱乐目的主动使用"快手"，但在不知不觉中被动地增加了使用"快手"的频次和时长，产生了"上瘾""虚无感"的使用感受，减少了和家人朋友见面交流的频次和时间，并进一步影响个人现实生活和人际关系。由此可见，受众基于娱乐休闲的目的接触各种新媒体，虽然拥有了短暂的"满足"，看到更加多姿多彩的世界，但其花费在新媒体中的时间也在不断增加，与之相伴的则是对个人工作和休息等日常生活时间和空间的侵占。随着使用频次和时长的增加，受众的使用体验并未呈现正向增长态势，反而会产生虚无、现实人际关系疏离乃至冷漠的情况，给受众的日常生活带来不良影响。从这一角度出发，"快手"既使"乡村"与"乡村的表征"割裂开来，又使"快手"的使用者与自我割裂开来（徐婧、汪甜甜，2021）。

第四章 案例研究与深入访谈

通过对文献的梳理和新型职业农民社交媒体使用现状的调研，笔者了解到，社交媒体在乡村振兴的过程中得到了广泛的运用。现代农业的发展，使新型职业农民的日常经营离不开社交媒体工具。基于新型职业农民的研究报告表明，社交媒体使用对农业创业行为发挥了重要作用。但是在微观个体领域，首先，新型职业农民社交媒体使用的具体情况与如何划分社交媒体使用的维度并没有详细的统计数据资料。其次，已有研究并未对新型职业农民的社交媒体使用与创业行为之间的关系进行分析，我们无法了解社交媒体使用对新型职业农民创业过程中的创业资源、创业机会等重要因素是否会产生影响；如果存在影响，这种影响是如何发生的；社交媒体的哪些功能影响到了这些创业因素。再次，从创业者发展的视角来看，社交媒体是农业否促进了创业学习，提升了新型职业农民的创业能力。最后，从创业结果来看，在社交媒体情境下，新型职业农民是否可以取得更好的创业绩效以及在创业过程中社交媒体作用的发挥是否存在边界条件等都是未知的。

创业研究是基于实践的研究，其研究结果也将服务于实践。新型职业农民在创业的过程中使用社交媒体，是农业创业领域的新现象，是创业研究中必须考虑的新情境。为了更好地剖析以上问题，研究团队在结合已有的文献资料和新型职业农民社交媒体创业使用现状调研的基础上，选取 10 位新型职业农民作为研究案例，进行半结构化访谈，以了解新型职业农民社交媒体使用的具体情况，探索社交媒体使用在新型职业农民创业过程中对创业重要因素和创业者个人的影响以及其具体影响路径，从而进一步寻找利用社交媒体工具来提高新型职业农民创业绩效的可能性。然后，对最终访谈结果进行分析，为后续研究中变量的选择、量表的设计、概念模型的构建和研究假设的提出奠定基础。

一、案例研究的原因及访谈方法的选择

案例研究是指"当现象和情境的边界不是很明显时，在实际社会情境之中深入地研究当前现象的经验性考察"（殷，2014）。当研究问题是"为什么（why）？如何（how）？"，研究对象是正在发生着的事件，而研究者对于当前发生的事件不能进行控制或是仅能进行低程度的控制时（Yin and Thousand，2009），采用案例研究方法，有利于帮助我们实现研究目的。

本书研究的情境是当前中国农村互联网等新技术兴起，新型职业农民在创业过程中大量使用社交媒体工具，给农业创业活动带来了巨大的变化，使得农业创业出现了很多新现象（井润田、孙璇，2021）。本书关注新型职业农民社交媒体使用情况是什么，在创业过程中对哪些创业因素会造成影响，以及社交媒体对各创业因素如何造成影响。因其属于创业研究新兴领域，当前相关研究较少，通过案例研究来加以探索和分析有利于获取新的发现。在案例数量的选择上，较之于单案例研究，多案例研究方法更有助于通过不同案例之间数据分析结果的差异性和共同性来获取更多的理论见解，结论的普适性程度要更高（石煜磊，2019），因此本书采取了多案例研究方法。

深度访谈非常适合于对那些不容易从外表观察，时间跨度较长，且概念数目较多的事件和现象进行研究，主要通过与访谈对象就特定研究内容进行交流，以获得访谈对象心理特征或行为方面的数据。本书关注新型职业农民创业者的社交媒体使用模式，以及在社交媒体情境下的创业能力、创业学习、社会资本、创业绩效等具体创业行为情况，为了更有效地获取足够的案例研

究信息，本书采用深度访谈的方式，对多位新型职业农民进行一对一的观察、谈话，以积累研究资料。

此外，本次访谈同时运用关键事件法。关键事件法集中关注关键事件来解释深入的基本问题。研究者让新型职业农民说出其使用社交媒体的主要用途、社交媒体给农业创业带来的帮助，以及在社交媒体情境下创业绩效的重要变化等情况，以了解社交媒体使用给新型职业农民创业带来的影响。

结合这些方法，本书以充分获取客观信息来弥补文献梳理中理论研究的不足之处。

二、访谈设计与过程

（一）访谈对象的选择

本书出于以下考虑来选择使用社交媒体的新型职业农民作为受访对象：①切合本书的研究目标及研究意义。②根据创业企业划分标准，选择成立时间在8年以下合适的涉农创业企业及新型职业农民。③案例的广泛性和代表性。结合以上标准，本书选取福州职业技术学院新型职业农民培训班的学员作为抽样的样本，进行案例的选择。

新型职业农民培训班是福建省为推动乡村振兴计划，发展现代农业，专门培养新型职业农民而开设的集中性培训辅导班。培训班的学员来自福建省，全部为新型职业农民。按照所从事的领域划分为蔬菜班、茶叶班、果树班、畜牧班等不同班级。福建农业职业技术学院首山校区作为教学点，每年定期安排相关课程对学员进行培训和辅导。培训的课程包括了社交媒体相关的内容，既有手机App的使用、网店的运营等基础性课程，也有手机社群营销、短视频拍摄、直播技术等最新的社交媒体相关课程。因此，所有的学员都使用社交媒体来开展农业创业活动，符合研究团队对研究对象的要求。

研究团队对访谈对象进行了严格筛选。首先，被访问者来自不同区域，拥有不同的资源背景，从事不同领域的涉农创业活动，这样能够保证数据收集的普遍性；其次，创业者的创业年限在3年以上、8年以下，创业经历较为丰富，相关资料较为充足，能够较好地体现社交媒体创业发展历程，反映农业创业过程和效果；最后，新型职业农民要有一定的典型性，农业创业企业要有一些知名度。最终，本书确定了10位新型职业农民为深度访谈对象，如表4-1所示。

表4-1 访谈对象的基本情况

姓名	性别	年龄（岁）	学历	注册时间（年）	行业	企业人数（人）
吴×中	男	43	中专	2013	养殖	3
陈×坤	男	33	本科	2014	家庭农场	5
陈×燕	女	30	初中	2016	农业企业	15
李×梅	女	31	中专	2017	农场	3
谢×斌	男	25	大专	2016	茶叶电商	2
胡×炼	男	35	高中	2017	蔬菜种植	5
董×辉	男	45	高中	2017	果树合作社	6
陈×玮	男	40	大专	2015	农产品电商	8
张×群	女	35	中专	2015	休闲农庄	9
吴×	女	36	中专	2016	农业企业	13

资料来源：笔者2020年调研所得结果。

（二）设计访谈提纲

本次访谈主要围绕以下四个方面设计访谈提纲，以梳理和确定访谈的主要内容。

第一，当前新型职业农民社交媒体使用的总体报告有一些数据，然而，微观层面农民个体使用的社交媒体具体类型有哪些，使用的初衷是什么，新型职业农民使用社交媒体的强度如何，平均每天花在社交媒体上的时间是多少，对社交媒体是否有依赖性等这些具体的问题都缺乏答案，因此，访谈提纲的第一部分设计了相关问题来了解新型职业农民借助社交媒体开展涉农创业的总体情况。

第二，目前国内大部分研究者将社交媒体使用作为单一维度变量来考虑，而随着社交媒体在人们生活中嵌入程度的加深，社交媒体的影响作用会变得更加复杂，因此有必要了解社交媒体使用的多维度特征。通过对新型职业农民访谈对象进行半结构化的深入访谈，可以较为客观地了解在新型职业农民农业创业过程中社交媒体使用的具体模式，探索社交媒体使用的不同维度。因此，访谈第二部分通过询问新型职业农民农业创业过程中社交媒体使用的关键事件，以识别新型职业农民社交媒体使用的具体模式。

第三，目前新型职业农民社交媒体使用的实践远远领先于相关的理论研究，当前的社交媒体工具技术迭代非常快，这些创新技术对新型职业农民农业创业过程中的哪些因素会产生影响，是否有利于农民取得较好的创业结果等都是不清楚的，因此非常有必要加以分析。同时，社交媒体使用的不同维度是如何影响新型职业农民农业创业过程中的关键因素的，具体的作用路径是怎样的，又是如何对创业绩效发挥作用的，这些问题关系到新型职业农民为什么要使用社交媒体工具，以及如何才能更好地利用社交媒体来开展涉农创业活动，因而，这些也是访谈中关注的重点。访谈的第三部分，就是通过询问使用社交媒体后新型职业农民创业的效果来识别社交媒体对涉农创业活动中的关键因素的影响，以及具体的影响路径。

第四，新型职业农民创业过程中社交媒体工具发挥作用是否有具体的条件，是否存在差异，这些问题也有待深入剖析。访谈第四部分的问题可以探索了解到相关信息。

为了提高访谈的质量，获取更加有效的研究信息，在完成访谈提纲的初稿后，课题组对访谈问题进行了讨论并请信息技术专业和农业创业方面的专家对访谈问题进行把关，经过多次修改形成正式访谈提纲。深度访谈的访谈提纲涉及以上四个方面的内容，采用开放式问题和追问问题两种方式来收集资料，具体信息如下。

1. 访谈第一部分

了解新型职业农民借助社交媒体开展涉农创业的总体情况。

访谈开始时，让新型职业农民分享和展示与其创业项目相关的社交媒体情况，如微信账号、抖音账号、快手账号、小视频或小红书账号等，帮助访谈对象进入访谈主题内容。

①请您说一下当前社交媒体使用的种类和初衷。

您平时常用的社交媒体工具有哪些？您是从什么时候开始使用的？是什么原因促使您去使用这些社交媒体？

②您能介绍一下当前社交媒体使用强度的基本情况吗？

您经常使用社交媒体吗？平均每天使用的时长是多少？您觉得您的涉农创业活动能离开当前正在使用的社交媒体吗？如果取消社交媒体，会有什么结果？

2. 访谈第二部分

询问农业创业过程中社交媒体使用的关键事件，以识别新型职业农民社交媒体使用的具体模式。

①在您的创业过程中，哪些地方用到了社交媒体？

②您平时经常用社交媒体来做什么事情？

③在您农业创业的过程中，有没有社交媒体发挥了重要作用的关键事件？如果有的话，请您举例说明一下。

3. 访谈第三部分

询问使用社交媒体后新型职业农民创业的效果，以识别社交媒体对涉农创业活动中的关键因素的影响，以及具体的影响路径。

①社交媒体使用给您的涉农创业活动带来帮助了吗？如果有的话，请举例介绍一下。

②您觉得社交媒体使用的效果如何？对哪些创业活动有影响？能否具体加以说明？

③您对现在的涉农创业活动满意吗？为什么？您觉得这和社交媒体使用有没有关系？可否加以解释？

④社交媒体对您的社会网络和资源有没有影响？表现在哪些方面？哪些功能影响您的社会资本？

⑤社交媒体对您的创业学习有没有影响？表现在哪些方面？哪些功能影响您的创业学习？

⑥社交媒体对您的创业能力有没有影响？表现在哪些方面？哪些功能影响您的创业能力？如何影响的？

4. 访谈第四部分

了解新型职业农民使用社交媒体后创业绩效发生影响的边界条件。

①您使用社交媒体开展涉农创业的时候遇到过什么困难吗？这些困难对您的创业活动有什么影响？为什么会遇到这些困难？您后来解决了这些难题吗？如何解决的？

②您有参加过社交媒体方面的培训吗？如果有，能够列举一下相关培训内容吗？这些培训对您使用社交媒体有什么帮助？

③您觉得自己充分利用好了社交媒体的各项功能吗？为什么？您的身边有成功的社交媒体创业典范吗？您觉得他们为什么取得了成功？

以上访谈提纲并不是一蹴而就的，而是在咨询了专家的意见之后，课题组先找了两位新型职业农民朋友进行试访谈，根据他们的意见进行了修改。在正式访谈的过程中，每位新型职业农民对问题的反应也是不一样的，在具体的访谈实践中，课题组会根据访谈获取信息的需要和新型职业农民的情况，对访谈的问题顺序和表述酌情进行调整。

（三）访谈的基本过程与受访者的基本情况

从2020年5月到2020年8月，课题组从福建农业职业技术学院新型职业农民培训班学员中选取了10人作为访谈对象。如表4-2所示，受访者都是典型的充分借助信息技术开展涉农创业活动的新型职业农民。在这些受访者中，女性创业者有4人，男性创业者有6人；年龄介于25～45岁；政治面貌包含群众、团员、预备党员和党员；身份属性包括返乡创业大学生、返乡创业农民工、种植大户、农村合作社负责人、家庭农场主等；文化程度从初中到本科，基本覆盖了新型职业农民的主要人群；涉及的农业领域包括农产品种植、农产品养殖、农产品电子商务、农庄经营等。

表4-2 访谈对象的基本情况

姓名	性别	年龄（岁）	学历	注册时间（年）	行业	企业人数（人）	典型性
吴×中	男	43	中专	2013	养殖	3	其在外地务工返乡后开展高山生态养殖创业，因地处偏远山村，生态牛羊肉主要靠社交媒体销售
陈×坤	男	33	本科	2014	家庭农场	5	其是外地农业大学本科毕业生，富有农业情怀，返乡创业发展现代农业，农场建有公众号，主动跟上直播、短视频等新型社交媒体使用的潮流
陈×燕	女	30	初中	2016	农业企业	15	其从事养生农业产品石斛的种植、加工和销售，带动农户开展创业活动
李×梅	女	31	中专	2017	农场	3	其是返乡创业女性代表，经营自己的农场，销售高品质的家禽、家畜肉类和生态蔬菜等农产品
谢×斌	男	25	大专	2016	茶叶电商	2	其是大专毕业生，继承家族茶叶经营事业，自大学阶段就开始尝试在互联网上推广茶叶，在家族中最早开始直播经营

续表

姓名	性别	年龄（岁）	学历	注册时间（年）	行业	企业人数（人）	典型性
胡×炼	男	35	高中	2017	蔬菜种植	5	其因自身身体原因不适合在外务工，故在家乡开展涉农创业，借助社交媒体的推广成为网络红人，打开了蔬菜的销路
董×辉	男	45	高中	2017	果树合作社	6	其是合作社负责人，主要开展果树种植、经营和黄桃等地方特色水果销售
陈×玮	男	40	大专	2015	农产品电商	8	其是县城电子商务协会会长，自己创业成立农产品电子商务公司，负责地方农产品的电子商务运营。始终走在社交媒体农业创业的前沿，积极推动社交媒体新工具在涉农创业活动中的运用
吴×	女	36	中专	2016	农业企业	13	其是原来有正式职业的涉农创业者，出于对绿色健康农产品的追求开启联合涉农创业，主要从事高品质农产品的种植、加工和销售。有实体店铺开展连锁经营，在网络上建有自己的微店和公众号
张×群	女	35	中专	2015	休闲农庄	9	其与丈夫一起返乡创业经营休闲农庄，经常在社交媒体传播农庄风景和休闲生活场景

在选定了访谈对象后，依据各位新型职业农民的安排，提前预约好访谈时间，每次访谈之前，都将访谈的主要内容提前告知受访者，确保其有足够的时间对相关问题进行思考。为保证访谈顺利开展，同时建议受访者可以准备一些书面材料。访谈前要告知受访者研究的目的，并解释如何使用访谈信息，以及询问是否允许对访谈进行录音。访谈是半结构化的，由一系列的开放式问题组成，主要关注一些事件所展现的行为以及新型职业农民在创业过程中与社交媒体相关的关键事件。最终，在受访者的允许下，研究者对每次访谈均进行了详细的文字记录和录音，时间控制在2～3个小时。

（四）访谈结果的处理方法

通过访谈记录、录音誊抄和二手数据资料的收集，一共收集到 10 名新型职业农民社交媒体创业的相关资料，共计 5 万余字。为了进一步加强对资料的深入分析和提炼，研究者将访谈文字输入 Nvivo 软件，借助编码技术，逐层提取核心概念，最终概括出社交媒体使用模式的维度。另外，还通过归纳总结访谈案例话术来探索社交媒体使用对新型职业农民创业活动的不同因素的影响、具体路径以及社交媒体使用效果的制约因素。

三、访谈结果分析

研究者主要基于以下几个研究目的对访谈资料进行分类与关键要素的提取：第一，新型职业农民主要使用哪些社交媒体？他们的使用强度是怎样的？第二，新型职业农民社交媒体使用模式有哪几种？第三，新型职业农民使用社交媒体后？对哪些创业因素有影响？具体的影响路径是怎么样的？第四，新型职业农民社交媒体使用是否受到某些因素的制约？制约效果如何？

（一）新型职业农民社交媒体使用类型和强度

在最开始的访谈中，研究者从轻松的话题入手，通过询问事实类的问题，了解新型职业农民当前社交媒体使用类型。访谈对象回答这样的问题，没有任何压力，大部分农民可以不假思索地说出当前自己使用的社交媒体。首先，微信是每一个人都会说到的；其次，抖音和快手等短视频；最后，有的农民也提到了团购网站，如拼多多、美团，少数还会讲到 QQ 等。研究者认为，社交媒体使用包含使用强度和使用模式，其中，社交媒体使用强度可以用使用者的使用频率、日平均使用市场和使用的依赖性来衡量。本书借鉴了这一做法，让每一位新型职业农民都汇报自己使用社交媒体的频率。从访谈结果来看，每位对象都强调了每天使用社交媒体，进一步的追问显示，日均使用时长因人而异,有不到两个小时的,也有三四个小时的,甚至有五六个小时的。对于社交媒体依赖性的表述,每位新型职业农民的表述不一样,但都给出了原因,包括"离不开社交媒体,所有联系都靠手机""如果离开社交媒体,工作就没法开展了""没有社交媒体,我就不会创业了""不用社交媒体的话,很多人的联系、很多业务的开展都要受到影响"和"经营效益会差很多的"。通过访谈对象的回答,研究者了解到新型职业农民社交媒体使用类型和强度的衡量方式,为后续的大样本调研问卷的设计奠定了基础,如表4-3所示。

表4-3 新型职业农民社交媒体使用强度资料提取范例

原始资料	初始概念	维度概念
微信每天都用,抖音也每天都看。经常在中午吃过饭和晚上睡觉前闲下来的时间刷朋友圈和抖音、快手短视频,微信回信息一般都是即时性的	使用频率	社交媒体使用强度
微信每天都有用,现在抖音和快手也会每天刷一下		
每天都离不开社交媒体,办个事情都要用手机		
每天都用社交媒体,微信用得最多		
每天都用,微信用得最多,抖音、快手也每天刷一下,点外卖会用美团,买东西用拼多多,平均每天三四个小时是有的		
平均每天花三到四个小时使用社交媒体	日均使用时长	社交媒体使用强度
差不多一天断断续续合起来不到两个小时		
每天都要用微信,偶尔也刷一下现在流行的短视频,半小时左右吧,没去干活的时候或者有业务联系的时候更多		
平均每天四五个小时是有的		
碎片化的,至少两三个小时吧		
常用的是微信、抖音这几个,每天使用大概五六个小时		

续表

原始资料	初始概念	维度概念
觉得离不开社交媒体,所有联系都靠手机,如果离开社交媒体,工作就没法开展了	依赖性	社交媒体使用强度
微信这样的社交媒体肯定是离不开的,所有事情的联系都要依靠微信,如果断网一天,会感觉脱离社会,除非大家都不用,回到原来只有电话和面对面联系的方式,否则,你不用社交媒体的话,很多人的联系、很多业务的开展都要受到影响		
肯定是离不开的,除非大家都不用微信,不然离开了这个工具,现在的事业就没法开展,它与很多具体工作都有千丝万缕的联系		
我的茶叶都是通过手机卖出去的,如果没有社交媒体,我就不会创业了		
现在的生活是离不开微信的,不管是联系业务还是与朋友相约谈事情,都是在微信上先留言。如果不用的话,会非常不方便,有的人不喜欢打电话,如果先发信息就不会那么唐突。还有就是微信可以发图片、语音留言,还可以视频,办起事情来比较方便。现在很多都要照片,还要人脸识别,有现场感,这个时候就离不开这个工具了		
所有的业务都围绕电子商务开展,我的生活是无法离开社交媒体的。如果取消了,我就要重新另找工作了		
离不开了,我们农庄经营都要用微信,如果取消了,经营效益会差很多的		

(二)新型职业农民社交媒体使用模式

为了总结出新型职业农民社交媒体使用模式的具体维度,本书对访谈资料进行逐词逐句的分析,挖掘资料中的概念,并尝试进行组合,通过开放性编码和选择性编码的过程,最终结合理论研究为每一个维度命名。

1. 开放式编码

在访谈的第二部分,研究人员设置了3个问题来收集新型职业农民社交媒体使用模式的具体情况。从结果来看,收集到的资料是非常丰富的,每一位农民朋友都将自己在创业实践中对社交媒体的用途进行了详细阐述。为了判定社交媒体使用的具体范畴,研究者从10位新型职业农民访谈的原始资料出发,对每一句话进行分析,判断出其初始概念。受访的新型职业农民社交媒体使用模式的初始概念包含"A1与亲朋联系""A2创业团队内部联系""A3 与顾客联系""B1 与供应商联系""B2 与合作伙伴联系"等一共 55个，从而完成了开放式编码工作，如表 4-4 所示。

表 4-4　新型职业农民社交媒体使用模式资料开放式编码示例

原始资料	初始概念
一是和人联系都靠微信，像我和亲戚朋友的联系都是靠微信留言或是语音留言，打电话比较少，大家都怕太打扰别人。团队或是朋友、伙伴有事联系，也是经常在微信留言，太方便了。二是因为顾客也大都在朋友圈里，他们经常在朋友圈看我农场运营的动态。比如说草莓到了采摘的季节，水果、玉米快成熟了，我会在朋友圈发一下图片动态，大家就都知道了	A1 与亲朋联系 A2 创业团队内部联系 A3 与顾客联系
和朋友联系、和供应商联系、和合作伙伴联系，还有和顾客联系基本上都是用微信，大家都是互加微信的，这个工具很方便，可以发图片、视频、文字留言、语音电话，比打电话便宜，有时候事情不急，或是时间不方便打电话，就发微信，别人看到了方便就回过来，比打电话好。如果看到有趣的事情也可随时拍一个视频发一下，朋友之间联络也多，真的是非常方便。现在不管是熟人还是新认识的朋友都是首先选择加微信。创业过程中有一件让我印象深刻的事，是我在微信社群里认识了一位朋友，这个朋友后来成了我的重要合作伙伴，他一直都有参与我的公司经营	B1 与供应商联系 B2 与合作伙伴联系 B3 认识新朋友
首先是业务中各种联系啊，比如说我的客户全部都在我的微信朋友圈里，买过东西的我还会给他们拉一个群，经常在群里发一些农场的信息、促销的信息、商品的介绍等，这些顾客很稳定，回头率高，经常会不定期地买我的东西，这样就不愁销路了。还有，我算是带头人，除了自己经营，我还组织了一群农户，他们都把东西放到我的农场平台来销售。我也给这些人拉了一个群，客户需要什么、我有什么经营规划、需要他们怎么配合也在群里商量，原来一些年长的老乡本来不会用微信，后来被我带着也慢慢用起来了。我和县里一些农业管理部门的朋友、电子商务协会的朋友、参加培训班认识的同行，还有外地的朋友也都是通过微信保持联系，虽然大家没有经常互动，但是因互加了微信，有需要的时候大家一般也都能很快建立联系，因为我也经常发朋友圈，大家的动态都是可以看到的	C1 组建社群开展互动 C5 与政府部门和其他组织联系
除了和人联系，使用微信的目的主要就是发农场和农产品的动态，比如说前段时间有亲子游的家庭来农场采摘，我就把活动的照片发一下，我老婆还利用公众号把文章发到网上，大家就都知道我家农场是采摘的好去处了。上次科技特派员来田间地头指导种植，我也拍了宣传照，多发几次，大家对农场的印象就会加深许多	A4 用公众号报道农场亲子游活动情况

续表

原始资料	初始概念
主要是人员联系，我也经常在朋友圈发一些信息。毕竟还是要把自己的产品卖出去。我的朋友圈里有很多卖东西的人，他们都在微信里宣传自己的产品，展示自己的生活，还发布促销信息，我也经常购买，觉得效果也不错，算是给公司做广告，所以后来我们公司很多员工的微信都会经常发一些信息来宣传自己的公司。 再一个我们和农科院的一些教授联系的时候也用微信，我们会把照片发给专家看，他们在线远程给我们提供指导，非常方便。 我一般会自己找做得好的账号视频来看，刚开始担任主播，我就去学习别人怎么搭建直播间，怎么说话，怎么推销产品，还有在镜头前怎么进行表情管理等，也到网上去找一些资料来看。 现在都是用微信，朋友之间的联系就比较多样，如点赞、转发、留言等，这都是一种表态，说明大家一直在互相关注	B5 发布农场和产品信息 B6 发布广告信息 B7 发布图片 D7 获取榜样信息 D8 获取经营信息 E3 点赞、转发表态
微信朋友有分类，划分成不同的群。平时有姐妹朋友要逛街、聊天、娱乐游玩、追剧聊剧，就在群里喊一下，大家就会商量安排起来，效率很高。看到有趣的事情也会在群里分享，大家经常联络、互动，感情才会比较好。 无聊的时候，我也会约几个朋友线上打打牌。我还会播一些我在山上的生活，大家都挺爱看的。有的时候，大家也会一起约着玩游戏，玩得很开心。 熟悉的朋友会拉群，在群里，大家就跟线下朋友相聚一样，非常放松，发发图片、新闻信息，还有发红包，氛围很活跃，即使这个朋友在外地，一年见不了几次，但是因为在网上经常联系，大家感情就很好，不会生疏	B7 聊热播剧或是娱乐圈八卦 B8 聊热门话题与邻里趣事 D8 打牌娱乐 D9 游戏娱乐 F5 发红包娱乐 F6 聊天娱乐

2. 选择性编码

选择性编码是社交媒体使用模式编码过程的第二步，研究者对从原始资料中提取出来的55个初始概念进行再次整合，一共提取出创业团队内部社会交往、创业团队外部社会交往、发布信息、获取信息、游戏娱乐、视频娱乐和社交娱乐7个子范畴，而后进行核心范畴的提取，一共总结出社交使用、认知使用和娱乐使用3个核心范畴，如表4-5所示。

表 4-5　新型职业农民社交媒体使用模式资料选择性编码结果

核心范畴	子范畴	对初始概念的筛选和分类示例
社交使用	创业团队内部社会交往	A1 与亲朋联系；A2 创业团队内部联系；E6 指导农户生产经营；E7 与合作伙伴谈合作条件
	创业团队外部社会交往	A6 与客户保持稳定联系；B1 与供应商联系；B3 认识新朋友；C1 组建社群开展互动；C5 与政府部门和其他组织联系
认知使用	发布信息	A4 用公众号报道农场亲子游活动情况；B5 发布农场和产品信息；B6 发布广告信息；B7 发布图片；E3 点赞、转发表态
	获取信息	C5 客户反馈商品信息；D7 创业榜样提供信息；D8 从朋友圈获取信息；H7 农机专家提供农业信息；H8 获取政策信息
娱乐使用	游戏娱乐	D8 打牌娱乐；D9 玩网络游戏
	视频娱乐	B7 聊热播剧或是娱乐圈八卦；B8 聊热门话题与邻里趣事
	社交娱乐	F5 发红包娱乐；F6 聊天娱乐；G7 在手机上跟主播健身

3. 理论编码

把经过选择性编码得到的核心范畴有效地组织起来以构建理论的过程即理论编码，这是扎根理论的最后一步，也是关键一步。陈向明（2000）提出了进行核心类属选择时的原则：统领性、关联性（自然而非强制）、复现性，或者具有一定的稳定性和规律性。基于以上原则，本书对上一步得到的条目进行反复的比较，并将归纳总结后的核心范畴和目前学界相关的研究成果进行对照（见表 4-5），进而获得了新型职业农民社交媒体使用模式的模型（见图 4-1），在这个模型中，共分为 3 个维度，分别是社交使用、认知使用、娱乐使用。

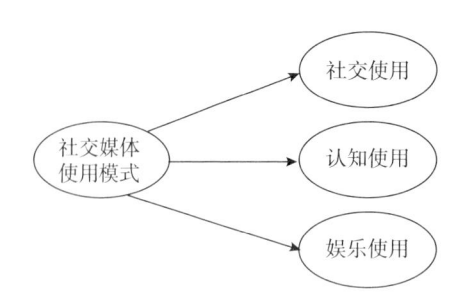

图 4-1　新型职业农民社交媒体使用模式的模型

（三）新型职业农民社交媒体使用模式对创业活动的影响及其影响路径

通过第一部分和第二部分的访谈，可以了解到社交媒体已经深深嵌入新型职业农民的创业活动中，并且存在多种使用模式，研究人员为进一步分析社交媒体对涉农创业活动的影响，设置了第三部分的问题。访谈收集的资料表明，社交媒体可以影响创业过程中社会网络和社会资源的获取和积累，也可以影响创业学习，还会对新型职业农民的创业能力发挥重要作用，从而影响创业的效果。

1. 对社会网络和社会资源的影响

从受访者的回答来看，社交媒体使用首先会影响新型职业农民的社会资本积累。所有新型职业农民都认为在使用社交媒体后，他们的社会网络和社会资源发生了重大变化。这种变化体现在"和老朋友互动联系多了，感情更好了""新认识了不少朋友和客户""在网络上收获了更多的创业合作资源""创业获得了精神支持和鼓励"等方面，社交使用、认知使用和娱乐使用等不同社交媒体使用模式都在其中发挥了重要作用。

> 陈：扩大了我的社会网络，让我可以获得更多的创业资源，像朋友圈的众筹帮我解决了资金难题，朋友圈陌生的友人提供的农业种植技术帮我解决了难题，还有人给我精神支持和鼓励等。

王：新认识了不少朋友和客户，有一些客户会把他的朋友拉到客户群，这些人就会成为新的客户。另外，认识更多的是同行，有的时候参加一些活动或是学习主办方会有群，群里的朋友很多，而且还会加一些备注。看到和自己业务相关的，有时候我就会加对方的私信，这样就可以建立联系，认识更多对公司经营有帮助的人。

李：没有社交媒体的话，哪敢创业，自己原来的人脉资源是很有限的，开始创业后一直积累。因为有手机，不需要面对面去打交道，在手机上联系也不怕面子磨不开，胆子也就训练出来了，现在有时候还主动去网络上添加别人。还有，有些人是朋友介绍过来的，所以说手机是个好东西，给我们女人提供了更多参与创业的机会和条件，现在像我这样在手机上创业的人很多，卖化妆品、生活产品啊，我卖农产品客户也主要是女性，都是女人，沟通起来比较方便。

谢：影响很大，社会网络不断扩大，各类资源都不断增加。具体表现就是流量积累、客户增加，朋友也越来越多。网上也有很多创业的合作资源，像提供资金帮助的、提供货源的、提供运营支持的，等等。当然，我原来在上学时也没有去挖掘，其实网上资源多的是，只要你想，都可以去找。

董：影响很大，多认识人了，获得了更多的社会资源，比如客户、同行、专家、朋友，还有一些新产品信息。

陈：大大扩充了我的社会网络和各类社会资源，朋友多了，客户多了，同行也多认识了不少，他们都会给我的经营带来启发和建议，促使我的事业不断发展。就是把线上线下的人脉都整合到社交媒体的朋友圈去，有的时候，朋友的朋友就成为我的朋友，网络上的陌生人也成为朋友，这样微信上的联系人就可以有几千个。我有的朋友都要用几部手机来管理朋友圈。

张：现在所有的社会关系都在社交媒体上，老朋友因为有了微信，联系变多了，以前打电话要钱，大家就很少联系，有事情才会打电话，现在都是用微信，朋友之间的联系就比较多样，如点赞、转发、留言等，都是一种表态，说明大家一直互相关注。有的时候还语音留言。熟悉的朋友会拉群，在群里，大家就跟线下朋友相聚一样，非常放松，发发图片、新闻信息，还有发红包，氛围很活跃，即使这个朋友在外地，一年见不了几次，但是因为在网上经常联系，大家感情就很好，不会生疏。所以，办事情的时候也就方便了。

2. 对创业学习的影响

在预访谈中，受访者就谈到过用社交媒体来学习的情况。因而，在正式访谈中，调研人员设置了问题直接询问社交媒体使用和创业学习之间的关系，并且详细深入地追问新型职业农民怎么通过手机社交媒体开展学习。通过整理受访者的回答信息，研究者发现，新型职业农民通过社交媒体开展创业学习是创业过程中的普遍做法，已经得到了大家的认可。同时，他们在社交媒体上学习的方式也很多样。第一，社交媒体本身就是学习的重要平台，新型职业农民可以在社交媒体的朋友圈、公众号、小程序、视频号或是短视频中搜索到各类创业所需信息；第二，社交媒体上有很多社群，朋友之间可以通过社群来交流学习；第三，社交媒体易操作的特点，决定了新型职业农民可以通过实践的方式来学习。

张：一直在学习啊，手机是学习的好工具。主要就是学习手机的使用技巧，学好了，发信息的效果才好。主要是自己学，从网络上找资料来看，然后在朋友圈、抖音上看看做得好的视频有哪些元素，怎么操作，最后还要自己实践，多实践几次，发现也没那么难了。还有就是朋友之间聊天的时候会探讨怎么做,也经常有一些启发。

陈:肯定是促进了我的学习。网络本身就是学习的平台,什么信息都有,比如说想了解最新的直播,就到淘宝直播、抖音直播去看、去学习,然后自己学着做,有时候也会去朋友同行那里考察,问问他们的经验,看一看别人是怎么做的,也可以学到不少。

李:手机就是一个学习的平台和工具啊,我就是看手机上那么多女人在创业,也就开始自己创业,而且现在很多主播是女孩子,不见得比男的差,甚至做得还更好。都是在手机上学习的,包括农产品知识,在朋友圈发信息、发图片的知识都上网去找,然后自己试着来,有时候去问朋友,其实我们做得比较简单,学做几次就会了。

黄:影响很大,以前没有什么学习的概念,现在有了网络天天都在手机上学习啊。上网看别人怎么发图片、发视频,怎么包装宣传产品,然后自己就会学着去做。有不懂的东西,或是感兴趣的新产品、新技术、相关政策也是上网查一下就好了。再有,朋友圈里有非常多的能人,遇到病虫害等种植问题,可以问一下同行,也可以通过微信和农科院的专家联系,请他们在线指导。微信的语音、图片和视频功能是特别好的。

谢:有啊,创业本来就是边学习边实践,而且现在做的这些事在学校也没有老师教过我。我一般会自己找做得好的账号视频来看,刚开始担任主播,因没有经验我就去学习别人怎么搭建直播间,怎么说话,怎么推销产品,还有在镜头前的表情管理等,也到网上去找一些资料来看,后来自己开始实践,多做一些就好了。我也会和一些同行还有长辈交流产品的知识,向他们请教茶叶和泡茶的专业知识,虽然自己是安溪人,但是以前也不知道茶叶的种类,不清楚铁观音的营养成分,现在自己要卖茶叶,说不出个所以然来就不好了,所以一直都在学习。

3. 对创业能力的影响

访谈资料表明，新型职业农民的创业能力是一个动态发展的过程，从原来的"不懂怎么经营"，到后面的不仅店铺"正常运营，还可以指导别人"，这种能力的提高还体现在"对一些事情也有自己的判断，更有主见了"，会主动"寻找新的创业机会，尝试种植新产品"等方面。在新型职业农民创业能力提高的过程中，社交媒体发挥了重要的促进作用，比如，有农民提到，"在手机上学了不少农产品经营和蔬菜种植的专业知识，朋友圈的朋友也给了很多好的建议"，可见新型职业农民既可以通过在社交媒体中开展创业学习来提高创业能力，也可以通过社交媒体上的社会网络来提高创业能力。

> 谢：社交媒体对提升创业能力确实是有帮助的，刚开始都不懂怎么经营，慢慢边学边实践，现在网店的正常运营都会了，还可以指导别人，对一些事情也有自己的判断，更有主见了，准备再找找看有什么新的机会。
>
> 陈：社交媒体提高了我的创业能力。这些年下来，在手机上学了不少农产品经营和蔬菜种植的专业知识，朋友圈的朋友也给了很多好的建议，自己看人看事也更准了，对一些问题的判断也比较有把握了。主要就是通过学习，自己水平提高了，另外，有人帮忙，进步也就快。
>
> 李：创业能力肯定是不断提高的。以前都不会的产品宣传，现在自己都可以做，以前不敢和人打交道，现在因为加了微信，也敢在手机上和同行、农业农村局的负责人联系，看到有比较好的农产品和想到好的经营思路，也会找同行交流，讨论一下自己要不要也试一下。
>
> 董：创业能力提高了，现在经常会学一些新的做法，种新品种，找新的机会。还有总体运营上也比较稳定，自己也有把握了。
>
> 黄：总体来说，使用社交媒体后我的创业能力提高了，因为经常学

习,信息也更丰富了,还可以找人帮忙指导,现在更容易感受到新事物,接受新事物,及时了解政策、了解市场情况,现在对市场比较敏锐,还会在农产品种植经营中做一些调整和创新。

4. 对创业结果的影响

在对创业结果的影响方面,我们可以看到,社交媒体所发挥的作用也是很深远的。从创业者个人来看,社交媒体为致力于开创个人事业的创业者和农村的弱势群体,如女性和残障人士,提供了一个事业发展的平台和获取收入的机会,让这些人在获得物质回报的同时拥有了满足感和成就感。从所创事业来看,社交媒体通过积累社会资本、传播信息等方式,促进了农产品的销售,使得新型职业农民的收入不断提高,创业的经济效益得到改善。创业者借助社交媒体工具加强学习,他们的创业能力在不断提升,在创新经营方面也有了比较大的突破。

李:现在做生意确实是离不开微信的,手机给我们带来的便利除了扩大销路外,我觉得更重要的是认识了很多对事业发展有帮助的人,像同行,或是专家,或是政府的一些工作人员,让我们觉得有需要的时候,是可以找到人获得一些支持的。要不然,像我这样的女性,怎么能靠几个人就把事业做起来。现在像我这样的女性创业者还不少,我也是向她们学习的。所以说手机、微信,互联网还是挺好的,不仅给我提供了一份收入,还是一份事业,能够带领老家的乡亲们致富,我感觉很有干劲。

吴:社交媒体确实给我带来了帮助,主要就是扩大了朋友圈,获得了一些资源,也学习了不少东西,产品也全都卖出去了,效果还是不错的。这么多年,在微信朋友圈中朋友的支持下,我也不断调整、创新,加入了半成品的销售、兰花的销售,夏天还做一些休闲旅游的生意。感谢朋友们给我提的建议，才能让我尝试更多的新东西。没有朋友圈，这个事业没法做起来。

董：有了社交媒体后，现在农产品的销售还可以，有了大量散户，价格也卖上去了，感觉自己的农产品没有被贱卖，而且客户也比较稳定。自己对做农业有点信心和社交媒体有很大关系，自从有了社交媒体后，自己创业更主动了一些，对市场的了解也更透彻，更能适应变化，也更容易找到人帮忙。

陈：通过社交媒体，我帮乡亲们把地方特色农产品销售出去，卖了好价钱，他们的收入增加了，在外地务工的人也愿意回来创业，使得农产品电商成为我们县城的重要产业，这对我们地方和个人的发展都很有帮助。如果不是社交媒体电商，我也不会有创业的机会，也不可能做自己的事业，也不会认识这么多政府、企业、客户方面的朋友。因为自己要做社交电商事业，所以也去学了不少有关互联网创业方面的知识和技能才有今天这样的成绩。

谢：社交媒体是我创业的平台。对于我这个年轻人来说，我只能借助社交媒体来找到创业的机会、发展的条件。我这个是小本经营，也没有什么创业基金，按照父母那种传统做法根本没法经营，我也不喜欢，也不会运作，但是让我在网上开店，我还是比较喜欢的。我的客户开始也是一些年轻人，大家都比较喜欢在直播或是微信上买东西，慢慢就经营起来了。现在家里的茶叶网络销售这块都是我在做，量也越做越大，比我爸妈卖得还多。

（四）新型职业农民社交媒体使用效果的制约条件

在同新型职业农民访谈的过程中，研究者也发现，尽管社交媒体对涉农创业所发挥的促进作用是非常显著的，但是这种效果的形成也是经历了一个过程的，而且因人而异，这些反馈的信息为研究者探索社交媒体使用效果的制约条件提供了很好的启示。从收集到的受访者资料来看，会影响社交媒体使用效果的因素包括创业培训和创业者能力两个方面。

1. 创业培训

社交媒体是基于移动互联网信息技术发展起来的工具，对于新型职业农民而言，是一个新型的带有科技含量的工具，虽然现在手机的操作已经日趋简单，但是，在初期使用的时候还是有一个适应和学习的过程。访谈中，新型职业农民普遍反映，一般的农民对社交媒体的基本功能，如对收发信息的功能使用得比较多，而对其他功能使用得比较少，因为不知道也不会用其他的功能。新型职业农民创业过程中如果想要充分运营好社交媒体账户，如发专业的图片、视频和文字，开展社群运营等，就会感觉比较吃力，因为以前没有学过，不懂相关的操作技术。目前，除了少数年轻、学历较高（大专以上）的新型职业农民会自己学习短视频、直播等新型社交媒体运营外，大部分农民创业者依靠各级政府培训班来提升自己对社交媒体的运营技巧和操作能力，因此，创业培训成为社交媒体使用效果发挥的重要制约因素。

> 张：创业初期遇到的困难就是对手机操作没那么熟悉，在一些技巧性的、如选图片、拍视频上遇到过一些困难，后来有的困难慢慢解决了，有的没有，不过也不影响，就是效果没那么好。多少自己也会一点。
>
> 有参加过县里的培训，也是和手机操作相关的，农业院校的老师来给我们上课，网上也有一些培训，还是一些有关最新的社交媒体使用的

内容,像直播技术什么的,多少了解了一些现在的最新做法,还是有一些启发的。

黄:有培训过,政府经常会组织培训活动。还是一些最新的社交媒体使用的内容,如手机营销、直播营销等。有些用,但是因为我自己就是做社交媒体运营的,还要更专业一些,所以我经常自己在外面找专业的公司学习,或是找专业朋友咨询。

董:用社交媒体的时候刚开始遇到过困难,主要是开始不太会操作和宣传,做得比较粗,影响不大,而且感觉没那么好,没发挥网络的作用,因为自己不懂,也没有花很多心思,后来学着慢慢就懂了,开始有计划地发图片和信息,比如最近是水果上市的季节,就要多发一些图片和信息。尤其是在陆续参加了政府组织的各级培训班后,我接受了社交媒体操作专业内容的培训,以及商务经营内容的培训,对我帮助很大,不仅多认识了同行,而且还提高了社交媒体使用技能。

陈:刚开始用社交媒体的时候不知道哪些信息可以发,哪些不能发,效果不大好。因为自己对消费者的心理没有把握,也没有学过媒体运营的内容,不知道怎么使用效果更好,后来通过学习和自己琢磨把握了规律。

这几年参加过各级培训,如省级的、市级的新型职业农民培训,培训内容除了农业专业知识,很多是有关经营管理方面的,如农产品销售等,感觉挺有帮助的,一来是多认识了同行和老师,二来是自己确实学到了新知识和技能。农业创业确实需要持续学习。

吴:我的微信刚开始只是用来联系人,甚至连怎么建群都不会,后来看到别人经常在微信上宣传,自己也就学着发一些图片、视频,慢慢自学,看做得好的人怎么做。现在自己做得越来越好,也尝试拍一些短视频。

我参加过各级培训班，有省里的、市级的、县里的，老师们讲得都很好，有很多和手机使用相关的网络营销课程，像怎么拍图片、怎么写文字等的课程，不过还要靠自己实践才能提高社交媒体使用技能。

2. 创业能力

创业能力是制约新型职业农民社交媒体使用效果的另一个因素。据受访的新型职业农民反映，创业者之间会有一定的交流，或是模仿学习。他们发现那些"能把握住社交媒体发展的新趋势，看到其中蕴藏的机会，也敢于做创新"的创新创业者，敢于将视频号、直播、短视频等最新的社交媒体工具引入到涉农创业工作中，他们往往可以比其他创业同伴获得更好的市场资源，获得品牌认可，开创出自己的一番新事业，成为新时代涉农创业的佼佼者，例如，快手或是抖音上的一些农村网红主播。

陈：困难是有的，刚开始身边做农业的朋友不信任，我这是帮忙做运营，他们觉得没必要花这个钱。后来做出效果来了，就纷纷过来学习，或是把业务交给我来做。还有就是学习新的东西比较有挑战性，我们这里缺人才，很多都要自己去学，找不到人。

目前我们的社交媒体创业经营效果也只能说一般啦，因为还没有很大的影响力。平台上有很多专业的成功的典范，他们都有专业的指导，我们的话还需指导学习和创新。

张：肯定没有充分利用，直播我就做得少，因为我的客户主要是本地客户，可开发的客户资源不多，直播需要人花时间来策划，感觉没什么必要。像农产品的客户在全国各地，要引流就需要直播带货。我的朋友也有做这方面的，他们很厉害，敢于创新，销量很好。下一阶段，我也准备加入一些本地农产品，到时候可能会把直播加进来。

谢：我借助社交媒体创业才起步，成效还不明显。毕竟没那么多时间，也没有系统学习过，还有就是现在社交媒体的变化是很快的。每个阶段都会冒出一些成功者，以前是淘宝、天猫做得好，现在则是直播做得好，他们应该是把握住了新的趋势，看到了机会，也敢于创新。这也是我在思考的问题。

李：我们对社交媒体的功能还没有充分挖掘，社交媒体功能那么多，我们主要用的就是发信息、联系人这些功能。我们能力比较有限，有些人比较厉害，朋友圈运营得非常好，都有专人来运作微店、抖音什么的，我们就是小本经营。

陈：目前我经营农场使用的社交媒体工具主要还是微信，这个比较实用，未来有一些新的社交媒体工具也要学一下，比如短视频和直播，毕竟它们代表了趋势，以后的消费者肯定都喜欢这种方式，不学习可能会落伍。还有一些抖音上的主播就做得很好，我有空会看看。创业能力强的，敢于创新的，会更早开始尝试新的做法，效果也往往不错。

四、访谈结论

通过对10位新型职业农民社交媒体使用情况进行访谈，笔者得出以下结论。

第一，农民的创业活动决定了新型职业农民经常使用的社交媒体种类，社交媒体使用强度可以通过相关指标加以衡量。通过访谈，笔者发现，新型职业农民提及频率最高的社交媒体是微信，其次是最近几年兴起的短视频社交媒体，如抖音、快手，此外，个别农民会说到一些团购类社交媒体，如美团、拼多多，以上几类社交媒体构成了新型职业农民经常使用的社交媒体种类，这与学生和职场经常使用QQ、知乎、B站，城市女性白领偏爱专业类App，如小红书、唯品会等有很大的差别，可见，农村的创业生活决定了新型职业农民经常使用的社交媒体种类。在谈论社交媒体使用强度时，笔者了解到新型职业农民每天都会使用社交媒体，对社交媒体的使用频率非常高，平均每天至少都有两小时，多的甚至达到五六个小时，日均使用时长不短。新型职业农民的涉农创业活动对社交媒体的依赖性是很强的，无论是哪个领域的涉农创业活动，都离不开社交媒体，一旦没有社交媒体，新型职业农民的创业活动可能会开展不顺，或是效益受损，甚至可能无法正常开展，以致需要取消经营项目。以上访谈结果为下一章设计新型职业农民大样本调查问卷做了有效探索，有利于在设计问卷的时候考虑更为恰当的问题和选项，使得问卷更加符合新型职业农民农村创业活动的实际场景，收集到更为有效的数据资料。

第二，新型职业农民社交媒体使用模式包含社交使用、认知使用和娱乐使用三种模式。通过访谈发现，由于社交媒体的功能非常丰富，新型职业农民在涉农创业活动中可以运用社交媒体的不同功能来满足自己创业的多种需要。社交使用模式被新型职业农民提及最多，新型职业农民通常运用社交媒体与创业团队内部的伙伴、亲朋好友等人开展沟通，与创业团队外部的客户、供应商、同行以及其他社会关系进行互动。认知使用模式在涉农创业过程中发挥了重要作用，新型职业农民不仅在社交媒体上搜寻、获取对创业有帮助的各类信息，还将社交媒体作为信息发布平台，推广农产品、宣传涉农创业项目，开展市场营销活动。社交媒体还兼具娱乐功能，新型职业农民在艰苦的创业之余，常常借助游戏娱乐、视频娱乐、社交娱乐等不同娱乐使用模式来丰富生活，联络感情，调节状态。以上三种模式的充分使用，表明社交媒体使用已经深深嵌入到新型职业农民的事业和生活中。通过编码最终得出的社交媒体使用模式的三个维度，以及访谈中每个维度的具体表现，为下一章大样本调研问卷的设计和在更大范围内对新型职业农民群体社交媒体使用情况的调查提供了与研究情境相符的资料支撑。

第三，社交媒体使用不仅对新型职业农民创业过程中的社会资本、创业学习、创业能力等因素会产生影响，也会影响到创业的最终结果。访谈资料表明，社交媒体既可以让新型职业农民与熟悉的朋友加强互动，联络感情，还可以扩大他们的朋友圈，认识更多对创业有帮助的人，带来更多的社会资源，可见，社交媒体使用对新型职业农民的结合型社会资本与桥接型社会资本都会产生影响。通过深入的访谈还发现，新型职业农民利用社交媒体开展经验学习、认知学习和实践学习，可以提高创业能力，笔者对社交媒体使用、创业学习和创业能力三者之间的关系进行了探索。最后，访谈整理的资料进一步告诉我们，社交媒体使用使得新型职业农民的创业满意度、创新绩效、创业收益都有显著变化，深刻地影响到了创业者的个人绩效和组织绩效。以上有关社交媒体使用和创业各关键因素之间关系的探索，为后文研究内容的确定和研究模型的构建奠定了基础。

第四，创业培训与新型职业农民的创业能力制约了社交媒体使用效果的发挥。通过访谈，笔者得到反馈，新型职业农民对社交媒体功能的掌握程度存在差异，新型职业农民在不同创业阶段使用社交媒体的模式及其效果也存在差异，创业培训和创业者个体创业能力在其中发挥了重要作用，这一发现为后面研究模型中调节因素的设置提供了启示，使得模型设计更加合理，研究可能的结论与新型职业农民的社交媒体创业实践更加相符。

第五章　新型职业农民社交媒体使用模式

新型职业农民是当前乡村创新创业的主体，这一群体数量庞大，参与访谈的 10 位代表只是其中的典型案例，要想充分了解更广大新型职业农民社交媒体使用的普遍情况，就需要开展大样本的调研。本章就是在第四章的基础上，通过问卷调查的方式，在更大的范围内收集新型职业农民社交媒体使用方面的数据资料，而后对其使用情况开展实证分析。

一、研究设计

通过对 10 位新型职业农民的访谈，结合韦路和陈稳（2015）的研究，笔者将新型职业农民社交媒体使用划分为使用强度和使用模式两个方面。

（一）问卷设计及构成

根据前一章的理论研究模型，本书的问卷设计了四部分，分别收集新型职业农民个体基本情况、新型职业农民创业项目基本情况、新型职业农民社交媒体使用类型与强度和新型职业农民社交媒体使用模式四个方面的信息。

1. 新型职业农民个体基本情况

为了让被调研的新型职业农民顺利参与问卷的回答，问卷的开始部分除了有简单的导入语言，在问卷最前面设置的问题都是比较容易回答的事实类问题。本部分问卷主要测试新型职业农民个体的基本情况，包括"性别""年龄""受教育情况""婚姻状况""创业经验""创业培训经历"六个方面，具体题项赋值见表 5-1，基本情况的获取有利于后续开展差异分析。

表 5-1 新型职业农民个体基本情况测量题项的赋值

变量名称	测量题项的赋值
性别	"男性"赋值为 0；"女性"赋值为 1
年龄	"30 岁（含）以下"赋值为 1；"31～40 岁"赋值为 2；"41～50 岁"赋值为 3；"51 岁（含）以上"赋值为 4
受教育情况	"小学及以下"赋值为 1；"初中"赋值为 2；"高中（或中专）"赋值为 3；"大学及以上"赋值为 4
婚姻状况	"未婚"赋值为 1；"已婚无小孩"赋值为 2；"已婚有小孩"赋值为 3
创业经验	"无"赋值为 0；"有"赋值为 1
创业培训经历	"无"赋值为 0；"有"赋值为 1

2. 新型职业农民创业项目基本情况

本部分问卷主要测试农业创业项目基本情况，包括"经营领域""经营形式""团队规模""经营时间"四个方面，具体题项赋值如表 5-2 所示。

表 5-2 新型职业农民创业项目基本情况测量题项的赋值

变量名称	测量题项的赋值
经营领域	"规模种植或养殖"赋值为 1；"农资（化肥、种子、农具等）经销"赋值为 2；"农产品加工"赋值为 3；"农产品销售"赋值为 4；"休闲农业和乡村旅游"赋值为 5；"其他涉农产业和服务"赋值为 6
经营形式	"家庭农场"赋值为 1；"种养殖大户"赋值为 2；"合作社"赋值为 3；"农业企业"赋值为 4；"中小个体经营者"赋值为 5
团队规模	"10 人（含）以下"赋值为 1；"11～30 人"赋值为 2；"31～50 人"赋值为 3；"51 人（含）以上"赋值为 4
经营时间	"不到（含）1 年"赋值为 1；"2～3 年"赋值为 2；"4～5 年"赋值为 3；"6～7 年"赋值为 4；"8 年（含）以上"赋值为 5

3. 新型职业农民社交媒体使用类型与强度

本部分问卷主要测试新型职业农民社交媒体使用的一些基本情况，包括使用过的社交媒体类型、最常使用的社交媒体、开始使用社交媒体辅助农业经营的时间、日均使用社交媒体的时长和最常使用的社交媒体上朋友的数量，按照韦路和陈稳（2015）的观点，后面三个变量可以测量新型职业农民社交媒体使用强度。问题的选项根据访谈中新型职业农民的反馈情况来设置，更能体现新型职业农民社交媒体使用现状。除了"使用过的社交媒体"题项为多选，其他变量题项为单选，采用类别尺度测量，根据各统计值的题项设计依次从 1 开始往上赋值，其具体赋值分数如表 5-3 所示。

表 5-3 新型职业农民社交媒体使用基本情况测量题项的赋值

题项	测量题项的赋值
使用过的社交媒体类型（多选）	（1）微信（2）短视频 App：抖音、快手（3）团购 App：美团、拼多多（4）QQ（5）微博（6）支付宝（7）其他 以上选项选中赋值为 1；未选赋值为 0
最常使用的社交媒体（单选）	（1）微信（2）短视频 App：抖音、快手（3）团购 App：美团、拼多多（4）QQ（5）微博（6）支付宝（7）其他 以上选项选中赋值为 1；未选赋值为 0
开始使用社交媒体辅助农业经营的时间	"2019 年"赋值为 1；"2018 年"赋值为 2；"2017 年"赋值为 3；"2016 年"赋值为 4；"2015 年及以前"赋值为 5
日均使用社交媒体的时长	"1 小时以内"赋值为 1；"1～3 小时"赋值为 2；"3～5 小时"赋值为 3；"5 小时以上"赋值为 4
最常使用的社交媒体上朋友的数量	"不到 100 人（含）"赋值为 1；"101～300 人"赋值为 2；"301～600 人"赋值为 3；"601～1 000 人"赋值为 4；"1 001～2 000 人"赋值为 5；"2 001 人（含）以上"赋值为 6

访谈中，多位新型职业农民屡次谈到涉农创业事业离不开社交媒体，本书借鉴韦路和陈稳（2015）的研究，结合访谈资料，设计了社交媒体使用依赖性量表，一共包含 6 个题项，如表 5-4 所示。

表 5-4　新型职业农民社交媒体使用依赖性测量量表

测量变量	题项	来源
社交媒体使用依赖性	使用社交媒体已经成为您农业创业工作的一部分	访谈调研
	使用社交媒体开展农业创业已经成了您的日常习惯	
	您的农业创业已经融入社交媒体中的相关社群	
	社交媒体对您的农业创业发挥了重要促进作用	
	如果有一段时间没有使用社交媒体，您的农业创业项目将受到严重影响	
	关闭社交媒体，您的农业创业活动将无法继续开展	

注：每个题项采用李克特七分制的方法来度量，从 1 到 7 代表了符合程度由低到高，分别表示被调查者对于测量问项的同意程度，其中，"非常不同意"用 1 表示，"不同意"用 2 表示，"稍微不同意"用 3 表示，"普通"用 4 表示，"稍微同意"用 5 表示，"同意"用 6 表示，"非常同意"用 7 表示。

4. 新型职业农民社交媒体使用模式的测量

借鉴阿里－哈森等（2015）对社交媒体使用模式的维度划分，结合对新型职业农民访谈资料的分析，本书将农民社交媒体使用模式划分为社交使用（social use）、娱乐使用（entertainment use）和认知使用（cognitive use）三种模式，并且设计了符合新型职业农民利用社交媒体开展创业的情境的相关测量题项，其中社交使用模式用"利用社交媒体可以帮助我在农业创业中建立新的关系""通过社交媒体让我在农业创业中遇到本来不会遇到的人""通过社交媒体我可以与创业相关人员保持密切的社会关系""通过社交媒体我可以结识有共同爱好的朋友""通过社交媒体可以发现与我的兴趣相似的朋友"五个问题来测量。娱乐使用模式"使用社交媒体是一种快乐的享受""使用社交媒体是我下班后的休闲选择""我会利用社交媒体来娱乐自己""社交媒体的使用会让我有放松的感觉"四个问题来测量。认知使用模式用"我会利用社交媒体来分享农业经营的内容""我会利用社交媒体与朋友讨论合作与经营上的问题""我会利用社交媒体来讨论农业创新的问题""我会利用社交媒体作为农业经营的传播工具"和"我会利用社交媒体来了解相关企业经营的内容"五个问题来测量,具体题项如表5-5所示。

表5-5 新型职业农民社交媒体使用模式测量题项

测量变量	代码	测量题项	文献来源
社交使用	Q1	利用社交媒体可以帮助我在农业创业中建立新的关系	阿里-哈森等(2015)调研访谈资料
	Q2	通过社交媒体让我在农业创业中遇到本来不会遇到的人	
	Q3	通过社交媒体我可以与创业相关人员保持密切的社会关系	
	Q4	通过社交媒体我可以结识有共同爱好的朋友	
	Q5	通过社交媒体可以发现与我的兴趣相似的朋友	
娱乐使用	Q6	使用社交媒体是一种快乐的享受	
	Q7	使用社交媒体是我下班后的休闲选择	
	Q8	我会利用社交媒体来娱乐自己	
	Q9	社交媒体的使用会让我有放松的感觉	
认知使用	Q10	我会利用社交媒体来分享农业经营的内容	
	Q11	我会利用社交媒体与朋友讨论合作与经营上的问题	
	Q12	我会利用社交媒体来讨论农业创新的问题	
	Q13	我会利用社交媒体作为农业经营的传播工具	
	Q14	我会利用社交媒体来了解相关企业经营的内容	

注:以上所有题项均采用了李克特七分制的方法来度量,从1到7代表了符合程度由低到高,分别表示被调查者对于测量问项的同意程度,其中"非常不同意"用1表示,"不同意"用2表示,"稍微不同意"用3表示,"普通"用4表示,"稍微同意"用5表示,"同意"用6表示,"非常同意"用7表示。

(二)内容效度分析

内容效度评定的是量表对需要测量的目标的概念的反应程度。基于代表性以及合适性原则,通过衡量题项是否合理来对量表的内容效度进行判断。在本书中,社交媒体使用初始量表题项的编制使用了扎根理论,首先进行半结构化的访谈,然后对数据进行编码,并且邀请了一位涉农创业管理的教授、两名涉农企业经营与管理的博士以及三位新型职业农民参与量表的开发过程，经过多次的确认，来确保测量量表的题项能够有效地反映出新型职业农民社交媒体使用所具有的特征。为保证编码有效，使用规范的编码方法对初始量表进行开发。通过以上方式，基本能够确保量表具有良好的内容效度（王保进，2007）。

（三）数据收集

本书课题组通过两种方法发放问卷，方法一是利用寒暑假和社会实践深入福州市及周边县、龙岩市连城县乡镇（揭乐乡、林坊镇和莲峰镇）、泉州市向阳乡和三明市建宁县，发放纸质问卷和电子问卷，同时加强对问卷填答对象的访谈、观察，以了解问卷填答者的真实意图，并为研究政策建议收集信息资料，一共发放问卷 295 份，回收问卷 261 份，剔除回答不完整等无效问卷后，还有 229 份。方法二是利用福建农业职业技术学院新型职业农民培训班开课期间，进入蔬菜班、茶叶班、果树班等班级开展调研，并请他们帮忙转发给身边熟知的新型职业农民，一共发放纸质问卷和电子问卷 355 份，回收 310 份，剔除回答不完整的问卷后还剩 233 份。综合两种方法，本书一共发放问卷 650 份，最终回收有效问卷为 462 份，问卷回收率为 71.08%。

本书利用 SPSS24.0 软件对正式调研样本进行描述性分析，得到正式调研样本的人口统计特征情况，从表 5-6 可以发现：在性别方面，男性的人数为 233 人，占比 50.43%；女性的人数为 229 人，占比 49.57%，可见，在从事农业创业活动的人群中男性比较多。在年龄方面，30 岁以下的新型职业农民为 201 人，占 43.51%；31～40 岁的有 208 人，占 45.02%，这两个年龄段的人数约占总人数的 90%，剩下的 53 人是年龄大于 40 岁的新型职业农民，占比合计 11.47%。数据表明，年轻人是农业创业活动的主力军。从受教育情况来看，具有高中（或中专）学历的新型职业农民有 229 人，占比最高，达到 49.57%；排名第二的是具有大学学历的新型职业农民，为 155 人，占 33.55%；排名第三的是具有初中学历的新型职业农民，人数为 71 人，占比 15.37%；具有小学及以下学历的新型职业农民人数较少，只有 7 人，占比 1.51%。从婚姻状况来看，已婚有小孩的新型职业农民人数最多，为 319 人，占比 69.05%；未婚的新型职业农民有 92 人，占 19.91%；已婚无小孩的新型职业农民人数最少，为 51 人，占 11.04%。从创业经验来看，47.84% 的人有过在农业或是其他领域的创业经验，且 62.99% 的人参加过培训。人口统计方面的数据表明，目前，在我国开展农业创业活动的人群中，男性比例高于女性，且主要以 40 岁以下的年轻人为主，新型职业农民受教育情况较好，普遍接受过初中及以上的教育，也有不少接受过大学教育的人加入农业创业的队伍，大量的新型职业农民都组建了自己的家庭，并且已经有了自己的孩子，家庭因素或是他们开展农业创业的重要原因，在年轻的新型职业农民中有超过一半的人参加过创业培训，其中大部分人有一定创业经验。

表 5-6　新型职业农民社交媒体使用模式调研样本人口统计特征

基本特征	类别	人数	占比
性别	男性	233	50.43%
	女性	229	49.57%
年龄	30 岁以下	201	43.51%
	31～40 岁	208	45.02%
	41～50 岁	41	8.87%
	51 岁（含）以上	12	2.60%
受教育情况	小学及以下	7	1.51%
	初中	71	15.37%
	高中（或中专）	229	49.57%
	大学及以上	155	33.55%

续表

基本特征	类别	人数	占比
婚姻状况	未婚	92	19.91%
	已婚无孩子	51	11.04%
	已婚有孩子	319	69.05%
创业经验	无	241	52.16%
	有	221	47.84%
创业培训经历	无	171	37.01%
	有	291	62.99%

本书继续对样本的创业项目情况进行分析，获得农业创业项目在所属领域、经营形式、团队规模和经营时间四个方面的统计特征：从创业领域来看，从事规模种植或是养殖的新型职业农民人数最多，有133人，占比28.79%；紧接着是开展农产品销售创业的新型职业农民，有112人，占24.24%；排第三的是农资（化肥、种子、农具等）经销领域的新型职业农民，人数为67人，占14.50%；排第四是农产品加工领域的新型职业农民，人数为64人，占比13.85%；在休闲农业和乡村旅游、其他涉农产业和服务两个领域开展农业创业的新型职业农民人数较少，分别为36人和50人，占比分别为7.80%和10.82%。在经营形式方面，中小个体经营的新型职业农民人数最多，有140人，占到了调查样本的30.3%；家庭农场和种植养殖大户紧随其后，新型职业农民人数分别为104人和100人，占比分别为22.51%和21.65%；合作社和农业企业两种经营组织的新型职业农民人数分别为69人和49人，占比分别为14.94%和10.60%。从团队规模来看，团队人数在10人（含）以下的新型职业农民最多，有241个，占比高达52.2%；创业团队规模为11～30人、31～50人、51人（含）以上的新型职业农民人数分别为140人、52人和29人，占比依次为30.30%、11.26%和6.28%。从经营时间来看，项目经营了2～3年的新型职业农民人数最多，为180人，占比38.96%；4～5年次之，

有 133 人，占 28.79%；经营时间不到（含）1年、6~7年和8年以上的新型职业农民人数分别为60人、50人和39人，占比依次是12.99%、10.82%和8.44%。由此可见，在开展农业创业时，选择从事规模种植或是养殖的新型职业农民人数最多，新型职业农民最常以中小个体经营的方式来创业，项目团队规模普遍较小，在10人以下，大部分的农业创业项目都是新项目，具体数据见表5-7。

表 5-7 正式调研样本创业项目统计特征

基本特征	类别	人数	占比
创业领域	规模种植或养殖	133	28.79%
	农资（化肥、种子、农具等）经销	67	14.50%
	农产品加工	64	13.85%
	农产品销售	112	24.24%
	休闲农业和乡村旅游	36	7.80%
	其他涉农产业和服务	50	10.82%
农业经营形式	家庭农场	104	22.51%
	种植养殖大户	100	21.65%
	合作社	69	14.94%
	农业企业	49	10.60%
	中小个体经营者	140	30.30%
团队规模	10人（含）以下	241	52.16%
	11~30人	140	30.30%
	31~50人	52	11.26%
	51人（含）以上	29	6.28%
经营时间	不到（含）1年	60	12.99%
	2~3年	180	38.96%
	4~5年	133	28.79%
	6~7年	50	10.82%
	8年以上	39	8.44%

二、新型职业农民社交媒体使用类型分析

由表5-8可知，被试者共计462人，N代表被勾选的次数，总和为1 971，代表多选题总共被勾选了1 971次，平均每人勾选了4.27题。占比代表各题目的权重，观察占比代表每一个单项占总个案的比例。本书将新型职业农民使用的社交媒体类型分为7类，其中"微信"填答的次数为451次，占比为22.88%，观察占比为97.62%；"抖音、快手"填答的次数为391次，占比为19.84%，观察占比为84.63%；"拼多多、美团"填答的次数为374次，占比为18.98%，观察占比为80.95%；"支付宝"填答的次数为325次，占比为16.49%，观察占比为70.35%；其余选项选择人数和比例均较少。因此"微信""抖音和快手"所选的人数最多，团购App拼多多、美团所选的人数也不少，排在第三位。

表5-8 新型职业农民社交媒体使用类型的多选题分析

选项	N	占比	观察占比
微信	451	22.88%	97.62%
微博	236	11.97%	51.08%
抖音、快手	391	19.84%	84.63%
支付宝	325	16.49%	70.35%
拼多多、美团	374	18.98%	80.95%
QQ	156	7.91%	33.77%
其他	38	1.93%	8.23%
总和	1 971	100%	426.63%

从表5-9可以看出，在样本中，选择微信为最常使用的社交媒体的新型职业农民有391人，比例高达84.63%，其次是选择抖音等短视频和团购社交媒体的新型职业农民，人数分别为32人和19人。

表5-9　新型职业农民最常使用的社交媒体描述统计分析

变量	类别	人数	占比
最常使用的社交媒体	微信	391	84.63%
	微博	5	1.08%
	支付宝	10	2.16%
	团购社交媒体	19	4.11%
	抖音等短视频	32	6.93%
	社交网站	3	0.65%
	其他	2	0.44%

对新型职业农民社交媒体使用类型的调研数据表明，社交媒体已经成为辅助农业创业活动开展的重要工具。农业活动中使用的社交媒体主要包括微信、短视频、团购网站、支付宝、QQ、微博等，其中，微信是新型职业农民最广泛使用和最常使用的社交媒体。这或许是因为微信操作简单，兼具了文字、语音留言和即时沟通与视频多项功能，且费用较低，能满足新型职业农民的需求。本书还发现，快手和抖音作为一种新兴的短视频营销工具，也受到了较多的年轻新型职业农民的欢迎，排名高于微博这一较早的社交媒体工具。在与新型职业农民实地的交流和访谈中，研究者发现，在农业项目营销中，短视频将超越支付宝、QQ成为第二受欢迎的社交媒体。这一调查结果说明，在移动互联网时代，农村社交媒体的流行趋势与全国范围社交媒体的发展趋势是同步的。

社交媒体在农村地区的广泛普及得益于农村信息基础设施工程的建设。据数据统计，早在2017年年底，全国行政村通宽带的比例就达到了96%，每百户农民手机拥有量超过300部（新华社，2018）。在调研中笔者发现，利用社交媒体辅助农业创业的主要都是较为年轻的创业者，他们对新事物的接受和学习能力比较强，往往能够快速跟上流行趋势，愿意尝试利用新的社交媒体工具经营农业项目。此外，农村电子商务是乡村振兴的"新引擎"，政府和社交媒体公司对此非常重视，多年来一直都为农民提供电子商务培训。例如，从2015年起，农业农村部连续4年针对农民开展多期手机应用技能的培训，致力于将智能手机这一信息化工具打造成为创业农民的"新农具"。

快手、抖音等短视频社交媒体颇受欢迎的重要原因还在于短视频社交媒体自身的优势。从信息制作视角来看，短视频自媒体的内容生成门槛较低，新型职业农民只要拿起手机将农村生产、经营、加工的现场拍下，便可以参与农业创业项目内容的生产。制作门槛的降低，使得每个新型职业农民都可以在短时间内生成内容，产生数量庞大的与农业经营相关的新闻现场和泛资讯信息。从信息接受的角度来看，短视频社交媒体有自身的优势，之前，媒体大量以文字、图片作为主要传播载体，而自短视频平台开始，内容生产方式发生了改变，这种社交媒体使得视频，尤其是短视频，成为获取资讯的重要形式。快节奏、碎片化、开门见山、短小精悍的视频形态切中了用户的需求，视频的阅读门槛相较于文字而言更低，其形式生动，用户体验更为友好，农村低年龄、低学历、村镇人口多，理解门槛较低的影像感知更容易被他们接受，正是这些多方面的综合因素导致短视频社交媒体在涉农领域和农村地区受到了广泛的欢迎和快速的普及。据中国新媒体研究报告消息，短视频社交媒体快手在中国农村人口中有巨大的影响力，仅2018年，中国就有1 000多万人通过短视频社交媒体快手获得收入，其中340多万人来自国家级贫困县，贫困县区中每5人就有一个活跃的快手用户。快手推出了"幸福乡村"战略，以5亿流量资源支持助力国家级贫困县优质特产的推广和销售，培育了25个乡村农业合作社，培养了43位乡村创业者，带动创造产值超过1 500万。除此之外，字节跳动旗下抖音短视频App通过推出"山里都是好风光"打造贫困地区的文旅品牌；淘宝直播开展了村播计划，培养100名收入过万的农民主播，促进相关商品年成交量突破30亿（中国经济网，2019）。

三、新型职业农民社交媒体使用强度与依赖性分析

（一）新型职业农民社交媒体使用强度分析

在社交媒体使用强度方面，本书选择"开始在农业经营中使用社交媒体的时间""日均使用时长""最常使用的社交媒体上朋友的数量"三个变量来做测量指标（见表5-10）。

在使用强度方面，从"开始在农业经营中使用社交媒体的时间"变量来看，选择"2015年及以前"的人数最多，其次是选择"2017年"和"2016年"的人数。可见，借助社交媒体开展农业创业活动并不是近几年的新生事物，社交媒体嵌入农村和农业生产经营活动早有一段时间。然而，访谈的信息告诉我们，新型职业农民对社交媒体使用有一个不断深入的过程。社交媒体最初只是一个简单的通信工具，帮助新型职业农民进行信息的沟通，而后，随着社交媒体种类的增多，功能不断丰富，社交媒体在农业经营、产品营销、客户关系管理等环节的嵌入日益加深，并最终使创业者形成了一定的依赖性。

从"日均使用时长"来看，选择"1～3小时"的人数最多，有190人，占比41.1%，选择"3～5小时"的人数次之，还有一部分人日均使用时长大于5小时，可见由于社交媒体使用的方便性、信息的丰富性和功能的全面性，占据了新型职业农民一定的时间比例。这样的时间分配一方面反映了社交媒体在帮助新型职业农民打发闲暇时间、放松休闲方面起到了积极作用，另一方面也暗示了社交媒体可能存在浪费新型职业农民时间的隐患。只有少量的新型职业农民日均使用时长小于1小时，表明创业过程中创业者对社交媒体的依赖性已经比较强。同时，访谈发现，社交媒体日均使用时间最长的群体主要是从事农产品销售的群体，近几年在微信平台上涌现了不少农产品微商，还有一些创业者开设了微店。相比于淘宝店铺，基于社群的微信社交媒体在销售农产品时可以利用口碑营销、发起团购、用户内容生成的方法达到更好

的营销效果。

从"最常使用的社交媒体上朋友的数量"变量来看,选择"101～300人"选项的人数最多,有168人,占比为36.4%;其次是选"301～600人"选项的人数,有118人,占比为25.5%;其余选项占比较少。这表明社交媒体能够维持和扩大新型职业农民的社会网络关系。除了开展一对一互动,大量社交媒体活动以社群为单位开展,因而,在社交媒体上认识新朋友就变得特别容易,只要花少量的成本便可以获取新的朋友,故而大量调研对象的朋友数量都在100人以上,如果有意借助社群开展朋友圈拓广,要达到一两千个朋友也不是难事。在访谈中,从事农产品销售的创业者均表示朋友圈的人数早已超过五千,为了更好地开展经营活动,还买了多台手机,用多个微信号同步开展社群营销工作。

社交媒体使用强度的三个测量变量统计结果表明,农村与农业领域的创业已卷入移动互联网的浪潮,新型职业农民唯有主动拥抱挑战,适应新的信息工具,才能在市场竞争中赢得有利地位。

表5-10 新型职业农民最常使用的社交媒体和社交媒体使用强度描述性统计分析

变量	类别	人数	占比
开始在农业经营中使用社交媒体的时间	2019年	19	4.1%
	2018年	80	17.3%
	2017年	117	25.3%
	2016年	96	20.8%
	2015年及以前	150	32.5%
日均使用时长	1小时以内	31	6.8%
	1～3小时	190	41.1%
	3～5小时	155	33.5%
	5小时以上	86	18.6%

续表

变量	类别	人数	占比
最常使用的社交媒体上朋友的数量	不到 100 人（含）	59	12.8%
	101～300 人	168	36.4%
	301～600 人	118	25.5%
	601～1 000 人	69	14.9%
	1 001～2 000 人	25	5.4%
	2 001 人（含）以上	23	5.0%

（二）新型职业农民社交媒体使用依赖性分析

从社交媒体使用依赖性量表来看，如表 5-11 所示，所有的题项平均值都不小于 4.29，量表题项的总平均值约为 5.153，远远大于七级量表的中数值 3.5，显示新型职业农民涉农创业活动对社交媒体的依赖性比较强，社交媒体已经成为不可或缺的创业工具，这与当前的涉农创业实践也是比较相符的。

表 5-11 新型职业农民社交媒体使用依赖性分析

变量	题项	平均值
社交媒体使用依赖性	使用社交媒体已经成为您农业创业工作的一部分	4.95
	使用社交媒体开展农业创业已经成了您的日常习惯	5.66
	您的农业创业已经融入社交媒体中的相关社群	5.56
	社交媒体对您的农业创业发挥了重要促进作用	5.71
	如果有一段时间没有使用社交媒体，您的农业创业项目将受到严重影响	4.75
	关闭社交媒体，您的农业创业活动将无法继续开展	4.29

四、新型职业农民社交媒体使用模式实证分析

（一）样本的描述性统计分析

由表 5-12 可知，调研有效问卷总计 462 份；最小值为 1，最大值为 7，均在 1～7 范围内，表示这些变量没有建档错误；均值介于 5.390～5.850 之间。分析各个题项的偏度与峰度，偏度值介于 -1.94～-1.208 之间，峰度值介于 1.396～5.222 之间，符合克莱恩（Kline，2015）所提出的偏度绝对值小于 2，峰度绝对值小于 7 的标准，表示研究数据符合正态分布。从表 5-12 可看出，Q2 的平均值最大，为 5.850，Q12 的平均值最小，为 5.390，代表受访者对于 Q2 最为认同，对 Q12 认同度较低。而标准差在 1.162～1.386 之间，显示受访者在每个题目上的歧异程度是一致的。

表 5-12　调研样本变量的描述性统计分析

题项	个案数	最小值	最大值	平均值	标准差	偏度	峰度
Q1	462	1	7	5.810	1.162	-1.940	5.222
Q2	462	1	7	5.850	1.282	-1.732	3.485
Q3	462	1	7	5.760	1.205	-1.791	4.360
Q4	462	1	7	5.840	1.170	-1.753	4.524
Q5	462	1	7	5.710	1.206	-1.666	3.850
Q6	462	1	7	5.570	1.305	-1.509	2.783
Q7	462	1	7	5.510	1.380	-1.434	2.057
Q8	462	1	7	5.500	1.315	-1.549	2.861
Q9	462	1	7	5.520	1.310	-1.368	2.406
Q10	462	1	7	5.630	1.383	-1.396	1.966
Q11	462	1	7	5.590	1.255	-1.561	3.134
Q12	462	1	7	5.390	1.386	-1.208	1.396
Q13	462	1	7	5.740	1.347	-1.651	2.922
Q14	462	1	7	5.490	1.380	-1.339	1.809

（二）探索性因子分析

为了进一步探索社交媒体使用模式的维度，本书首先使用 SPSS24.0 软件，对调研得到的样本数据进行检验，包括 KMO 检验以及巴特利特（Bartlett）球形检验，确定数据是否适于进行探索性因子分析（EFA）。表 5-13 的检验结果显示，样本的 KMO 值为 0.935，Bartlett 球形检验的卡方值为 4 078.899，在 1% 的统计水平上显著，这一结果表明，本书得到的样本数据能够很好地进行探索性因子分析。接着，采用主成分分析法，利用最大方差旋转法，将特征根大于 1 的因子提取出来，将因子载荷在 0.5 以下以及存在交叉的项目剔除，获得了最后的题项结构，从表 5-14 可见，该量表一共有 3 个因子，包含 14 个不同的题项，这 3 个因子均有大于 1 的特征根，累积方差解释率达到了 71.301%，不同的题项在其对应的因子上面都有比较大的因子载荷，因子载荷在 0.657～0.836 之间。

表 5-13　KMO 检验以及巴特利特球形检验

KMO 和巴特利特球形检验		
KMO 取样适切性量数		0.935
巴特利特球形度检验	近似卡方	4 078.899
	自由度	91.000
	显著性	0.000

表 5-14　新型职业农民社交媒体使用模式的因子分析

题项	因子名称		
	因子 1	因子 2	因子 3
Q1	0.724		
Q2	0.674		
Q3	0.657		
Q4	0.752		
Q5	0.755		
Q6		0.750	

续表

题项	因子名称		
	因子1	因子2	因子3
Q7		0.822	
Q8		0.836	
Q9		0.787	
Q10			0.807
Q11			0.821
Q12			0.781
Q13			0.802
Q14			0.781
方差解释率	27.260%	22.619%	21.422%
累积方差解释率	27.260%	49.879%	71.301%

注：①提取方法：主成分分析法；②旋转方法：凯撒正态化最大方差法。

（三）项目分析与信度分析

为了解本书所使用的量表内各题项的鉴别度，需要将预调研所获得的数据进行项目分析，以问卷各题项分数与量表总分之间的相关系数（r）来筛选题项。吴明隆（2010）认为，有鉴别度的题目，各题项分数与量表总分的相关系数要求在0.3以上。本书项目分析的结果如表5-15，各个变量题项分数与量表总分的相关系数（r）介于0.680～0.821之间，均符合标准，因此，所有题项予以保留。

最常拿来做信度分析的值是Cronbach's α，即内部一致性（internal consistent reliability）测量，检定值最好大于0.7（Hair，2011）。本书将项目分析后所保留的题项，进一步使用内部一致性信度分析进行信度检验，其结果如表5-15所示，从表可知，各变量Cronbach's α值介于0.864～0.912之间，均符合标准，显示该量表具有可信度。

表 5-15 题项分析与信度分析结果

变量	题项	该题项分数与量表总分的相关系数（r）	平方多重相关性	删除该题项后量表的α系数	Cronbach's α 值	题项的个数	删除/保留
社交使用	Q1	0.757	0.580	0.847	0.882	5	保留
	Q2	0.680	0.471	0.866			保留
	Q3	0.701	0.513	0.859			保留
	Q4	0.728	0.559	0.853			保留
	Q5	0.718	0.555	0.856			保留
娱乐使用	Q6	0.701	0.495	0.832	0.864	4	保留
	Q7	0.731	0.541	0.820			保留
	Q8	0.734	0.543	0.818			保留
	Q9	0.687	0.476	0.837			保留
认知使用	Q10	0.780	0.626	0.890	0.912	5	保留
	Q11	0.821	0.679	0.883			保留
	Q12	0.757	0.575	0.895			保留
	Q13	0.784	0.622	0.889			保留
	Q14	0.735	0.545	0.899			保留

（四）验证性因子分析

接着，笔者运用 Amos 统计软件进行验证性因子分析（CFA），对最终因子结构的总体拟合度进行测量，并在此基础上对量表进行验证，从表 5-16 可以看到，近似均方根误差（RMSEA）值为 0.060，小于 0.08，拟合优度指数（GFI）值为 0.955，塔克－刘易斯指数（TLI）值为 0.975，比较拟合指数（CFI）值为 0.980，均大于 0.90，且标准化残差均方根（SRMR）值为 0.034，小于 0.05，表明模型具有非常好的拟合效果，社交媒体使用的三因子模型得到了数据的验证。

考虑社交媒体使用模式的结构维度之间可能存在相互融合的情况，本书在将三因子模型设为基准模型的基础上,设立了4个竞争模型。如表5-16所示,在上述三个因子中,将社交使用以及娱乐使用进行合并,得到了第一个包含两个因子的模型;将社交使用和认知使用进行合并,形成第二个二因子模型;将认知使用和娱乐使用合并为一个维度,形成第三个二因子模型;将社交使用、认知使用和娱乐使用三个模式进行合并,就能得到只包含一个因子的模型。和其余的4个模型比较起来,包含三个因子的模型的各项指标值都是最优的,因此三因子模型是最优模型。

表 5-16 因子模型比较

模型	RMSEA	GFI	TLI	CFI	SRMR
三因子模型	0.060	0.955	0.975	0.980	0.034
二因子模型一	0.138	0.811	0.857	0.881	0.796
二因子模型二	0.205	0.720	0.765	0.804	0.118
二因子模型三	0.123	0.825	0.866	0.893	0.797
一因子模型	0.190	0.664	0.714	0.758	0.109

五、新型职业农民社交媒体使用模式的差异分析

(一)有不同创业培训经历的新型职业农民在社交媒体使用模式上的差异

为了分析有不同创业培训经历的新型职业农民在社交媒体使用模式上的差异,进行独立样本 t 检验,由表5-17可知,接受过创业培训与未接受过创业培训的新型职业农民分别有291人和171人,从社交使用模式来看,未接受过创业培训的新型职业农民均值是5.60(标准差为1.22),接受过创业培训的新型职业农民均值是5.91(标准差为0.81),检定结果达到显著水平($t=-3.20$,$p=0.001 < 0.05$),表示有不同创业培训经历的新型职业农民社交使用模

式有显著差异,且接受过创业培训的新型职业农民的社交使用模式水平明显高于未接受过创业培训的新型职业农民的社交使用模式水平。从娱乐使用模式来看,未接受过创业培训的新型职业农民的均值是 5.42(标准差为 1.24),接受过创业培训的新型职业农民的均值是 5.59(标准差为 1.04),检定结果未达到显著水平(t=-1.50,p=0.135 > 0.05),表示有不同创业培训经历的新型职业农民娱乐使用模式水平没有显著差异。从认知使用模式来看,未接受过创业培训的新型职业农民的均值是 5.38(标准差为 1.27),接受过创业培训的新型职业农民的均值是 5.68(标准差为 1.07),检定结果达到了显著水平(t=-2.70,p=0.007 < 0.05),表示有不同创业培训经历的新型职业农民认知使用模式水平有显著差异,且接受过创业培训的新型职业农民的认知使用模式水平明显高于未接受过创业培训的新型职业农民的认知使用模式水平。

由此可见,创业培训对于提高社交媒体社交技术、认知使用技术操作能力有显著的促进作用,各级政府当前组织的创业培训有不少是有关生产技术和市场营销方面的,涉及利用手机获取信息、开展电子商务、产品推广,因而,接受过培训的新型职业农民在手机社交和认知能力方面是显著高于未接受过培训的新型职业农民的。

表 5-17 有不同创业培训经历的新型职业农民在社交媒体使用模式上的差异

社交媒体使用模式	创业培训	个案数	平均值	标准差	平均值差异	标准误差差值	t 值	自由度	p 值
社交使用	无	171	5.60	1.22	-0.30	0.09	-3.20	460.00	0.001
	有	291	5.91	0.81					
娱乐使用	无	171	5.42	1.24	-0.16	0.11	-1.50	460.00	0.135
	有	291	5.59	1.04					
认知使用	无	171	5.38	1.27	-0.30	0.11	-2.70	460.00	0.007
	有	291	5.68	1.07					

（二）不同经营领域的新型职业农民在社交媒体使用模式上的差异

表 5-18 是不同经营领域的新型职业农民在三种社交媒体使用模式上的差异分析，由表可知，在社交使用模式上，不同经营领域的 F 检验达到显著水平（$F=3.79$，$p=0.002<0.05$），表示不同经营领域的新型职业农民社交使用模式水平有显著差异。经多重比较法（Scheffe）进行事后比较得知，从事休闲农业和乡村旅游的新型职业农民的社交使用模式水平明显高于从事农产品加工的新型职业农民。在娱乐使用模式上，不同经营领域的 F 检验未达到显著水平（$F=1.46$，$p=0.200>0.05$），表示不同经营领域的新型职业农民娱乐使用模式水平没有显著差异。在认知使用模式上，不同经营领域的 F 检验达到了显著水平（$F=2.77$，$p=0.018<0.05$），表示不同经营领域的新型职业农民认知使用模式水平有显著差异。实证研究的结果表明，不同经营领域的新型职业农民在社交使用模式和认知使用模式水平上存在显著的差异，总体来说，从事第三产业，如农业旅游业的新型职业农民的社交使用与认知使用模式水平会高于从事农业生产和加工领域的新型职业农民。

表 5-18 不同经营领域的新型职业农民在社交媒体使用模式上的差异分析

变量	经营领域	个案数	平均值	标准差	F 检验	p 值	ScheFFe 事后检验
社交使用	（1）规模种植或养殖	133	5.95	0.69	3.79	0.002	（5）＞（3）
	（2）农资（化肥、种子、农具等）经销	67	5.75	1.14			
	（3）农产品加工	64	5.47	1.27			
	（4）农产品销售	112	5.82	0.87			
	（5）休闲农业和乡村旅游	36	6.16	0.64			
	（6）其他涉农产业和服务	50	5.53	1.33			

续表

变量	经营领域	个案数	平均值	标准差	F检验	p值	ScheFFe事后检验
娱乐使用	（1）规模种植或养殖	133	5.64	0.89	1.46	0.200	无差异
	（2）农资（化肥、种子、农具等）经销	67	5.42	1.34			
	（3）农产品加工	64	5.32	1.38			
	（4）农产品销售	112	5.60	1.02			
	（5）休闲农业和乡村旅游	36	5.69	0.73			
	（6）其他涉农产业和服务	50	5.32	1.36			
认知使用	（1）规模种植或养殖	133	5.73	0.97	2.77	0.018	有差异，均大于（6）
	（2）农资（化肥、种子、农具等）经销	67	5.53	1.39			
	（3）农产品加工	64	5.41	1.26			
	（4）农产品销售	112	5.61	1.09			
	（5）休闲农业和乡村旅游	36	5.83	0.88			
	（6）其他涉农产业和服务	50	5.11	1.37			

六、小结

本章在第三章的基础上，对新型职业农民社交媒体使用的微观情况进行了实证分析。第一，对研究设计进行介绍，说明了问卷的设计过程、组成部分、内容效度，以及数据收集的方法、过程和样本的基本情况。第二，基于对462份样本数据的分析，得出结论：新型职业农民使用社交媒体的主要类型为微信、短视频和团购社交媒体。第三，进一步分析新型职业农民社交媒体使用强度和依赖性，调研数据表明，新型职业农民社交媒体使用具有一定的强度，社交媒体已经成为每日都要使用的重要工具，涉农创业事业对社交媒体的依赖性较强。第四，运用大样本数据，借助统计软件，采取探索性因子分析和验证性因子分析方法，得到新型职业农民社交媒体使用模式的三个维度：社交使用、娱乐使用和认知使用。第五，通过独立样本t检验分析有不同创业培训经历的新型职业农民在社交媒体使用模式上的差异，用方差分析了解不同经营领域的新型职业农民在社交媒体使用模式上的差异，深入探索新型职业农民当前使用社交媒体的真实情况。

通过本章的研究，明确了新型职业农民社交媒体使用的具体模式，为深入探索社交媒体与创业过程中的若干重要因素，如社会资本、创业学习和创业能力，以及创业结果之间的关系奠定了研究基础。由于三种使用模式在功能上存在极大的差异，后续的研究将分别考虑社交使用、娱乐使用和认知使用与创业要素的内在联系，借助相关理论和先前学者的文献，构建研究模型，并通过实证数据来检验研究假设和模型，从而揭示不同使用模式与创业要素之间的关系和影响路径，不断推动新型职业农民社交媒体使用情况的微观实证研究，最终为新型职业农民的涉农创业实践提供指导和借鉴。

第六章　新型职业农民社交媒体使用模式与社会资本

一、问题提出

皮埃尔·布尔迪厄（1997）在《文化资本与社会炼金术》一书中指出，人们在社会交往周期中进行情感联系或资源传递，从而形成社会资本。普特南（1999）认为，社会资本指的是社会组织的特征，例如，信任、规范和网络，它们能够通过推动协调和行动来提高社会效率。国内学者在西方学者研究的逻辑基础上不断发展社会资本理论，将社会资本定义为一种社会关系网络，并且认为社会资本可以带来一定的资源。它存在于家庭、邻里关系、组织和工作之间，并在制度化的网络和固定的行为中得以满足和强化（边燕杰，2004；刘香，2022）。

格兰诺维特（1973）认为，人类社会中个体之间的关系表现为紧密与疏远两种类型。紧密的关系可以称为"强关系"，如个体与家庭成员、亲密好友等之间的关系，疏远的关系可以称为"弱关系"，如同事、商贩等之间的关系。在强弱关系理论的基础上，普特南将社会资本划分为结合型社会资本和桥接型社会资本。结合型社会资本以"强关系"为主，存在于家庭成员、亲属以及关系亲密的朋友之间。结合型社会资本基于熟悉的个体之间，有很强的利益联结，可以为个体提供持续不断的情感支撑，带给个体安全感、归属感等心理保障和经济方面的支持。桥接型社会资本以"弱关系"为主，存在于异质性群体（不同社会地位、不同居住地区等）之间，会为个体带来更广泛的消息以及更丰富的机会、资源，有利于异质性社会资源的整合和不同社会群体的凝聚，对推动经济增长和社会发展具有重要作用（杨萌萌，2020）。

社会资本和媒体有着密切联系。刘年辉（2006）认为，社会资本是媒体通过与个体间的沟通、交互所形成的社会结构网络以及在交互中所形成的一套共有的价值观、规范等合作机制。不同类型的媒体对社会资本的影响存在差异，媒体的更新发展，也在一定程度上影响了个体和集体的社会资本。电子媒体是大众传播的一种创新形式，对社会资本的影响尤其显著。在宏观层面上，电子媒体通过传播活动构建了宏观社会背景，为形成社会资本的社会行动提供支撑；在中观层面上，电子媒体通过推动网络社群的信息交流，引发了群体成员对社群事务的关注，提高了群体活动效率，增强了群体信任，进而影响了网络社群的社会资本水平；在微观层面上，电子媒体通过社群成员的共同话题讨论和互动沟通，促进网络社群成员的相互亲近与信任，助力个体社会资本的形成。

移动端社交媒体是当下最为流行的电子媒体类型，具有便携性、即时性以及准入门槛较低等特点。学者们对社交媒体使用和社会资本关系开展研究，得出了不同的结论。第一种是"转化效应"，认为人们会将线下的社会关系转移到社交媒体上继续开展互动，线上社会资本就是线下社会资本的转化；第二种是"削弱效应"，认为社交媒体的使用减少了人们面对面社会交往的时间，不仅阻碍了社会资本的形成，现有社会资本还会流失；第三种是"补充效应"，认为社交媒体融入生活中，延续了人们在现实世界的互动交流空间。打破时空界限的网络虚拟空间为人们提供了更丰富的人际关系、更便捷有效的人际交往途径，使得个体可以获得更多社会资本。

农村和农业领域的社会资本通常被认为是指可以提供资金、信息和援助等有助于促进农业经营管理活动的资源（Tregear and Cooper，2016）。农村社会资本与城市社会资本在多方面存在差异（马红梅、陈柳钦，2012）。在农村，有丰富社会资本的农民更有可能开展创业（宁光杰，2012）。除了创业意愿外，社会资本与农民的创业过程和创业结果都有密切联系。在涉农企业战略和技术的选择上，社会资本也发挥了重要的作用（Micheels and Nolan，2016）。因此，开展社交媒体使用和农民社会资本关系的研究符合当前农业农村的创业现状，有利于深入探究农民社会资本的新的来源。

当前，国内的相关研究大都将社交媒体使用作为一个单一的变量，在农民社会资本的划分中也更多地考虑的是社会网络和信任等因素。国内的相关研究并没有分析社交媒体对新型职业农民的桥接型社会资本和结合型社会资本是否会有影响，社交媒体使用的不同模式对两类社会资本的具体影响路径和影响程度有没有差异等问题。因而，本章在上一章和相关理论的基础上，构建新型职业农民社交媒体社交使用、认知使用和娱乐使用与桥接型社会资本和结合型社会资本之间的关系模型，通过问卷调研收集研究所需数据，而后对样本数据进行分析，实证检验社交媒体使用的不同模式与两类社会资本之间的关系，最后得出研究结论。

二、理论基础与研究假设

（一）理论基础

1. 使用与满足理论

使用与满足理论（use and gratification）认为，受众基于自身的需求来使用媒介，媒介的类型和使用模式都服务于个人的特定需求与期望（Ruffiero，2000）。根据这一理论，人们会根据自身的需要来选择要使用的社交媒体，并在不同的情境下使用社交媒体的不同功能。国内外学者大都基于这一理论来研究社交媒体使用模式，如韦路和陈稳（2015）通过因子分析，将社交媒体使用模式归纳为信息生产、信息获取和社会交往三个方面，甘春梅（2017）将微信的功能划分为朋友圈功能、发布功能、语音功能、群聊功能、评论功能等 11 项。阿里-哈森等（2015）在对企业员工社交媒体使用情况进行分析时，使用了社交使用、娱乐使用和认知使用三种模式的划分方法。本书希望了解新型职业农民社交媒体使用模式的具体情况，因而可以在使用与满足理论的基础上，借鉴阿里-哈森等（2015）的研究，将涉农创业者的社交媒体使用模式划分为社交使用、娱乐使用和认知使用三类。其中社交使用是指新型职业农民出于社会交往的目的使用社交媒体来交朋友，建立新的社会关系，并与现有的朋友和熟人保持联系。娱乐使用是指新型职业农民出于娱乐的目的利用社交媒体来消遣，放松和休闲，具体体现为看视频、玩游戏、听音乐等活动。认知使用是指新型职业农民出于提升自我认知和他人认知的目的在社交媒体上创建和共享内容以及访问其他人发布的内容，包括分享文字、图片和视频信息，发表自己的见解、故事、评论和点赞等以及查看别人发布在社交媒体上的内容信息。

2. 社会资本

社会资本是创业者在创业过程中形成的各种关系网以及由此带来的社会资源，对创业绩效有重要影响。作为社会资本来源的新情境，互联网和社会资本关系的研究一直受到学者们的关注。在移动互联网情境下，社交媒体对社会资本的发展带来了巨大影响，斯坦利（2013）、韦路和陈稳（2015）、郭瑾（2015）和阿里-哈森等（2015）的研究表明，社交媒体使用对普通网民、企业员工的社会资本均会有正向或是负向的影响。在农业领域中，陈卫平（2015）对中国北京、南京、福州和广东的 7 个社区支持农业农场开展的实证研究发现，消费者通过社交媒体参与生产和服务过程，对消费者信任有显著的正向影响。本章在先前农业案例研究和某一具体社会资本因素的基础上，改变地缘、亲缘、业缘的社会资本划分方法，借鉴普特南（2000）的观点，将新型职业农民的社会资本分为结合型社会资本和桥接型社会资本，着重分析具体社交媒体使用方式与这两类社会资本的关系，有助于丰富社交媒体与社会资本关系的研究。其中，结合型社会资本是指新型职业农民与熟悉的亲朋好友和农业创业团队内部之间的沟通互动关系网所形成的互动范围、互动频率、信任程度和互惠程度；桥接型社会资本指的是新型职业农民与外部环境中的供应商、顾客、公众、政府部门、服务组织、媒介、中间商等不同关系网形成的社会资本，包括关系的广度、关系的深度、关系的信任程度和关系之间的互惠程度。

（二）研究假设

1. 社交使用对社会资本的影响

先前的研究表明，使用社交媒体直接或间接创建和维护社会关系可以对结合型社会资本产生积极影响（Wu，2013）。互联网是一种积极的力量，作为一种工具性的纽带，可以帮助个人培养表达力（Anderson and Rainie，2010）。同样，艾里森等（2007）发现，在线社交网站的使用与表达关系的发展之间存在联系。即使没有见面或是接触，社交媒体和电话等传统媒体一样，可以维持人们彼此之间的了解。曹雄飞等（2012）发现，在工作中使用社交媒体来维持和加强与同事的交流对同事之间的信任具有积极影响。艾里森等（2015）认为，使用企业社交网站（ESNS）暴露了同事的社交关系网络，从而导致了"身份保证"，提供了可信度和建立信任的信号。对于新型职业农民而言，社交媒体的出现，方便了亲朋好友和团队内部员工之间对农业经营具体问题的沟通和联系，增强了感情、信任和团队凝聚力。综上所述，得出如下研究假设。

H1a：社交媒体的社交使用对新型职业农民的结合型社会资本有显著的正向影响。

技术可以使人与人之间发生偶然的联系，并在工作中建立起桥梁关系。

社交媒体作为一种移动通信工具，功能非常强大，除了具有以上的作用，还具有完善的搜索引擎和管理功能，可让用户查找其他人并形成联系。刘东等人（2016）发现，社会性网络服务（SNS）的使用对桥接社会资本的获取比对结合社会资本的获取更有效和更强大，因为社交网络使人们能够与很多人进行交流，哪怕许多人是没有亲自见过的。大量的研究表明，SNS对于建立弱联系很有好处，而弱联系是形成社会资本的基础。同时社交媒体可以使人们低成本地建立和维持弱关系。因为使用社交媒体的费用很低，新型职业农民可以用较低的成本维持庞大而分散的关系网络，并借助关系网络吸引资源。综上所述，得出如下研究假设。

H1b：社交媒体的社交使用对新型职业农民的桥接型社会资本有显著的正向影响。

2. 娱乐使用对社会资本的影响

学者们的研究发现，社交媒体的娱乐使用不会导致社交隔离，并支持建立"电子友谊"（Colwell and Payne，2000）。基于社交媒体的娱乐活动经常要与他人开展互动，这种互动可以通过增加社交关系的数量，对玩家的结构性社会资本产生积极影响，因为个人倾向于与朋友一起玩或与他们一起玩的人成为朋友（Longman et al.，2009）。于新型职业农民而言，农村社区娱乐设施贫乏，农业创业活动充满了艰辛，日常的劳作也不允许他们有过多的机会参与娱乐活动，而使用社交媒体非常便利，在辛苦之余，用社交媒体看视频，了解娱乐新闻，听音乐，或是和朋友玩流行的游戏，可以跟上流行时尚话题，保持与朋友之间的联系，带来更强烈的情感满足，综合以上文献，得出如下研究假设。

H2a：社交媒体的娱乐使用对新型职业农民的结合型社会资本有显著的正向影响。

同时，以娱乐为目的使用社交媒体也可以为"机会联系"和建立个人之间的新联系提供机会（Ellison et al.，2007）。对娱乐使用与社会资本关系的研究发现，在线游戏环境提供了建立情感关系和结识朋友的机会（Cole and Griffiths，2007）。新型职业农民往往利用社交媒体的娱乐功能来寻找到有共同兴趣爱好的朋友，不断扩大自己的朋友圈，因此，本书想了解社交媒体的娱乐使用对新型职业农民的结合型与桥接型社会资本是否有显著的正向影响。综上所述，得出如下研究假设。

H2b：社交媒体的娱乐使用对新型职业农民的桥接型社会资本有显著正向影响。

3. 认知使用对社会资本的影响

有学者研究发现，当成员可以访问相同的信息并共享相同的信息时，团队中就会形成共享语境（Hinds and Mortensen，2005）。创业者在共享语境中开展工作，形成工作文化，共享程度越高，团队的结合型社会资本越高。新型职业农民创业团队利用社交媒体开展即时互动、网络会议、信息共享等认知活动，有利于发展共享语境（Hinds and Bailey，2003），增进理解，形成共识（阿里－哈森，2015），促进结合型社会资本的形成。综上所述，得出如下研究假设。

H3a：社交媒体的认知使用对新型职业农民的结合型社会资本有显著的正向影响。

通过社交媒体的认知使用来生成和共享内容，可以提高使用者的知名度，显示其在专业知识、见解和偏好方面的特征。鉴于社交关系的形成是由相似的兴趣和共享活动驱动的（Zeng and Wei，2013），通过社交媒体生成和发布内容的便捷性，加上其互动和协作的性质，提高了员工建立社交关系的强度和可能性。例如，发布文稿、图像或视频可能会暴露个人的兴趣，从而会增加与具有相同兴趣的其他员工建立联系的可能性。此外，个人信息、照片、故事等的自我披露，为在个人之间建立新的联系提供了机会（Law and Man，2008）。于新型职业农民而言，在社交媒体上获取和发布信息有利于他们用较低的成本来识别和结交新朋友。综上所述，得出如下研究假设。

H3b：社交媒体的认知使用对新型职业农民的桥接型社会资本有显著的正向影响。

本章研究模型如图6-1。

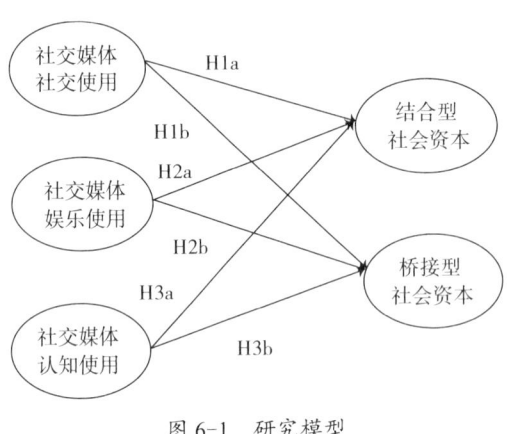

图6-1 研究模型

三、数据收集与分析

（一）问卷设计与数据收集

本章的研究中一共有5个变量，分别是社交媒体社交使用（SU）、社交媒体娱乐使用（EU）、社交媒体认知使用（CU）、结合型社会资本（BOSC）和桥接型社会资本（BRSC）。前三个变量的量表在上一章的研究中已经得到了验证，本章采用该量表的14个题项来测量新型职业农民社交媒体使用的三种模式，对社会资本两个变量的测量综合林筠、韩鑫和张敏（2017）的研究成果设计题项，其中结合型社会资本的测量题目包括"亲朋好友和农业团队内部可以保持密切的合作关系"等6项，桥接型社会资本的测量题目包括"我与农业团队外的伙伴能积极地交流沟通"等5项，具体测量问项如表6-1所示。除此以外，问卷还收集了填答者的个人资料、经营领域、创业培训经历、社交媒体使用种类与使用时间等信息。

本书课题组一方面在福建农业职业技术学院新型职业农民培训班开展问卷调查，另一方面利用寒暑假和社会实践在福建福州、泉州、建宁和连城四个涉农创业县市发放纸质问卷和电子问卷。一共发放问卷589份，回收有效问卷446份，问卷回收率为75.72%。其中在新型职业农民中男性的占比为50.2%，女性的占比为49.8%。已婚有小孩的人数最多，占比为69.2%；未婚的人数占18.90%，已婚无小孩的人数最少，占11.06%。在年龄方面，30岁以下的新型职业农民占44.3%，31～40岁的占43.6%。从受教育情况来看，高中（或中专）学历的新型职业农民占比最高达到49.8%，排名第二的是受教育水平为大学学历的人数，占33.1%。从创业经验来看，53.12%的新型职业农民有过在农业或是其他领域的创业经验，且64.39%的人参加过培训。

表6-1 本章研究变量、测量指标与题项

变量	指标	测量题项	文献来源
社交使用	SU1	利用社交媒体可以帮助我在农业创业中建立新的关系	阿里-哈森等（2015）
	SU2	社交媒体让我在农业创业中遇到本来不会遇到的人	
	SU3	通过社交媒体我与创业相关人员保持密切的社会联系	
	SU4	通过社交媒体我可以结识有共同爱好的朋友	
	SU5	通过社交媒体可以发现与我兴趣相似的朋友	
娱乐使用	EU1	使用社交媒体是一种快乐的享受	
	EU2	使用社交媒体是我下班后的休闲选择	
	EU3	我会利用社交媒体来娱乐自己	
	EU4	社交媒体的使用会让我有放松的感觉	
认知使用	CU1	我会利用社交媒体来分享农业经营的内容	
	CU2	我会利用社交媒体与朋友讨论合作与经营上的问题	
	CU3	我会利用社交媒体来讨论农业创新的问题	
	CU4	我会利用社交媒体作为农业经营的传播工具	
	CU5	我会利用社交媒体来了解相关企业经营的内容	

续表

变量	指标	测量题项	文献来源
结合型社会资本	BOSC1	亲朋好友和农业团队内部可以保持密切的合作关系	林筠、韩鑫和张敏（2017）
	BOSC2	亲朋好友和农业团队内部可以相互合作解决问题	
	BOSC3	亲朋好友和农业团队内部经常共享知识	
	BOSC4	亲朋好友和农业团队内部关系是值得信赖的	
	BOSC5	亲朋好友和农业团队内部提供的信息是可靠的	
	BOSC6	亲朋好友和农业团队内部对关键问题具有共识	
桥接型社会资本	BRSC1	我与农业团队外的伙伴能积极交流沟通	
	BRSC2	我与农业团队外的伙伴能共同合作解决问题	
	BRSC3	我运用团队外伙伴所提供的知识来解决农业经营问题	
	BRSC4	我与农业团队外的伙伴合作时能考虑彼此利益	
	BRSC5	我与农业团队外的伙伴合作时能彼此信任	

（二）数据分析

1. 信效度检验

本章运用 Amos24.0 对变量进行信度效度分析，如表 6-2 所示，各变量指标的标准化因子载荷值介于 0.708 ~ 0.858 之间，均符合范围，显示每个题目均具有题目信度；研究变量合成信度 CR 介于 0.867 ~ 0.915 之间，均超过 0.7，全部符合学者所建议的标准，显示每个变量具有良好的内部一致性。平均方差萃取值 AVE 的范围为 0.567 ~ 0.683，均高于 0.5，符合相关学者的标准（Hair et al., 2011; Fornell and Larcker, 1981），显示每个变量具有良好的会聚效度。通过 AVE 法对区分效度进行检验，结果显示，每个变量 AVE 的均方根均大于对角线外的相关系数，因此，本模型的每个变量均具有良好的区分效度，见表 6-3。

表 6-2 本章问卷信效度检验

变量	指标	标准化因子载荷值	平均方差萃取值 AVE	合成信度 CR
社交使用	SU1	0.808	0.597	0.881
	SU2	0.728		
	SU3	0.778		
	SU4	0.779		
	SU5	0.768		
娱乐使用	EU1	0.798	0.646	0.879
	EU2	0.824		
	EU3	0.815		
	EU4	0.777		
认知使用	CU1	0.847	0.683	0.915
	CU2	0.858		
	CU3	0.803		
	CU4	0.819		
	CU5	0.804		
结合型社会资本	BOSC1	0.816	0.619	0.907
	BOSC2	0.814		
	BOSC3	0.783		
	BOSC4	0.800		
	BOSC5	0.766		
	BOSC6	0.74		
桥接型社会资本	BRSC1	0.796	0.567	0.867
	BRSC2	0.777		
	BRSC3	0.717		
	BRSC4	0.708		
	BRSC5	0.764		

表 6-3 本章研究变量的区分效度

变量	AVE	社交使用	娱乐使用	认知使用	结合型社会资本	桥接型社会资本
社交使用	0.597	**0.773**				
娱乐使用	0.646	0.641	**0.804**			
认知使用	0.683	0.690	0.412	**0.826**		
结合型社会资本	0.619	0.694	0.601	0.579	**0.787**	
桥接型社会资本	0.567	0.646	0.482	0.717	0.679	**0.753**

注：表中对角线加粗数字为各变量平均方差萃取值 AVE 的平方根值，下三角的数值为各变量之间的 Pearson 相关系数。

2. 结构模型检验

对模型进行拟合度分析，如表 6-4 所示，各拟合指标均在可容许范围，表明研究模型具有较好的拟合度。

表 6-4 新型职业农民社交媒体使用模式与社会资本关系研究模型拟合度

拟合指标	可容许范围	研究模型拟合度
卡方自由度比（χ^2/df）	$1 < \chi^2/df < 3$	1.417
塔克-刘易斯指数（TLI）	> 0.9	0.963
比较拟合指数（CFI）	> 0.9	0.968
拟合优度指数（GFI）	> 0.9	0.931
调整后拟合优度指数（AGFI）	> 0.9	0.922
近似均方根误差（RMSEA）	< 0.08	0.036
标准化残差均方根（SRMR）	< 0.08	0.039

对研究模型各路径进行检验，由表 6-5 可知，社交使用、娱乐使用和认知使用三个变量对结合型社会资本影响作用的标准化回归系数分别为 0.375（t=4.198,p=0.000 < 0.001）、0.275（t=4.126,p=0.000 < 0.001）和 0.207（t=2.986,p=0.003 < 0.01），这表明三种社交媒体使用模式对结合型社会资本的影响都达到了显著水平（p 值均小于 0.05），新型职业农民社交媒体的社交使用、娱乐

使用和认知使用水平每增加 1 个单位，他们的结合型社会资本分别增加 0.375、0.275 和 0.207 个单位，研究假设 H1a，H2a，H3a 成立；同时，社交使用、娱乐使用和认知使用三个变量对桥接型社会资本影响作用的标准化回归系数分别为 0.193（t=2.158，p=0.031＜0.05）、0.142（t=2.116，p=0.034＜0.05）和 0.525（t=6.920，p=0.000＜0.001），这表明三种社交媒体使用模式对桥接型社会资本的影响都达到了显著水平（p 值均小于 0.05），新型职业农民社交媒体的社交使用、娱乐使用和认知使用水平每增加 1 个单位，他们的桥接型社会资本分别增加 0.193、0.142 和 0.525 个单位，研究假设 H1b，H2b，H3b 成立，因此，模型检验的结果支持本模型的研究问题。从路径分析的结果来看，社交使用、娱乐使用与认知使用对结合型社会资本的可解释方差达到 54.6%，社交使用、娱乐使用与认知使用对桥接型社会资本的可解释方差是 56.9%。

表 6-5　路径分析结果

因变量	自变量	非标准化回归系数	标准误	标准化回归系数	t 值	p 值	可解释方差
结合型社会资本	社交使用	0.432	0.103	0.375	4.198	0.000	54.6%
	娱乐使用	0.281	0.068	0.275	4.126	0.000	
	认知使用	0.191	0.064	0.207	2.986	0.003	
桥接型社会资本	社交使用	0.195	0.090	0.193	2.158	0.031	56.9%
	娱乐使用	0.127	0.060	0.142	2.116	0.034	
	认知使用	0.427	0.062	0.525	6.920	0.000	

四、分析与讨论

表 6-5 的结果显示，本章结构模型的研究假设全部通过，社交媒体的社交使用、娱乐使用和认知使用三种模式对新型职业农民的结合型和桥接型社会资本都会产生显著的正向影响。也就是说，新型职业农民在创业过程中，越多地使用社交媒体来开展社交活动，与创业相关人士进行沟通互动，越会

利用社交媒体来帮助自己休闲放松，越能够在社交媒体上展示自己的农业经营项目，发表农业经营的观点，并且利用社交媒体来获取对农业创业有帮助的信息，新型职业农民的结合型社会资本和桥接型社会资本越丰富。实证结果表明，社交使用、娱乐使用与认知使用对结合型社会资本的解释力度是54.6%，社交使用、娱乐使用与认知使用对桥接型社会资本的解释力度是56.9%，两者的解释力度都比较高。访谈结果显示，新型职业农民社交媒体的使用，确实增加了他们与熟悉的团队、家人和亲朋好友之间的信任感与感情，也帮助他们结交了更多陌生的朋友，扩大了他们的关系网，获得了更多的弱联系，从而获取了更多的异质性资源，较大幅度地提高了他们的社会资本。

在三种模式中，新型职业农民最常使用的模式是社交使用模式。他们先是将线下的熟人朋友圈搬到社交媒体上，而后，在创业的过程中通过微信、QQ等社交媒体给亲朋好友、团队内部伙伴留言。由于社交媒体具有便利、成本低的特点，语音留言和文字留言的模式能避免电话即时沟通在时间和表达上的不便，因而广受欢迎。赵曙光（2014）的研究发现，微信有利于用户方便地获取信息，解决生活和工作中的实际问题，大家对微信的使用频率特别高。对社交媒体的频繁使用，让沟通双方能更真实地了解、贴近彼此的生活，同时有利于表达彼此的关心、信任和支持，使得他们之间的关系不断增强，并带来更多在创业资金、信心、信息资源方面的支持，最终促进结合型社会资本的积累。社交使用对桥接型社会资本的正向促进作用则可以用六度空间理论（six degrees of separation）来解释。六度空间理论认为，任何两个陌生人，只要通过某种特定的方式，那么就肯定会产生联系（Milgram，1969）。刘宏杰等（2012）对网络微社会进行分析，证明了该理论对于微博社交媒体的适用性。每个人的社交媒体都有人际关系网，这些网络最终会形成一定的交集，因而，社交媒体为我们发展人脉网络提供了无限的可能性。实践中，涉农创业者往往通过社交媒体的社群认识新朋友，不断拓展弱关系连接，并获得许多有益信息，因而桥接型社会资本不断增加。

在娱乐使用模式方面，社交媒体的诸多娱乐和消遣功能，如抢红包以及在线游戏可以增强使用者的愉悦度，以及他们在情感与心理层面的收益（郭羽、伊藤直哉，2016）。新型职业农民在熟人朋友圈参与娱乐活动，可以达到休闲放松的效果，创业团队内部的非正式沟通活动，还可以让彼此的关系更加融洽，在一些游戏娱乐活动中还可以认识新朋友，因而娱乐使用同时促进了结合型与桥接型社会资本的增加。

认知使用模式对社会资本的正向作用有文献和实践方面的支撑。研究访谈发现，新型职业农民经常在朋友圈使用点赞与评论功能，按照布克等（Burke et al.，2011）的观点，它们都属于互动定向交流，这两种方式都会增加结合型社会资本和桥接型社会资本。以点赞为例，虽然点赞只是一键式的互动，却能让信号接受者感受到社会支持，可以增强发送者和接受者之间的关系强度。艾里森等（2014）将点赞互动称为"关系投资信号"，它将会促进社交媒体使用双方的关系往来。评论的功能也是很强大的，作为组合互动的一种形式，评论比一键式互动的点赞更能消除孤独感，让接受者感受到幸福，是一种加强联系的有效方式。同时，评论能够承载个性化的内容，使接受者更能感受到来自发送者的诚意与关怀，发送者也更能与接受者进行进一步的互动，相较于点赞，更能增加双方的信任感，获取新的粉丝，为用户带来桥接型社会资本。周懿瑾和魏佳纯（2016）以微信为例的研究也证明评论行为既对结合型社会资本有重要促进作用，也会帮助使用者拓宽视野，扩大交友圈，促进桥接型社会资本的增加。

五、小结

本章基于使用与满足理论和社会资本理论，在上一章社交媒体使用模式维度划分的基础上，构建了社交使用模式、娱乐使用模式、认知使用模式与结合型社会资本和桥接型社会资本之间的关系模型，收集了446份有效问卷，运用Amos24.0软件，通过对三种模式与两种社会资本之间的路径进行分析，实证检验了社交媒体使用模式和社会资本之间的具体路径关系，得出如下结论：社交媒体的社交使用、娱乐使用和认知使用三种模式均会显著正向作用于新型职业农民的结合型社会资本与桥接型社会资本，因此，社交媒体使用的不同模式是提升新型职业农民社会资本的重要途径。

本章重点探索新型职业农民社交媒体使用的不同模式与社会资本之间的影响，量化实证研究的结果体现了对涉农创业过程中社交媒体作用研究的深化。然而，社交媒体对涉农创业活动的影响远不止社会资本方面，接下来的几章将进一步挖掘社交媒体的不同嵌入模式与创业学习、创业能力的关系，以及其对创业绩效的影响。

第七章　社交媒体嵌入与新型职业农民动态创业能力

一、问题提出

创业能力是创业者在创业过程中创造条件、识别机会、利用资源、开展创业活动的综合素质和能力。作为创业者一种独特的能力，创业能力对所创事业的绩效影响重大，有助于创业成功与企业成长（Ahuja and Katila, 2010; Mitchelmore and Rowley, 2010）。研究者通过考察创业能力对企业机会开发的作用，发现创业能力能够促进企业识别与开发机会，最终有利于提升企业财务绩效与战略绩效（Zhang et al., 2010）。在不确定的环境下，创业能力的作用尤为重要，机会识别与利用能力决定了整个创业活动的行动方向，能够直接给企业带来投资收益或者利润，均能促进新创企业绩效的提高（郭海，2010；蔡莉 等，2014）。对于中小企业来说，创业者的创业能力还会显著影响其创业是否成功（Ahmad et al., 2010）。

新型职业农民开展的涉农创业活动大部分为小微企业创业，农民创业的意愿、创业的效果都与创业能力密切相关。罗明忠、邹佳瑜和卢颖霞（2012）通过调查发现，制度环境不够完善、农民缺乏创业信心、市场拓展与管理能力不足、风险承受能力差、创业经验和资金有限等不足已经成为农民创业的障碍，严重影响农民的创业意愿和创业的效果，因此，要加大对农民创业的扶持，提升农民创业能力，不仅要给予资金和信息的扶持，还要注意提升农民创业者对创业机会的识别和把握能力、创业后的经营管理能力以及市场拓展能力，以能力提升增强农民创业的信心，激发农民的创业意愿。周菁华和谢洲（2012）在对重庆市创业农民的调查研究中发现，农民的综合创业能力包括了创新能力与发展能力，两种能力均会显著正向影响农民的创业收入。以陕西省创业农户为调研对象的研究同样发现，农民创业能力与创业绩效间关系呈正相关，并通过创业绩效的中介作用正向影响创业获得感（苏岚岚 等，2016）。实践活动也表明，农业创业活动不确定性强、风险大，拥有动态创业能力有利于新型职业农民在激烈的竞争中取得优势，从而获取更好的绩效，求得生存和发展。

因此，要想有更好的创业绩效，争取创业成功，创业者应致力于提高自身的创业能力。学者们的研究发现，创业能力受到创业者人力资本、网络关系、创业学习和创业环境等几种因素的影响。提高创业者的受教育水平、先前经验和先前知识等人力资本因素，创业者的创业能力可以得到提升（徐锡广，2017）。由于创业者的创业活动总是离不开相关的网络环境，而社会网络为创业者提供了重要的学习平台，可以为创业者提供与创业相关的资源，拥有不同网络关系的创业者表现出不同的机会识别能力和资源获取能力，所以创业网络也成为影响创业能力的重要因素，创业网络的性质、强弱和种类的不同都会导致创业者能力的差异（宋晓洪、丁莹莹，2017）。当创业者面临变化的、突发的情境，或者转化并利用先前经验时，需要及时通过创业学习形成或更新自身的知识和能力（Cai et al.，2014）。创业学习既可以直接对创业能力产生作用，如经验学习、探索式学习和感知式学习等学习方式可以提升创业者的机会识别和开发能力（Wang and Chugh，2014），认知学习和实践学习则有助于创业者对获取到的资源加以整合和利用（Zhang et al.，2010），也可以与创业网络、先前经验等其他因素共同影响创业能力（Minniti and Bygrave，2001）。创业培养环境是创业能力形成与提升所面临的成长、教育、支持环境，是创业能力赖以生成、发展的土壤与养分，是影响创业者创业能力的外部环境因素。在创业的过程中，家庭、社会的支持与模范创业者的示范作用，将会促进创业者加强学习，提高自我效能感，提高自身创业能力。

中国的新型职业农民作为特殊的创业群体，在创业过程中却面临着发展困境：创业者在农业和创业方面的知识技能有限，总体文化水平不高，缺乏农业技术和企业经营管理方面的经验，创业能力较弱，制约了创业者的创业决策，并最终影响了所创事业的发展和壮大。因此，加强学习、提高人力资本、开拓社会网络成为提高农民创业能力的重要途径。

科学技术是第一生产力，移动互联网的发展和社交媒体的使用反映了信息技术的进步，也对企业的生产经营活动产生了重要影响。在商业经济领域，社交媒体被广泛地运用于商品传播、客户关系管理和内部工作场合的互动联系领域，对品牌传播、企业创新和工作绩效提升发挥了重要的作用。新型职业农民也将社交媒体运用到了相应的领域，如农业技术信息传播和农产品营销领域，而且通过上一章的研究，我们知道，社交媒体使用可以促进新型职业农民结合型社会资本和桥接型社会资本的增加。但是，除了社会资本以外，社交媒体使用是否还会影响到新型职业农民的其他创业关键因素，如创业能力、创业学习等，目前仍然缺乏相关的研究。在上一章的研究中，笔者发现，在新型职业农民社交媒体使用模式中最常见的是社交使用和认知使用，其中，社交使用指的是社会网络的开拓和互动，体现为网络嵌入；认知使用指的是信息的发布和获取，体现为媒体嵌入。当前，对这两个嵌入与新型职业农民动态创业能力之间关系的研究比较缺乏，究竟社交媒体嵌入是否会对新型职业农民动态创业能力造成影响，这种影响的发生路径具体是怎样的，是否通过中介变量产生作用，目前仍然是未知数。本章在上一章的基础上，基于嵌入性理论，构建了社交媒体嵌入与新型职业农民动态创业能力关系模型，同时探索社会资本和创业学习的中介作用。

加强社交媒体嵌入与创业能力关系及其作用机制的研究,可以更好地探索创业能力的提升途径,引导涉农创业者科学利用社交媒体工具来开展创业活动,提高创业绩效,进而促进乡村振兴。

二、文献综述与研究假设

(一)嵌入性理论与社交媒体嵌入

经济学家波兰尼(Polany)最早提出"嵌入性"(embeddedness)的概念。他在进行经济史研究时发现,政府、宗教、社会形态、文化等非经济因素对经济的影响非常大,"人类经济是嵌入并缠结于经济与非经济的制度之中的"(Polany,1957)。波兰尼用了"嵌入性"的概念来说明非制度因素、非经济因素对人类经济的影响。

20世纪80年代中期,社会学家格兰诺维特(1985)将"嵌入性概念"引入社会学领域,侧重强调人类社会网络的影响。格兰诺维特和马克(Granovetter and Mark,1985)认为,人类的经济活动和社会活动嵌入社会关系当中,"人是嵌入在由他自己建构的社会结构中的社会行动者"。此后,在开展人类社会的经济活动和社会活动研究时,网络嵌入成为学者们经常采用的一个视角。

由于"嵌入性"理论较为合理地揭示了事物之间的互联关系和影响,学者们不断扩大"嵌入性"概念的使用范围。美国心理学家米歇尔(Mitchell,2001)在研究雇员主动离职问题时提出"工作嵌入"的概念,将嵌入性的概念引入组织行为领域。他认为工作嵌入是人在工作中陷入的关系网,这些综合力量会阻止员工离开职位。工作嵌入可以分为联结(dink)、匹配(fit)和牺牲(sacrifice)三个维度。联结指个体与他人、社区及其他活动的正式或非正式的联结程度;匹配指个体所在的组织和社区与其生活空间的相似性;牺牲指个体离开组织或社区将面临的牺牲或损失，包括物质上和心理上的损失。还有学者提出了"技术嵌入理论"，用于分析不同技术的使用，对组织活动产生的影响。例如，付豪（2020）认为，区块链先进技术的运用会优化农产品的供应链，在教育领域，虚拟学习技术嵌入会影响学习者的学习满意度等（Narain，2019）。

随着信息技术的发展，互联网在政治、经济、文化等不同领域得到了广泛的应用，极大地改变了社会生产模式和人们的社会关系。互联网已经成为人类社会沟通互动的重要平台和渠道，在互联网上，人们拥有更方便、自由和广泛的人际交往机会。在商业领域，越来越多的企业试图通过互联网开拓自己的发展空间，并借助互联网来创新商业经营模式，使得组织沟通与经营方式也随之改变。无论是个体还是组织，都越来越多地通过互联网构建和加强与外界的联系，社会成员之间的亲密程度、获取信息的容量、融入社会网络的程度都随之增加，人类社会的发展已经越来越依赖于互联网，互联网深深地嵌入了人类的生产和生活中（董超，2015）。

在这样的背景下，国内学者俞函斐（2014）借鉴工作嵌入的概念，最早提出互联网嵌入的概念，用它来衡量人类与互联网关系的密切程度。他认为，与社会网络相似，互联网可以帮助创业实践者获取更多的资源信息，使其积累更多的社会资本，进而有利于创业者对创业机会的识别。

他同样将这种嵌入关系划分为联结度、匹配度和牺牲感三个维度，但是这种划分只体现了互联网与人类社会关系的密切程度，无法揭示互联网如何通过不同的功能来影响人类社会。张永云、张生太和吴翠花（2017）认为，互联网既是内容平台，也是网络平台，因而互联网嵌入表现为网络社群嵌入和网络媒体嵌入两个维度。这种划分方式，从互联网的功能出发，充分考虑到了社交媒体网络嵌入和技术嵌入的本质，能够更好地体现出互联网对人类社会的影响途径，对互联网嵌入的研究有了新的发展。

社交媒体是借助互联网而广泛使用的一种信息技术工具，因此，本书认为，社交媒体嵌入是互联网嵌入的一种典型表现，反映了人们和社交媒体之间的依赖关系。同互联网嵌入一样，社交媒体嵌入也可以分为网络社群嵌入和网络媒体嵌入两个维度。其中网络社群嵌入是创业者通过使用微信、短视频、QQ等社交媒体工具，在互联网上形成的各类社会关系网络的广泛程度与关系的密切程度。网络媒体嵌入是创业者为了创业需要，利用社交媒体的网络媒介功能，在社交媒体上通过搜索、浏览等方式获取信息，借助内容制作、转发、评论等方式发布信息，以及利用社交媒体的文字、语音和视频等功能开展社会交往活动的频率和程度（肖薇 等，2019）。

（二）社交媒体嵌入与创业能力

过去，农村地区受基础设施落后等条件的约束，多数农民创业者获取信息主要依靠报纸、电视、广播、亲友和政府部门介绍等，由于以上渠道具有信息滞后性的特点，使得农民创业者很难识别并准确把握商机。农民创业者长期生活在农村环境中，视野不够开阔，对政府政策措施敏感性差，这将直接导致农民创业企业的可持续发展受阻，很难发挥农民创业对农村经济发展的推动作用。但是，使用了社交媒体后，新型职业农民通过社交媒体的社交网络功能和媒体信息功能可以改善创业环境，争取更好的发展条件。作为一种互联网应用工具，社交媒体对创业者机会能力、资源能力、创新能力和创业韧性等动态创业能力均会产生显著正向影响（胡贝贝 等，2015）。新型职业农民借助社交媒体的专业公众号、朋友圈和各类社群可以降低信息不对称现象，用较低的成本获取更多的最新信息，可以更加迅速地把握住市场的需求变化，从而发现更多的创业机会（吴挺、王重鸣，2016）。社交媒体也改变了农产品销售和农业服务的商业模式，消费者与创业者以社交媒体为媒体互动平台，开展农产品和涉农服务的评价与探讨，或是在社交媒体的各类社群中与同行交流农业种植养殖技术或是经营管理方面的经验心得，均为新型职业农民创业提供了创新思路与发展的信息（Teece et al., 2009）。涉农创业风险大、困难多，社交媒体上的信息传播和社群互动既可以起到示范作用，提高新型职业农民对创业的心理预期，为他们提供创业启发，又可以给他们带来创业心理支持，带来坚持不懈的创业动力（郑馨、周先波，2018）。综上所述，得出如下假设。

H1：网络社群嵌入对新型职业农民创业能力有显著正向影响。

H2：网络媒体嵌入对新型职业农民创业能力有显著正向影响。

（三）创业学习的中介作用

创业学习是创业者为了满足创业所需，采取不同行为获取相关创业知识的过程。创业学习在提升创业者核心能力，促进创业者创业成功方面发挥了重要作用（朱秀梅 等，2019）。一直以来，社会网络都是农民们开展创业学习的主要途径，随着移动互联网在农村的普及，移动学习、远程教育日益兴起，越来越多的农民们通过社交媒体维持社会网络关系，农民的创业学习从现实社会网络延伸到虚拟社会网络（吴春雅 等，2020）。刘玉国等（2016）研究发现，在互联网嵌入的情境下，通过网络开展创业学习变得更加便利与便宜，创业团队成员之间还可以开展互动学习，创建社群学习，最终对创业团队获取资源产生了显著正向影响。新型职业农民利用社交媒体与创业利益相关群体互动，加快了农民创业者之间技术和知识的迁移，这种社会创业学习的方式促进了新型职业农民创业能力和管理水平的提高（Gao et al., 2018）。社交媒体等互联网工具的出现，为农民创业者搜索市场信息、识别创业机会、探索创业成功的可能性等提供了更好的条件。社交媒体上成功创业的经验亦可以为他们提供经验和管理启示，可成为一种有效的利用式学习方式，最终可以提高创业者的综合运营管理能力。综上所述，得出如下假设。

H3：创业学习在社交媒体嵌入和新型职业农民创业能力之间发挥中介作用。

（四）社会资本的中介作用

社会资本是创业者所拥有的社会网络及其带来的社会资源的总和。社交媒体情境下的社会资本包括表现为强关系的结合型社会资本和表现为弱联系的桥接型社会资本（Williams，2006）。创业型领导在创业中充分利用社交媒体来发布信息，进行社会交往，大幅度提高自己的社会网络水平，从而增加结合型社会资本和桥接型社会资本，社会资本的增加又将帮助创业型领导对机会进行识别，并促进创业资源的整合（刘斌、辛伟涛，2020）。同时，在社交媒体平台上，社群、团购、预定和众筹等创新商业模式不断涌现，它们为创业型领导提供了资金、客户的支持，也让创业型领导的技术和经营管理水平不断提高，最终为创业型领导开展生产和经营打开了更新的局面（刘刚 等，2021）。综上所述，得出如下假设。

H4：社会资本在社交媒体嵌入和创业型领导动态能力之间发挥中介作用。

综合以上研究，得出本章的概念模型图，见图 7-1。

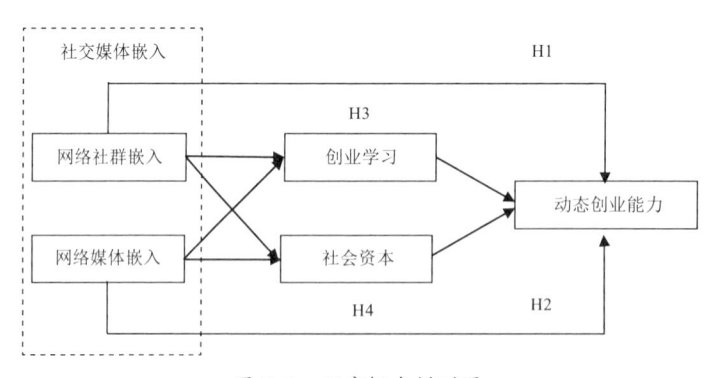

图 7-1 研究概念模型图

三、研究设计与数据收集

(一)问卷设计

本章通过问卷调查的方法来收集实证研究数据,研究中一共包括网络社群嵌入(NI)、网络媒体嵌入(MI)、创业学习(ES)、社会资本、创业能力5个变量,全部都借鉴成熟的量表来测量,表7-1显示了各变量的测量题项。问卷还收集了答卷人个人的资料、经营领域等信息。

(二)问卷发放与数据收集

本章以新型职业农民为研究对象,为此,本书课题组选择福建农业职业技术学院新型职业农民培训班学员为调研样本,因为这些学员是新型职业农民的代表,来自福建,具有代表性,且符合研究对样本分布的要求。一共发放问卷455份,剔除不合格答卷,剩余问卷为334份,有效问卷回收率为73.40%。答卷的新型职业农民中男性有178人,占比53.29%;女性有156人,占比46.71%。已婚的新型职业农民有221人,占比66.17%,远高于未婚的新型职业农民。从年龄来看,31～40岁的新型职业农民有188人,占比最高,达到56.29%。在受教育情况方面,高中(或中专)学历的新型职业农民最多,有172人,占比51.50%;初中学历的新型职业农民有102人,排名第二,占30.54%。从创业领域来看,从事规模种植养殖、农产品加工、农产品销售和农业旅游服务的新型职业农民分别有212人、35人、60人和27人。

表 7-1 研究变量与测量指标

变量		指标	测量题项	文献来源
网络社群嵌入		NI1 NI2 NI3	我与社交媒体网络上的朋友保持密切联系 我在社交媒体上可以交往的朋友很多 我可以从社交媒体上的朋友那里获取大量异质性信息	张永云、张生太和吴翠花（2017）；庄晋财、芮正云和曾纪芬（2014）
网络媒体嵌入		MI1 MI2 MI3	我使用社交媒体来发布和获取信息的频率很高 我很早就利用社交媒体来发布和获取信息 我的创业活动通过社交媒体发布和获取信息	
创业学习		ES1 ES2 ES3	社交媒体上的成功或是失败的案例给我很大的启发 我经常在社交媒体上交流学习 我经常在社交媒体上搜寻和学习有关本行业前沿的知识	马蓝（2019）
社会资本	结合型社会资本	BOSC1 BOSC2 BOSC3	我的网络社群中有值得信赖的朋友 在网络社群中，有朋友能帮我解决创业困难/问题 我会向网络社群中的朋友寻求帮助	威廉姆斯（Williams，2006）
	桥接型社会资本	BRSC1 BRSC2 BRSC3	在网络社群中我可以认识新朋友 与网络社群的朋友互动给我带来新的信息 与网络社群中的朋友互动让我想尝试新事物	
创业能力	机会能力（OA）	OA1 OA2 OA3	能准确感知消费者没有被满足的需要 能通过各种手段识别到高质量的市场机会 善于开发新产品和服务	庄晋财、芮正云和曾纪芬（2014）
	运营能力（CA）	CA1 CA2 CA3	能灵活合理地配置现有的企业资源 能及时调整企业目标和经营思路 经营过程中遇到困难能坚持不懈	

四、数据分析与结果

（一）信度和效度检验

为确保研究效果，在模型检验之前，本章先对调查问卷中的量表进行信度和效度检验，运用 SPSS24.0 进行信度分析。表 7-2 结果显示，网络社群嵌入、网络媒体嵌入、创业学习、社会资本和创业能力五个变量的 Cronbach's α 值分别为 0.923、0.886、0.822、0.885、0.848，均大于 0.7 的临界值，表明问卷量表具有较为理想的可靠性。

接着，本章运用 Amos24.0 对变量进行验证性因子分析，从表 7-2 可以发现，所有变量测量题项的标准化因子载荷值都在 0.652～0.973 之间，全部大于 0.5 的建议值，表明每个题目均具有较好的题目信度；通过计算，得出研究变量的平均方差萃取值 AVE 的值分别为 0.805、0.726、0.613、0.607 和 0.560，均高于 0.5 的学者建议标准，显示每个变量均具有良好的收敛效度。

表 7-2 信度和效度检验

变量	测量题项	标准化因子载荷值	Cronbach's α	平均方差萃取值 AVE
网络社群嵌入	NI1	0.973	0.923	0.805
	NI2	0.884		
	NI3	0.829		
网络媒体嵌入	MI1	0.900	0.886	0.726
	MI2	0.881		
	MI3	0.769		
创业学习	ES1	0.696	0.822	0.613
	ES2	0.848		
	ES3	0.797		
社会资本	BOSC1	0.652	0.885	0.607
	BOSC2	0.729		
	BOSC3	0.675		
	BRSC1	0.832		
	BRSC2	0.843		
	BRSC3	0.911		
创业能力	OA1	0.687	0.848	0.560
	OA2	0.786		
	OA3	0.774		
	OC1	0.800		
	OC2	0.664		
	OC3	0.767		

最后，本章通过 AVE 法，将每个变量平均方差萃取值 AVE 的平方根值与各变量之间的 Pearson 相关系数进行比较，对研究变量的区分效度进行检验。从表 7-3 结果可见，各变量平均方差萃取值 AVE 的平方根值分别为 0.748、0.779、0.783、0.852 和 0.897，两变量之间相关系数在 0.558～0.771 之间，除了创业学习和创业能力之间的相关系数为 0.771，略大于创业能力的 AVE 的平方根值外，其余变量的相关系数均小于对角线的平方根值，基本符合学者的建议，因此，本模型的变量之间区分效度较好，可以进行下一步的分析。

表 7-3　变量的区分效度

变量	AVE	创业能力	社会资本	创业学习	网络媒体嵌入	网络社群嵌入
创业能力	0.560	**0.748**				
社会资本	0.607	0.709	**0.779**			
创业学习	0.613	0.771	0.622	**0.783**		
网络媒体嵌入	0.726	0.653	0.618	0.706	**0.852**	
网络社群嵌入	0.805	0.649	0.558	0.685	0.738	**0.897**

注：表中对角线加粗数字为各变量平均方差萃取值 AVE 的平方根值，下三角的数值为各变量之间的 Pearson 相关系数。

（二）结构模型检验

本章继续运用 Amos24.0 对模型的拟合度进行检验，如表 7-4 所示，卡方自由度比（χ/df）的值为 2.044，小于 3 的可容许范围，塔克-刘易斯指数（TLI）、比较拟合指数（CFI）、拟合优度指数（GFI）、规范拟合指数（NFI）和增值拟合指数（IFI）的值均大于 0.9，近似均方根误差（RMSEA）的值为 0.056，小于 0.08，所有拟合指标值均在可容许范围之内，符合学者的建议值，表明本模型拟合度良好，可以进行下一步的检验。

表 7-4 模型拟合度

拟合指标	χ^2/df	TLI	CFI	GFI	NFI	IFI	RMSEA
可容许范围	$1 < \chi^2/df < 3$	> 0.9	> 0.9	> 0.9	> 0.9	> 0.9	< 0.08
模型拟合度	2.044	0.951	0.959	0.909	0.924	0.959	0.056

通过 Amos24.0 对研究模型各变量之间的路径关系进行检验，由表 7-5 可知路径系数结果，网络社群嵌入（$\beta=0.263$，$p < 0.001$）和网络媒体嵌入（$\beta=0.363$，$p < 0.001$）显著影响创业学习，可见，无论是网络社群嵌入还是网络媒体嵌入，都正向促进了新型职业农民创业学习活动的开展。同时，网络社群嵌入（$\beta=0.163$，$p=0.004 < 0.01$）和网络媒体嵌入（$\beta=0.353$，$p < 0.001$）也显著影响社会资本，表明新型职业农民使用社交媒体可以增加社会资本的积累。在对创业能力的影响上，创业学习（$\beta=0.296$，$p < 0.001$）和社会资本（$\beta=0.240$，$p < 0.001$）都显示出了显著的正向作用，但是，网络社群嵌入（$\beta=0.058$，$p = 0.118 > 0.05$）和网络媒体嵌入（$\beta=0.005$，$p=0.906 > 0.05$）的检验结果却不显著，H1 和 H2 不成立，由此可见，新型职业农民虽然使用了社交媒体，但是却不能直接提高创业能力。本书课题组的调研实践也发现，虽然社交媒体在新型职业农民中使用很普遍，但是创业者的能力素质却呈现出了极大的差异性，也就是说，社交媒体在个人能力提升方面发挥的作用因人而异，仅仅使用社交媒体不一定能达到提高创业能力的目的。基于创业过程的研究认为，创业能力的形成与创业者的后天努力密切相关，其中，网络关系有利于识别机会和获取资源，创业学习则会直接或是间接地影响创业能力的提升。可见，外在信息环境的变化只有转化为创业者有目的的、主动的学习行为，社交媒体对创业能力的积极作用才能发挥出来，才能最终为创业活动开创更为广阔的局面。

表 7-5　路径分析检验结果

作用路径	β值	标准误	t值	p值	检验结果
网络社群嵌入→创业学习	0.263	0.058	4.514	***	支持
网络媒体嵌入→创业学习	0.363	0.063	5.788	***	支持
网络社群嵌入→社会资本	0.163	0.057	2.844	0.004**	支持
网络媒体嵌入→社会资本	0.353	0.063	5.585	***	支持
创业学习→创业能力	0.296	0.06	4.951	***	支持
社会资本→创业能力	0.240	0.049	4.923	***	支持
网络社群嵌入→创业能力	0.058	0.037	1.562	0.118	不支持
网络媒体嵌入→创业能力	0.005	0.045	0.118	0.906	不支持

注：p 为路径系数显著水平，*** 表示 $p<0.001$，** 表示 $p<0.01$，* 表示 $p<0.05$。

为了进一步探索社交媒体嵌入对新型职业农民创业能力的影响机制，本章选择 Amos24.0 软件自助法（bootstrapping）检验创业学习和社会资本的中介效应，设定重复抽样 5 000 次，95% 的置信水平，得到的检验结果如表 7-6 所示。其中，创业学习中介效应和社会资本中介效应的点估计值分别为 0.185 和 0.124，Z 值分别为 3.246 和 4.000，且两个中介效应偏差校正的非参数百分位的置信区间为 [0.089，0.313] 和 [0.072，0.195]，均不包含 0，说明创业学习和社会资本的中介作用均达到显著水平，H3、H4 得到支持。同时，检验结果还发现，社交媒体嵌入对新型职业农民动态创业能力的总直接效应点估计值为 0.063，Z 值为 1.145，偏差校正的非参数百分位的置信区间为 [-0.042，0.181]，包含 0，表明总直接效应未达到显著水平。而总效应的点估计值为 0.373，Z 值为 7.314，偏差校正的非参数百分位的置信区间为 [0.269，0.471]，不包含 0，表明总效应达到显著水平。因此，社交媒体嵌入对新型职业农民创业能力会产生显著影响，但是这种作用不是直接产生的，创业学习和社会资本在其中发挥了完全中介作用。此外，从总效果来看，社交媒体嵌入两个维度对创业能力的提升也都发挥了积极作用。网络社群嵌入对创业能力总效应的点估计值为 0.175，Z 值为 3.500，偏差校正的非参数百分位的置信区间为 [0.083, 0.280]，不包含 0，达到显著水平，因此，网络社群嵌入对创业能力的总效应是显著的，表明新型职业农民利用社交媒体的社群功能有利于提高自身创业能力，这同先前学者对该领域的研究是一致的。同样，网络媒体嵌入对创业能力总效应的点估计值为 0.198，Z 值为 3.600，偏差校正的非参数百分位的置信区间为 [0.085, 0.302]，不包含 0，达到显著水平，因此，网络媒体嵌入对创业能力的总效应也是显著的，新型职业农民利用社交媒体的媒体功能也能提高自身创业能力，再次验证了社交媒体对新型职业农民创业的正向作用。由此可见，新型职业农民应该同时重视社交媒体的网络和媒体功能。

表 7-6 中介模型间接效果分析表

效果	点估计值	系数相乘积 标准误	系数相乘积 Z 值	bootstrapping 5 000 次，95% 置信区间 偏差校正 下限	bootstrapping 5 000 次，95% 置信区间 偏差校正 上限
创业学习中介效应	0.185	0.057	3.246	0.089	0.313
社会资本中介效应	0.124	0.031	4.000	0.072	0.195
总中介效应	0.309	0.063	4.905	0.196	0.448
总直接效应	0.063	0.055	1.145	-0.042	0.181
总效应	0.373	0.051	7.314	0.269	0.471
创业学习与社会资本中介效应的差异	0.061	0.066	0.924	-0.056	0.207
网络社群嵌入对创业能力的总效应	0.175	0.050	3.500	0.083	0.280
网络媒体嵌入对创业能力的总效应	0.198	0.055	3.600	0.085	0.302

五、小结

本章考察了社交媒体嵌入、创业学习、社会资本和新型职业农民创业能力之间的关系，得出如下结论：第一，社交媒体是提高新型职业农民创业能力的重要工具。新型职业农民分散在农村各地，整体受教育程度不高，要通过提高创业能力来抵御和防范涉农创业风险，本章结论证明社交媒体嵌入对新型职业农民创业能力的总效应是显著的，因而要高度重视新型职业农民创业能力培养中社交媒体作用的发挥。第二，社交媒体以网络社群嵌入和网络媒体嵌入的方式分别对新型职业农民的创业能力发挥积极作用。两种社交媒体嵌入方式同样重要，缺一不可。对新型职业农民加强社交媒体操作指导是提升创业能力的关键。第三，创业学习和社会资本在新型职业农民社交媒体使用和创业能力之间发挥显著的完全中介作用。社交媒体对创业能力的直接影响有限，只有当新型职业农民主动利用社交媒体开展创业学习，增加社会资本积累，创业能力才会显著提升。本章的研究表明，社交媒体通过网络社群嵌入和网络媒体嵌入影响新型职业农民的创业活动。而随着创业过程中的创业学习、社会资本和创业能力等关键因素的变化，在社交媒体情境下新型职业农民的创业结果又会有什么不同，本书第八章将会就这个问题开展研究。

第八章　社交媒体情境下新型职业农民社会资本与创业绩效

一、问题提出

乡村要振兴，产业必振兴。产业兴旺，是解决农村一切问题的前提。只有实现乡村产业振兴，才能更好地推动农业全面升级、农村全面进步、农民全面发展。在乡村产业发展的过程中，立足农业产业特征，以新型职业农民为主体，以农业农村特色优势资源为依托，以科技创新为支撑，做强做优现代农业是首要问题。而要补好农业现代化建设这一短板，既关系到农业结构调整，又关系到农业供给侧改革，这些都有赖于农业企业驱动。然而，当前我国新型职业农民的创业质量并不高，涉农创业的经营收入增长有限，企业的经营规模也与预想存在一定的差距（张鑫，2015），这些不仅打击了新型职业农民的创业热情，而且不利于农业的现代化发展。因此，要加快农业现代化建设，进一步解决"三农"问题，其战略突破口和切入点就是要提升新型职业农民的农业企业绩效（尹然平，2016）。

以关系网络为载体的社会资本，在优化新型职业农民创业表现中的作用日益凸显。不同学者的研究发现，各类差异化的社会资本都会对新型职业农民的创业绩效产生影响。如在中国农村，地缘关系是影响经济社会活动的重要力量，农村创业者常常主动选择利用这些社会关系以帮助企业成长（杨学儒、李新春，2013），而国内学者俞宁（2013）关注基于亲缘关系的社会资本，研究发现，农民亲友中公务员的数量对农业创业初始绩效起到正向促进作用，但是讨论网密度对新创事业的初期绩效具有反向的影响，更多的研究还拓展到业缘关系社会资本。如刘克春（2015）认为，中小农业企业的企业网络可以划分为企业网络规模、网络强度以及网络互惠度三个维度，企业网络的每个维度都会正向影响农业企业的市场导向和创新导向，并最终对农业企业绩效起正向促进作用。同基于血缘的情感型社会网络和基于地缘的支持型社会网络相比，商业型社会网络的网络强度和互惠度对中小农业企业创业成长绩效的影响特别大（封玫、刘克春，2017）。

随着城镇化进程的发展，农村社会经济结构发生变化，新型职业农民的社会资本也呈现出新的特征。进入移动互联网时代，即使是在农村地区，人与人之间也越来越依赖通过手机来加强联系，在农村开展创业活动的新型职业农民，除了拥有基于血缘、地缘和业缘的社会资本外，还可以在社交媒体上不断开拓自己的社会网络，获得更多对涉农创业有帮助的社会资本。在社交媒体情境下，媒介使用者的社会资本表现为强联系的结合型社会资本和弱联系的桥接型社会资本（埃利森 等，2007）。同样，随着线上联系活动的日益增加，新型职业农民的线上和线下社会资本逐渐融合，也发展成为两类社会资本，一类是基于熟悉社会网络的结合型社会资本，另一类是基于陌生社会网络的桥接型社会资本。本书中，第五章的研究已经表明，社交媒体使用的不同模式对两类社会资本都会有显著的正向影响。那么，社交媒体情境下新型职业农民的桥接型社会资本和结合型社会资本会对创业绩效产生什么作用呢？目前学术界尚无对此问题的研究。因此，本章将探讨新型职业农民社会资本与创业绩效之间的关系，并通过实证研究的方法来加以检验。

创业能力蕴含在创业者的各项创业行为中，并决定了创业行为的效率和效果，进而影响到新企业的绩效水平（谢雅萍、黄美娇，2013）。创业能力对创业者所创事业的发展和创业的成功发挥着重要作用，既可以直接影响到创业绩效，也可以调节创业机会、资源等环境因素与企业绩效之间的关系，是创业成败的重要制约因素（Chandler and Jansen，1992）。如周菁华和谢洲（2012）对重庆市366个创业农民的调研数据分析结果显示，重庆市创业农民的创新能力、发展能力和综合能力水平仍然处于中低层次，其中，创新能力略好于发展能力，农民的创业综合能力与以家庭经营收入衡量的创业绩效间存在显著正相关关系。罗明忠（2012）发现，新型职业农民对其资源整合与机会把握能力、产品生产（或服务提供）能力和关系协调能力的总体创业能力评价较为积极，而且认为这些创业能力对创业成功起到了积极的推动作用。易朝辉、罗志辉和兰勇（2018）收集了湖南省313家家庭农场的调研数据，实证检验表明新型职业农民的机会能力和运营管理能力均对家庭农场的创业绩效有显著影响，农场主创业能力的提升会带来更好的家庭农场经营绩效，促进创业的成功。因此，在分析社交媒体情境下新型职业农民创业绩效的影响因素时，除了关注社会资本外，还要综合考虑新型职业农民的创业能力因素。

  本章在上一章的基础上，继续深入探索社交媒体情境下新型职业农民创业结果所受到的影响。借助资源基础理论和创业过程模型，构建了结合型社会资本、桥接型社会资本、机会能力、运营能力与新型职业农民创业绩效之间的关系模型，通过问卷调查的方式收集新型职业农民社交媒体情境下的创业资料，借助SPSS和Amos软件进行数据分析和模型验证，最终得出相关研究结论。

二、理论基础和概念界定

(一) 理论基础

1. 资源基础理论

1984年,沃纳菲尔特(Wernerfelt,1984)公开发表了《资源基础理论》,资源基础观开始迅速发展。沃纳菲尔特认为企业的本质是资源的集合体,企业之间存在资源差异,在运营过程中,企业对不同的资源进行组合,会产生不同的经营结果。因此,企业能够保持可持续竞争优势的根本原因就在于企业拥有异于其他企业的独特资源。在农业创业研究中,资源基础理论被广泛地运用在解释企业资源对农业创业企业创新绩效和企业成长的影响上。

本章认为,社交媒体情境下,农业经营者差异化的社会资本是创业活动开展的重要资源,对创业活动的开展将产生重要的影响。

2. 创业过程模型

蒂蒙斯等(2015)在创业过程模型中指出,创业资源、创业机会和创业团队是企业创业成功的三大要素。创业过程是商业机会、创业者和资源三个要素匹配和平衡的结果。处于创业过程模型底部的创始人或创业团队要善于平衡,借此推进创业过程。创业者必须思考所创事业的战略、合适的人选、创业资源情况、经营风险等具体问题,解决不同阶段出现的困难,方可实现企业的可持续发展。可见,带头创业者是创业团队中的重要成员,他的才能对创业绩效有重要影响。相关学者研究很早就证明,创业者的能力可以直接作用于企业绩效,同时创业者的能力还调节着机会质量与企业绩效、资源获取能力与企业绩效的关系(Chandler and Jansen,1992)。国内工商企业领域的研究也验证了创业能力的调节作用。

新型职业农民就是涉农创业事业的带领者,他本身就是创业团队的重要成员,属于创业的三要素之一,既可以直接影响创业结果,还会调节三要素与创业结果之间的关系。本章借鉴国内外研究成果分析社交媒体情境下新型职业农民的创业能力对于社会资本和创业绩效之间关系的调节作用。

(二)概念界定

1. 创业绩效

组织理论认为,创业绩效即创业组织绩效,是对创业组织目标完成程度的衡量(葛宝山 等,2009),往往用来衡量创业的成果和有效性(方曦,2018)。郭铖和何安华(2017)将农民涉农创业绩效界定为农民通过涉农创业实现的业绩和效益。本章对农业创业绩效的定义:创业者开展涉农创业后所获得的结果和达到目标的程度。

2. 创业能力

创业能力是创业者综合素质的体现,在农民创业相关研究中,庄晋财、芮正云和曾纪芬(2014)认为,创业能力是创业者进行创业活动所必须具备的素质和技能,它关系到创业抉择及新创企业成长等创业过程的各个环节。王莹丽(2017)将家庭农场主的创业能力界定为家庭农场主识别与开发家庭农场创业机会、获取农场创业所需资源以及实施创业活动等所应具备的能力。综上所述,本章认为,新型职业农民的创业能力是指新型职业农民发挥能动性,识别和开发涉农创业机会,开展决策、资源利用和组织管理以维持农业创业项目正常运营管理的各种素质和能力。

本章借鉴唐靖和姜彦福(2008)的研究,将新型职业农民的创业能力划分为机会能力和运营能力两个维度。其中,机会能力是指新型职业农民在创业的过程中通过获取有效信息,辨别出有利于自身农业经营的发展机会,如有发展前景的新产品、新市场等,并将机会付诸农业创业实践的一种能力。

运营能力是经营运行组织以促进组织成长的能力(Burke et al.,2002),贯穿企业生产过程的始终(顾雷雷、彭俞超,2014),反映了企业运营管理过程的有效性（Nath et al., 2010）。庄晋财、芮正云和曾纪芬（2014）以农民工为研究对象，认为运营管理能力是创业能力的一部分，是指农民工实施创业活动后不断协调整合创业资源，充分利用现有条件来运营管理新创企业并努力改善创业绩效的能力。本章认为，运营能力为一种创业能力，具体指新型职业农民在创业活动中整合各种资源，对内开展农业创业活动的生产服务管理；对外开拓社会网络，进行沟通联系，不断解决创业过程中出现的各项问题，并最终实现创业预期效果的能力。

三、研究假设

学者们对社会资本和农业创业的关系进行研究，发现新型职业农民的社会资本有利于新型职业农民采纳创业行为，例如，曾亿武、陈永富和郭红东（2019）实证研究表明社会资本不仅直接促进农户采纳电子商务，而且在"先前创业经历—农户电商采纳行为"和"先前培训经历—农户电商采纳行为"的正向关系中发挥部分中介作用。王金杰、牟韶红和盛玉雪（2019）的实证研究，发现在电子商务环境下，农村居民获得了异质且更广泛的社会网络，最终促进创业活动的开展。更多的研究还发现，新型职业农民的社会资本有利于农业创业企业的创新与成长，并最终促进创业绩效的提升（戈锦文 等，2016；李旭、李雪，2019；郭钺 等，2017）。针对结合型社会资本和桥接型社会资本与创业绩效的关系，学者们也有丰富的研究成果。

（一）结合型社会资本与农业创业绩效

学者们的研究发现，结合型社会资本可以提供价值创造能力方面的信息。经常互动的家人、亲戚或朋友为创业者提供原材料、资金、渠道、内部生产管理等方面的信息（Davidsson and Honig，2003）。社交媒体的出现，为熟悉的创业团队内部成员之间的交流提供了更加便捷的条件，新型职业农民和熟人之间开展线上互动,双方之间关系变得更加和谐,促进了结合型社会资本的积累。这些社会资本可以在资源和精神方面为新型职业农民的创业活动提供支持。首先,熟人或是家庭为新型职业农民提供了创业的资金与劳动力。中国小微农业创业活动的启动资金都来源于家人或是家族的集资,创业初期的劳动力是家人。农忙时,这些小微农业企业之间还经常开展互助。其次,创业过程充满艰辛,家人和亲戚朋友以及创业团队成员的理解往往会成为创业者在困难时期的精神支柱,可以增强创业者的坚韧性,使他不至于轻易放弃(蒋剑勇、郭红东,2012)。综上所述,得出如下假设。

H1:社交媒体情境下,新型职业农民的结合型社会资本对农业创业绩效有显著正向影响。

(二)桥接型社会资本与创业绩效

桥接型社会资本对创业绩效有正向影响关系,具体表现在创业者获取异质性资源、识别和获取创业机会、创新经营思路等方面。桥接型社会资本为创业者提供具有异质性的市场方面的信息(任锋 等,2016)使得创业者可以通过不同渠道获得创业指导,进而提高其对创业机会的认知(Ozgen and Baron,2007)。

在农业创业中,创业项目大都分散在农村的广大区域,有些创业活动是在偏远的农村地区开展的。新型职业农民往往也要亲自参与农业生产经营活动,不可能花太多的时间和精力经营社会资本。因此,在过去封闭的农村环境下,农民的社会资本主要就是以血缘、亲缘和地缘为基础建立的传统社会资本,这类社会资本由于彼此之间很熟悉,获取异质性资源的机会不多。社交媒体的使用,改变了这一现象。新型职业农民可以利用线上社会网络认识更多的对涉农创业有帮助的人,桥接型社会资本会显著增加,异质性资源的积累也更加丰富,给涉农创业带来更多的帮助。综上所述,得出如下假设。

H2：社交媒体情境下，新型职业农民的桥接型社会资本对农业创业绩效有显著正向影响。

（三）创业能力的调节作用

国内工商企业领域的研究验证了创业能力的调节作用，例如，董保宝和周晓月（2015）认为，机会能力可以调节网络导向和新企业竞争优势之间的关系。机会能力强的新企业，其网络关注度和开放性对竞争优势的作用更加明显，而网络合作性对竞争优势的作用却被抑制了。姜超（2017）以重庆的新创企业为对象的实证研究发现，创业者的创业能力可以显著增强新创企业商业模式各维度与创业绩效之间的正向关系。此外还有研究表明，创业能力在关系网络构建行为与新创企业绩效之间可以起正向调节作用，创业能力越强，创业者关系网络构建行为对新企业绩效的积极影响越大（王伟 等，2018）。

在涉农创业活动中，消费者对农产品和服务的需求变化很快，因此，需要创业者具备动态把握创业机会的能力，既能识别机会，还能充分利用机会。随着机会能力的提升，创业者越能通过不同的社会资本，发现有利的商机，包括备受市场欢迎的新型农产品、创新的农业经营服务，并在有利的时机占领市场，从而获取较好的财务绩效、创新绩效和客户满意度。综上所述，得出如下假设。

H3a：新型职业农民的机会能力显著正向调节结合型社会资本对农业创业绩效的正向影响。

H3b：新型职业农民的机会能力显著正向调节桥接型社会资本对农业创业绩效的正向影响。

除了机会能力，有效整合和组织各项资源的运营能力也很重要（Camison and Villar，2014）。运营能力强，就能将现有资源配置到产品和服务中，以更全面地满足客户的需求（Coltman and Devinney，2013），或者以较低的价格满足客户的需求。在农业经营中，新型职业农民的结合型社会资本和桥接型社会资本，为农业项目的经营活动带来了丰富的创业资源。一旦具备了运营能力，这些社会资本会使创业企业在提高质量、降低成本、创新经营等方面更具响应性和灵活性（Zawislak et al., 2012）。随着运营能力的提高，社会资本对农业创业绩效的积极影响将越来越强。综上所述，得出如下假设。

H4a：新型职业农民的运营能力显著正向调节结合型社会资本对农业创业绩效的正向影响。

H4b：新型职业农民的运营能力显著正向调节桥接型社会资本对农业创业绩效的正向影响。

基于文献回顾及研究假设，提出本章研究模型如图 8-1 所示。

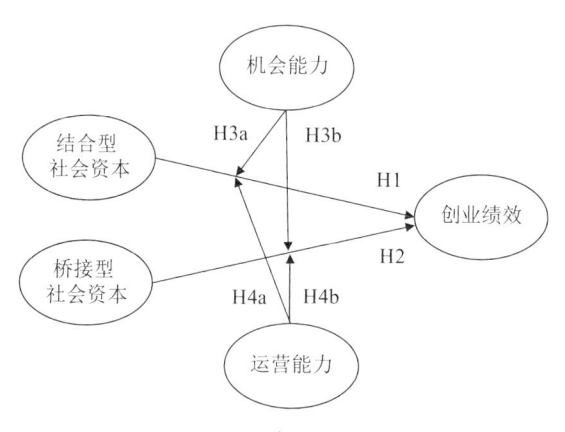

图 8-1 本章研究模型

四、问卷设计和数据收集

本章将新型职业农民的社会资本分为结合型社会资本和桥接型社会资本，问卷参考林筠、韩鑫和张敏（2017）的量表。创业绩效的测量则采取主观评价的方法，借鉴郭红东和丁高洁（2013）、罗明忠和陈明（2014）和李后建和刘维维（2018）的量表。机会能力和运营能力的测量则参考易朝辉、罗志辉和兰勇（2018）的量表。问卷采用李克特量表（Likert）七分制评分。

为了测试问卷的有效性，研究团队展开了预调研。一共发放问卷180份，回收166份，剔除无效问卷46份后，还有120份。将数据进行内部一致性信度分析后进行信度检验，各变量Cronbach's α值介于0.74～0.82之间，均符合大于0.7的标准（Hair et al.，2011），显示该问卷具有可信度。社会资本量表KMO值为0.843，大于0.7，巴特利特球形检验显著性为0.000，小于0.05，因子累积方差解释率为53.573%，所有测量题项的因子载荷均大于0.6，符合预设标准，因此，社会资本量表具有较好的结构效度。创业绩效量表KMO值为0.780，大于0.7，巴特利特球形检验显著性为0.000，小于0.05，因子累积方差解释率为58.816%，所有测量题项的因子载荷均大于0.6，符合预设标准，因此，创业绩效量表具有较好的结构效度。创业能力量表KMO值为0.845，大于0.7，巴特利特球形检验显著性为0.000，小于0.05，机会能力和运营能力两个公因子累积方差解释率为60.807%，大于60%，所有测量题项的因子载荷均大于0.5，符合预设标准，因此，创业能力量表具有较好的结构效度。

正式调研主要在福建农业职业技术学院新型职业农民培训班展开，一共发放纸质问卷和电子问卷450份，剔除无效问卷后，剩余有效问卷326份，研究团队用SPSS和Amos软件对有效问卷进行分析。

由表8-1可知，本次调研的新型职业农民中男性有165人，占比为

50.6%，女性有 161 人，占比为 49.4%。从年龄来看，本次调研的新型职业农民较年轻，40 岁以下的有 287 人，占比为 88.1%，40 岁以上的只有 39 人，占比为 11.9%。在受教育情况方面，高中（或中专）学历的新型职业农民最多，有 167 人，占比为 51.2%，其次是大学学历的新型职业农民，有 101 人，占比为 31.0%。从婚姻状况来看，已婚有小孩的新型职业农民最多，有 218 人，占比为 66.9%，其次是未婚的和已婚无小孩的新型职业农民，分别占比为 20.9% 和 12.2%。在创业所属领域方面，从事规模种植或养殖、农资（化肥、种子、农具等）经销、农产品加工、农产品销售、休闲农业和乡村旅游以及其他涉农产业和服务的新型职业农民分别有 92 人、46 人、45 人、79 人、28 人和 36 人。在经营形式方面，以中小个体经营方式开展创业的新型职业农民最多，有 96 人，占比为 29.4%，其余依次为家庭农场、种养殖大户、合作社和农业企业，占比分别为 22.1%、20.9%、15.6% 和 12%。从团队规模来看，有 268 位新型职业农民的创业团队规模在 30 人以下，占比高达 82.2%，只有 58 位新型职业农民的创业团队规模大于 30 人，占比为 17.8%。从经营时间来看，有 262 位新型职业农民的农业创业项目经营时间在 5 年以内，占比高达 80.4%，剩下的 19.6% 的新型职业农民创业项目经营时间高于 5 年。最后，在项目离城镇的距离方面，有 143 位新型职业农民的项目离城镇为 11～30 千米，占比为 43.9%，其次是距离城镇不到 10 千米（含）的项目，有 117 人，占比为 35.9%，接着是距离城镇为 31～50 千米的项目，有 50 人，占比为 15.3%，最后是距离城镇为 51 千米（含）以上的项目，有 16 人，占比为 4.9%。

表 8-1　正式调研样本的基本情况描述

项目	类别	人数	占比	项目	类别	人数	占比
性别	男性	165	50.6%	经营形式	家庭农场	72	22.1%
	女性	161	49.4%		种养殖大户	68	20.9%
年龄	30 岁以下	146	44.8%		合作社	51	15.6%
	31~40 岁	141	43.3%		农业企业	39	12.0%
	41~50 岁	29	8.9%		中小个体经营者	96	29.4%
	51 岁以上	10	3.0%	团队规模	10 人（含）以下	165	50.6%
受教育情况	小学及以下	5	1.5%		11~30 人	103	31.6%
	初中	48	14.8%		31~50 人	36	11.0%
	高中（或中专）	167	51.2%		51 人（含）以上	22	6.8%
	大学	101	31.0%	经营时间	不到（含）1 年	44	13.5%
	研究生	5	1.5%		2~3 年	130	39.9%
婚姻状况	未婚	68	20.9%		4~5 年	88	27.0%
	已婚无小孩	40	12.2%		6~7 年	34	10.4%
	已婚有小孩	218	66.9%		8~9 年	12	3.7%
创业所属领域	规模种植或养殖	92	28.2%		10 年以上	18	5.5%
	农资（化肥、种子、农具等）经销	46	14.1%	离城镇距离	不到 10 千米（含）	117	35.9%
	农产品加工	45	13.8%		11~30 千米	143	43.9%
	农产品销售	79	24.2%		31~50 千米	50	15.3%
	休闲农业和乡村旅游	28	8.7%		51 千米（含）以上	16	4.9%
	其他涉农产业和服务	36	11.0%				

五、结果分析

（一）信效度分析

研究团队先对测量模型进行验证性因子分析，采用极大似然估计法，估计的参数包括因子载荷、信度、会聚效度及区分效度。如表 8-2 所示，标准化因子载荷介于 0.676～0.838 之间，均符合范围，显示每个题项均具有题项信度；研究变量合成信度介于 0.858～0.905 之间，均超过 0.7，全部符合学者所建议的标准，显示每个变量具有良好的内部一致性；最后，平均方差萃取值的范围为 0.548～0.655，均高于 0.5，全部符合黑尔等（1998）、福内尔和拉克尔（1981）的标准，显示每个变量具有良好的会聚效度。

表 8-2 测量模型结果分析

变量	指标	非标准化因子载荷	标准误	非标准化因子载荷/标准误	p 值	标准化因子载荷	多元相关平方	合成信度	平均方差萃取值 AVE
桥接型社会资本	BRSC1	1.000				0.768	0.590	0.866	0.563
	BRSC2	1.065	0.074	14.477	0.000	0.780	0.608		
	BRSC3	1.046	0.080	13.015	0.000	0.725	0.526		
	BRSC4	0.992	0.078	12.652	0.000	0.712	0.507		
	BRSC5	1.067	0.077	13.833	0.000	0.765	0.585		
结合型社会资本	BOSC1	1.000				0.788	0.621	0.899	0.598
	BOSC2	0.899	0.058	15.376	0.000	0.780	0.608		
	BOSC3	0.943	0.065	14.550	0.000	0.749	0.561		
	BOSC4	0.991	0.064	15.599	0.000	0.817	0.667		
	BOSC5	0.921	0.063	14.589	0.000	0.770	0.593		
	BOSC6	0.907	0.065	13.891	0.000	0.735	0.540		
创业绩效	EP1	1.000				0.796	0.634	0.905	0.655
	EP2	1.152	0.068	16.966	0.000	0.838	0.702		
	EP3	1.113	0.074	15.100	0.000	0.780	0.608		
	EP4	1.260	0.081	15.489	0.000	0.809	0.654		
	EP5	1.185	0.073	16.152	0.000	0.822	0.676		
机会能力	CA1	1.000			0.000	0.679	0.461	0.861	0.608
	CA2	1.178	0.098	12.042	0.000	0.791	0.626		
	CA3	1.254	0.102	12.270	0.000	0.812	0.659		
	CA4	1.270	0.102	12.437	0.000	0.829	0.687		

续表

变量	指标	参数显著性估计				题项信度		合成信度	平均方差萃取值 AVE
		非标准化因子载荷	标准误	非标准化因子载荷/标准误	p 值	标准化因子载荷	多元相关平方		
运营能力	OA1	1.000			0.000	0.775	0.601	0.858	0.548
	OA2	0.928	0.068	13.615	0.000	0.783	0.613		
	OA3	0.968	0.073	13.316	0.000	0.766	0.587		
	OA4	0.828	0.071	11.677	0.000	0.676	0.457		
	OA5	0.860	0.072	12.018	0.000	0.694	0.482		

本章采用较为严谨的 AVE 法对变量的区分效度进行检验。结果如表 8-3 所示，桥接型社会资本、结合型社会资本和创业绩效的平均方差萃取值 AVE 的平方根值分别为 0.750、0.773 和 0.809，均大于变量之间的 Pearson 相关系数值，符合福内尔和拉克尔（1981）的标准，表明变量之间具有较好的区分效度。

表 8-3 本章研究变量区分效度

	平均方差萃取值 AVE	桥接型社会资本	结合型社会资本	创业绩效
桥接型社会资本	0.563	**0.750**		
结合型社会资本	0.598	0.768	**0.773**	
创业绩效	0.655	0.694	0.695	**0.809**

注：表中对角线加粗数字为各变量平均方差萃取值 AVE 的平方根值，下三角的数值为各变量之间的 Pearson 相关系数。

（二）结构模型分析

结构模型分析以极大似然估计法进行。表 8-4 所示模型拟合度均符合标准，显示模型具有良好拟合度。

表 8-4　本章研究模型拟合度

拟合指标	可容许范围	研究模型拟合度	修正后的模型拟合度
卡方值	越小越好	270.995	181.385
自由度	越大越好	101.000	101.000
卡方值/自由度	大于1小于3	2.683	1.796
近似均方根误差	小于0.08	0.072	0.049
标准化残差均方根	小于0.08	0.039	0.039
塔克-刘易斯指数（非规范拟合指标）	大于0.9	0.938	0.955
比较拟合指数	大于0.9	0.948	0.962
拟合优度指数	大于0.9	0.920	0.946
调整后的拟合优度指数	大于0.9	0.905	0.936

由表 8-5 可知路径系数结果，桥接型社会资本对创业绩效影响作用的标准化回归系数 $\beta=0.391$，t 值为 4.495，$p=0.000 < 0.001$，达到了显著性水平，这表明新型职业农民的桥接型社会资本会显著正向作用于创业绩效，桥接型社会资本每增加 1 个单位，新型职业农民的创业绩效提升 0.391 个单位，H1 成立。同理，结合型社会资本对创业绩效影响作用的标准化回归系数 $\beta=0.395$，t 值为 4.610，$p=0.000 < 0.001$，达到了显著性水平，这表明新型职业农民的结合型社会资本也会显著正向作用于创业绩效，桥接型社会资本每增加 1 个单位，新型职业农民的创业绩效提升 0.395 个单位，H2 同样成立。从表 8-5 的结果来看，桥接型社会资本与结合型社会资本对创业绩效的可解释方差达到了 54.6%，这表明两类社会资本对创业绩效的影响比较大。可见，对于涉农创业者而言，包含了丰富社会关系和社会资源的社会资本对创业绩效的影响是非常显著而且重要的，农业创业的成功离不开人力、物质、信息、资金和技术等资源，这些大部分都可以通过结合型社会资本和桥接型社会资本来获取，社会资本是否丰富关系到创业绩效的好坏，在农业创业中起到至关重要的作用，这一研究结果与先前学者的研究发现一致。

表 8-5 路径系数

因变量	自变量	非标准化回归系数	标准误	标准化回归系数	t 值	p 值	可解释方差
创业绩效	桥接型社会资本	0.389	0.087	0.391	4.495	0.000	54.6%
	结合型社会资本	0.354	0.077	0.395	4.610	0.000	

（三）调节效果分析

在本模型中，机会能力、运营能力为调节变量。从表 8-6 可以看到，在机会能力方面，结合型社会资本 × 机会能力对创业绩效的调节效果值为 -0.642（$Z=|-3.556|>1.96$，$p=0.000<0.05$），这表示调节效果存在，但是调节变量机会能力每增加 1 个单位，结合型社会资本对创业绩效的斜率会减少 0.642 个单位，而不是增加，研究 H3a 不成立。桥接型社会资本 × 机会能力对创业绩效的调节效果值为 0.640（$Z=|3.436|>1.96$，$p=0.001<0.05$），表示调节效果存在，而且调节变量机会能力每增加 1 个单位，桥接型社会资本对创业绩效的斜率会增加 0.640 个单位，研究 H3b 成立。这可能是因为桥接型社会资本是基于弱关系的社会网络关系及其能带来的异质性资源的总和，能带来更多异质性资源，意味着有更多的机会，因此，新型职业农民的机会识别和利用能力越强，越倾向于从弱关系丰富的桥接型社会资本中寻找更好的创业创新发展机会，从而在农业经营活动中有更好的创业绩效表现。

在运营能力方面，结合型社会资本 × 运营能力对创业绩效的调节效果值为 0.813（$Z=|3.876|>1.96$，$p=0.000<0.05$），表示调节效果存在，代表调节变量运营能力每增加 1 个单位，结合型社会资本对创业绩效的斜率会增加 0.813 个单位，研究 H4a 成立。桥接型社会资本 × 运营能力对创业绩效的调节效果值为 -0.887（$Z=|-4.004|>1.96$，$p=0.000<0.05$），表示调节效果存在，但是调节变量运营能力每增加 1 个单位，桥接型社会资本对创业绩效的斜率

会减少0.887个单位,研究H4b不成立。这可能是因为,运营能力更多地体现了创业者对创业项目内部统筹、经营管理的能力,新型职业农民运营能力越强,越会关注强关系对农业创业项目的发展,会把精力集中在已有的网络关系和资源中,会通过自己的综合运营发展农业经营项目。

表8-6 调节效果分析

因变量	自变量	调节效果值	标准误	Z值	p值
创业绩效	桥接型社会资本	0.266	0.102	2.597	0.009
	结合型社会资本	0.136	0.094	1.458	0.145
	机会能力	0.415	0.090	4.595	0.000
	结合型社会资本 × 机会能力	−0.642	0.181	−3.556	0.000
	桥接型社会资本 × 机会能力	0.640	0.186	3.436	0.001
	运营能力	0.152	0.097	1.563	0.118
	结合型社会资本 × 运营能力	0.813	0.210	3.876	0.000
	桥接型社会资本 × 运营能力	−0.887	0.221	−4.004	0.000

六、小结

本章在资源基础理论和创业过程模型的基础上,构建了社交媒体情境下新型职业农民社会资本、创业能力和创业绩效之间的关系模型,通过收集来自福建省不同地区的326份新型职业农民的问卷开展实证研究,得出如下结论:在社交媒体情境下,无论是结合型社会资本还是桥接型社会资本,均会显著正向影响新型职业农民的创业绩效。因此,新型职业农民一方面要赢得亲朋好友的支持,加强关系保持往来,获取更多的结合型社会资本;另一方面也要获取异质性资源,积累桥接型社会资本,推动农业创业活动顺利开展。

调节效应的实证结果表明,存在能力差异的新型职业农民利用社会资本开展创业活动的方式及其效果有所不同。机会能力强的新型职业农民，利用桥接型社会资本将显著促进创业绩效的提高。而运营能力强的新型职业农民，利用结合型社会资本开展农业创业会取得更好的效果。在社交媒体情境下，获取桥接型社会资本更加便利，成本更低，这为农业创业提供了更好的机会和市场、技术等资源，因此，新型职业农民一方面要提高自己的机会能力，充分利用好桥接型社会资本，取得领先市场的竞争优势。另一方面可以利用社交媒体工具来加强互动，提高信任，增强结合型社会资本，为农业项目的成功做好保障。

  本章内容的研究将社交媒体情境下新型职业农民创业活动的研究进一步推到了对创业结果的影响方面，并且分析了社交媒体作用发挥的边界作用，使得笔者对社交媒体在农业创业活动中的作用有了更加全面的了解，为有效提出新型职业农民社交媒体创业经营建议和启示提供了研究依据。

第九章　促进新型职业农民创业的建议和启示

本书的研究表明，社交媒体的使用，显著促进了新型职业农民的涉农创业活动，因而，可以从社交媒体的相关视角，来提出促进新型职业农民涉农创业发展的建议。依据当前新型职业农民社交媒体创业的情况，本书认为，可以从政府、新型职业农民和社会力量三个方面来考虑。

一、政府方面的建议

政府应该高度重视社交媒体科技因素对新型职业农民涉农创业产生的影响，从政策、法律法规、信息基础设施建设等方面加以保障。

（一）制定支持农村社交电商经营的政策

从国家层面制定"互联网＋农业"的发展政策，有助于新型职业农民们明确农业发展的方向。自 2015 年来，国务院和农业相关管理部门相继出台了《关于积极推进"互联网＋"行动的指导意见》《关于促进农村电子商务加快发展的指导意见》《"互联网＋"现代农业三年行动实施方案》《农业农村大数据试点方案》《关于组织开展农业特色互联网小镇建设试点工作的通知》《关于持续加大网络精准扶贫工作力度的通知》《关于坚持农业农村优先发展，做好"三农"工作的若干意见》等政策，极大地促进了农村电子商务的发展。

然而，以上政策更多的是针对传统农业电商的发展提出的指导意见。信息技术发展日新月异，当前，全球已经进入移动互联网时代，市场需求变化很大，因此，现代农业的发展要充分发挥社交媒体的推动作用。社交电商基于社交媒体技术，借助分享、内容制作、分销等方式，实现了对传统电商模式的迭代，成为电商创新的主力军。据中国服务贸易协会《2021社交电商创新发展报告》显示，中国社交电商的市场规模在2021年达到了5.8万亿元，同比增长45%。在全球范围内，社交电商也成为主要发展趋势，其市场规模将以26%的年复合增长率增长，并在2025年达到1.2万亿美元（中研网，2022）。

社交电商迅速发展的过程中也出现了一些问题，国家需要对这一领域加以政策的引导和规范。2016年，商务部、发改委等联合发布了《电子商务"十三五"发展规划》，明确提出鼓励社交电商发展，2019年8月8日，国务院办公厅发布了《关于促进平台经济规范健康发展的指导意见》，鼓励发展平台经济新业态，加快培育新的增长点，完善社交电商的政策支持背景。目前，以抖音、快手和拼多多等为代表的农业领域的社交电商发展迅速，急需地方政府以中央政策为本，落实适合地方平台经济发展的相应发展措施。

具体来说，对于利用社交媒体开展农业创业的企业，政府可以简化企业设立手续，为旅游民宿等农业创业企业的优化完善准入条件、审批流程服务。此外，政府还可以出台"互联网＋农业"创业鼓励措施，引导新型职业农民借助社交媒体来开展农业生产经营，在农业创业的生产、加工、流通、营销等不同环节发挥作用。

（二）加强农业社交媒体经营的法规建设和宣传

新型职业农民的社交媒体网络经营首先需要健全法律法规体系。近年来，我国陆续出台了一系列与社交电商相关的法律法规，例如，2019年1月开始施行的《中华人民共和国电子商务法》，规范和保障电子商务健康发展，致力于维护广大消费者、平台经营者和平台内经营者的合法权益，维护市场秩序和公平竞争；商务部颁布的《社交电商经营规范》旨在建立行业健康发展的经营准则，为主流企业发展保驾护航，为社交电商从业者指导就业，推动品牌社交电商企业可持续发展；国家工商行政管理总局也发布了《关于加强网络市场监管的意见》（工商办字〔2015〕183号），针对社交电商、团购等商业模式提出依法监管的措施办法。这些法规为网络经营提供了法律依据，有效地约束了社交媒体经营的不良行为，净化了网络空间，也保障了新型职业农民在社交媒体上的涉农创业活动的正常开展。但是，由于社交媒体技术更新迭代快，农村社交媒体的商业模式也在不断变化，新的问题也层出不穷，给相关法律的监管带来了严峻的挑战。例如，"三农"直播是现在比较受欢迎的社交媒体经营模式，但是我国缺乏成熟的对直播进行监管的法律，虽然国务院、网信办、国家广播电视总局等相关的职能部门出台了一些有关规范电商类直播的办法与规定，但其内容都比较零散，不成体系，部分法律法规的内容只能作为指导性文件，可实施性不强。再加上职能部门缺乏协调机制、直播中违法行为不易调查取证等客观困难，这就使得"三农"直播中容易出现一些不规范的现象（王雪瑾，2021）。因此，政府应该要不断健全"三农"社交媒体经营的法规，做到有法可依。政府相关执法部门除了加强对农村社交电商的监管，还需通过文件、会议、培训、广播等不同的途径，多开展宣传教育，做好社交媒体经营普法工作，增强农民创业者的守法意识，做到诚信合法经营。

此外，农村社交媒体的经营还需做到有法必依。农民创业者存在整体文化水平不高，缺乏法律法规意识的特点，农村地区基于地缘和亲缘的社会网络又会让农民之间互相受到影响，因而，加强对相关法律法规的宣传成为"三农"社交媒体经营的重要环节。

（三）完善农村网络基础设施建设和推动信息设备在农村的普及

中国互联网络信息中心（CNNIC）发布的第49次《中国互联网络发展状况统计报告》显示，中国城市地区互联网普及率为73%，农村地区互联网普及率为57.6%，农村地区的互联网发展与城市相比仍然有一定的差距。我国农村地区地域辽阔，信息基础设施建设相对薄弱和滞后，虽然"城乡上网"的差距在持续缩小，但相比城市来说，仍有很多问题还需要解决。比如，一些地方乡村网络基础设施发展不平衡不充分；一些地方的网络覆盖水平和服务质量还有差距，偏远地区、自然村还存在覆盖盲点；一些站点和设施的功能还不够完善，用户使用的活跃度还有待提升，设施设备的利用率还不高等（北京青年报，2022）。网络基础条件的落后严重制约了这些地区农业经济的发展。

基于信息技术的农业社交电商的发展，离不开基础设施、网络服务和信息设备的保障。在基础设施方面，政府应该加快农村地区，尤其是偏远落后贫困地区的网络基础设施建设，不断完善当地的宽带和光纤网络，提高农村地区互联网的覆盖率和普及率，缩小城市与农村的信息技术差距；在网络服务方面，政府可以出台支持政策，鼓励移动和电信等通信运营商，通过加快农村地区网络建设，提高农村的上网速度，改善农村地区网络服务质量，通过降低上网资费来解决信号差、费用高等问题；在信息设备方面，国家要对农村发放购机补贴，以激发农村居民购买智能手机的欲望，丰富农村的上网设备。通过这一系列举措来提高农村上网普及率。

（四）扩大对社交媒体涉农创业的宣传和引导力度

创新扩散理论认为，一项创新内容一般按照S形曲线向接受者扩散，扩散经历5个阶段，即认知、说服、决定、实施和确认。创新内容在传播之初扩散速度是很缓慢的，少数人率先采用这种创新，当采用者数量超过某一临界值，接受人数就会迅速攀升。创新能被接受，是因为其有应用价值，潜在采用者对创新的接纳受到创新感知度的影响。因此，具有更高相对优势、兼容度、可适用性与可观察性，以及更少复杂性的创新内容会被更快接受（罗杰斯，2002）。

鉴于社交媒体使用对农业创业过程和结果具有显著的正向影响，当前，政府要加大引导力度，鼓励更多的农民学习使用社交媒体。新型职业农民开展社交媒体涉农创业也是一种创新，按照创新扩散理论的观点，对这种经营模式的推广是创新扩散的过程。为了加快社交媒体在农民中的扩散速度，必须把握住三个要点，一是增强农民们对社交媒体创业行为的认知；二是要通过对比和榜样的力量，让新型职业农民充分观察到使用社交媒体后，农业经营效果的巨大改善；三是要让新型职业农民明白使用社交媒体创业并不复杂。

因此，政府可以从以下方面加强对社交媒体涉农创业的推广：一是通过各种途径大力宣传利用社交媒体进行农业创业的政策和好处。可以利用农民们接触比较多的地方电台、农业电视频道、农业站点开展宣传，让对社交媒体比较陌生的农民们对社交媒体有更深的认识；二是发挥农业社交媒体创业榜样的"带头"和"示范"作用。在当前从事农业创业的人群中，大学生村官、新型农业经营主体负责人和返乡创业人员最早开始将社交媒体运用到农业创业中，不少已经取得了显著的成效，政府可以加强对他们成功事迹的宣传报道，借此发挥好利用社交媒体创业的示范与榜样作用，带动农村区域电子商务的发展和扩大社交媒体的使用；三是开展创业培训，提高新型职业农民的操作技能，消除农民对技术的担忧和恐惧。

（五）举办农业社交媒体创业培训

培训扶智，可以直击农民社交媒体运营的痛点，是提高新型职业农民素质和创业能力的重要途径（刘胜林 等，2020）。从培训方式来看，新型职业农民的社交媒体创业培训，需要政府、社会机构和基层组织的共同努力。从培训内容来看，针对不同类型新型职业农民，在培训内容上要有所差异，要体现出培训的针对性，以确保最后达到比较好的培训效果。

政府开设农村电商培训班，是对农村实用人才培养机制的完善。我国政府也很早就认识到可通过培训的方式来提高农民的创业能力。从2014年开始，农业农村部就联合财政部利用农村实用人才带头人和大学生村官示范培训项目，重点面向新型农业经营主体负责人和返乡下乡创业人员，开展电子商务知识在线培训和服务，促进农民创业创新，这些带头人在早期发挥了较好的电子商务创业示范与榜样作用，引起了本地新型职业农民的效仿，带动了区域电商创业活动的发展。2018年以来，农业农村部连续多年举办线上和线下农业农村电子商务专题培训班，来自30多个省份的新型农业经营主体负责人、益农信息社信息员、返乡下乡创业人员等千余名学员参加了培训。目前的培训效果普遍反映较好，之后各地方政府可以加大支持力度，继续培养信息技术使用的模范代表，通过他们来带动更多的普通新型职业农民使用社交媒体来辅助农业经营。

除了政府发挥主导和支持作用外，也要鼓励社会主体积极参与手机应用技能培训。早在2015年农业农村部就启动了农民手机应用技能培训活动，每年组织各地农业农村部门和有关企业，通过线上线下相结合的培训方式，提高广大农民运用手机查询信息、开展网络营销、获取服务的能力。利用社会的力量来培训农民，能让更多的农民受益。

此外，因为能够参加政府集中培训的人数毕竟只是少数，要想在更大的范围内提高新型职业农民利用社交媒体开展农业创业的比例，政府还应该鼓励农村基层创业空间或是农业合作社等对缺乏社交媒体使用经验的基层新型职业农民提供手把手的指导培训，通过"做中学，学中做"的方式来熟悉社交媒体的使用。

在培训内容方面，可以针对不同类型的新型职业农民开展差异化的培训。对于年纪比较大，对社交媒体使用不熟练的新型职业农民，可以开普通班或是基础班，先教授基本的社交媒体操作技能，帮助他们利用社交媒体来发布简单的信息，以此来参与社会网络互动。对于比较年轻、有社交媒体使用经验的新型职业农民可以开设提高班，请专家和创业榜样讲授社交媒体不同使用模式的使用技巧，包括如何编辑、发布农业项目信息，如何通过社群、短视频等开展内容营销，如何利用社交媒体的公众号等平台获取更多对经营有帮助的如天气、市场、经营管理和农业技术方面的信息，更好地发挥社交媒体对社会资本和创业绩效的积极作用。根据本书的结论，还可以单独开设女性新型职业农民电子商务培训班，充分发挥女性的性别优势，提高女性新型职业农民的各项能力，为女性返乡创业创造更好的条件。

二、对新型职业农民的启示

新型职业农民为乡村振兴提供了人力资源方面的支持，要想更好地利用社交媒体服务于涉农创业，他们需要不断提升自己。基于各章节的研究结果，本书认为，新型职业农民应该增强创新意识，高度重视信息技术的作用，合理利用社交媒体的不同模式，改变社会资本积累方式，加强创业学习，并不断提高自身的创业能力。

（一）培养创新素养，高度重视信息技术的作用

同城市相比，农村地区经济比较落后，人们的观念也比较保守，在有些地区，农民仍沿袭传统的经营理念来开展农业生产。这样的经营方式必然不能长久，也不可能带来创业的成功。乡村振兴战略的实施和农业的高质量发展，离不开一支有新知识、新技术、新工艺和新想法的新型职业农民队伍。创新素养是高素质新型职业农民的关键特征。现代农业是以市场为导向的农业，充分利用现代信息科技，开展先进的生产经营管理，有利于农业企业在竞争中获取优势地位。新型职业农民作为创新型农民，是现代农业发展的领路人和希望，只有主动投入到农业的变革中来，培养创新素养，引进先进科技因素，助推农业创业活动，才能走出一条希望之路。

于奕雯（2022）认为，培养新型职业农民创新素养可以从培养创新品格、创新思维、创新知识和创新实践方面着手。创新品格包括创新人格和创新情感，前者表现为具有创新的内驱力、求知欲并敢于冒险、坚韧，后者是指对创新充满好奇、热爱、自信并独立、有责任感。创新思维具有开创性、试探性和整合性。新型职业农民的创新思维主要指在农业生产经营中以记忆、感知、思考、想象、理解等能力为基础，处理新输入信息、完善或改变原有认知结构的心智活动，包括辐射思维、聚合思维和重组思维。创新知识是指新型职业农民进行农业创新活动所需要具备的各种信息和技能，包括元认知知识和专业知识。新型职业农民的创新实践是指新型职业农民参与并投入农业实践活动中，通过行动产生新价值、新产品，包括创新探究和创新行动。

社交媒体的使用于新型职业农民而言，是涉农创业中的重要创新，目前已经成为不可抵挡的趋势。因此，新型职业农民应该增强社交媒体方面的创新素养。在创新品格方面，要培养好奇心，敢于尝试，接触不同类型的社交媒体；培养坚强的意志力，正确面对社交媒体使用过程中遇到的困难，保持

对使用社交媒体新技术的信心。在创新思维方面，新型职业农民要思考怎样利用社交媒体技术在生产经营中进行品牌传播、客户关系管理、资源整合，不断突破农业生产经营的瓶颈。在创新知识方面，新型职业农民应该加强对社交媒体相关专业知识的学习，提高操作社交媒体的技能水平，熟练地掌握社交媒体工具在涉农创业中的不同功能和使用方法。在创新实践方面，新型职业农民除了要充分认识社交媒体在社会交往、信息发布、信息获取等方面可以给农业经营带来的促进作用外，更要敢于尝试在涉农创业中使用社交媒体。要借助社交媒体来创新农产品销售渠道，利用社交媒体建立自己的客户群、同行群，并维护稳定的关系，通过社交媒体定期发布信息，为农业创业项目做好公关营销，将社交媒体作为信息获取工具，助力农业创业活动。

（二）合理利用社交媒体使用的不同模式

社交媒体的功能非常丰富，它也是把双刃剑，和其他领域一样，社交媒体既可以促进新型职业农民的发展，也可能带来一些负面作用。本书着重分析社交媒体使用模式的差异及其给新型职业农民带来的影响，研究结论表明，新型职业农民在利用社交媒体开展农业创业活动时，相比于社交媒体使用时间的长短，更应该关注的是如何有效利用社交媒体。具体而言，新型职业农民可以充分发挥社交媒体的社交功能，通过社交媒体广泛开展社会互动，结识更多的朋友，来达到提高农业创业绩效的目的。由于娱乐使用对农业创业绩效会有负向影响，新型职业农民要防止自己沉溺于社交媒体的游戏和娱乐节目中，避免社交媒体使用不合理对创业活动造成阻碍。最后，无意义的项目或个人信息的发布与获取不会对创业绩效起到显著的影响作用，为此新型职业农民可以参加培训，学习社交媒体营销和运营的技能，为农业项目进行有效宣传，充分发挥认知使用模式对农业创业项目的积极推动作用。

(三)更新社会资本积累的方式

新型职业农民创业活动的开展离不开社会资本。熟悉的亲戚朋友可以为农民的涉农创业提供资金、资源、情感方面的支持,而通过桥接型社会网络带来的桥接型社会资本更为新型职业农民带来了异质性资源,在创业意向、创业绩效等方面都会带来显著的正向影响。因此,增加社会资本是新型职业农民创业成功的关键。

在传统农村社会环境下,农民之间主要靠血缘、亲缘和地缘关系维持彼此之间的社会关系,社会资本积累的速度慢,且获取的异质性社会资源的数量有限,对农民创业活动的影响也受到了制约。而现代农业的发展需要新型职业农民快速掌握更多的市场信息、开拓更大的客户群体以及整合更丰富的创业资源,因此,对于新型职业农民而言,急需通过新的渠道来更好地积累社会资本。

随着城市化进程的发展,农村社会环境发生了巨大的变化,传统社会网络关系被打破,在互联网技术的支持下,农民社会关系的维系从线下转移到了线上。本书实证结果表明,在社交媒体情境下,农村社会资本有了新的表现形式,基于熟人网络的结合型社会资本与基于陌生网络的桥接型社会资本组成了新型职业农民的社会资本,并且共同作用于整个涉农创业过程。

所以,新型职业农民在创业过程中要借助社交媒体不断积累结合型社会资本和桥接型社会资本。本书研究结果的启示是,新型职业农民要学习社交媒体不同模式的使用技巧,一方面加强与强关系的往来,不断获取更多的结合型社会资本,为自己赢得亲朋好友的支持。另一方面也要想办法利用社交媒体拓宽朋友圈,开辟新的社会关系,建立弱关系,积累桥接型社会资本,获取异质性资源,推动农业创业活动顺利开展。

（四）加强创业学习，提高创业能力

能力的差异造就了"传统农民"与"新型职业农民"之间的差别。传统农民向新型职业农民转型的过程，不是一种简单的"术语"转变，而是走向了"职业化"的道路。面对不断变化的职业经历，学习可以作为一种变量，帮助个体有效应对职业发展过程中种类繁多的工作实践（欧阳忠明、李国颖，2017）。因此，新型职业农民要想提高自身能力，走向职业化道路，"学习"就成为一种行之有效的方式。

传统农民如何通过学习向新型职业农民转型呢？通过对学术领域和实践领域的总结，目前主要包括三个传统做法：一是通过正规教育实现转型。新型职业农民可以参加农业类高校、职业院校和远程教育的学习。目前政府提供的一些农民学历提升班也属于这种性质，这种方式比较系统，可以较好地提高新型职业农民的认知水平，但是耗时比较久，农民们要花两三年的时间才能完成整个学习过程，而且受益群体比较少，不能满足更多农民转型学习的需要。二是通过非正规教育实现转型。新型职业农民应积极参加新农人培训班、致富代表培训班或是电商培训班。这类培训由专业老师现场面授，有较强的实践性和说服性，能够激发学习的兴趣，还有利于双向交流和互动，农民们可以就创业中遇到的问题请求专家的帮助，有利于当场解决这些问题。而且创业培训一般采取项目制的运作方式，操作起来灵活方便，政府往往会根据不同的培训对象设计不同的培训内容，其针对性强，效果比较好。新型职业农民需留意各类培训班的消息，选择适合自己的培训参加学习。三是通过非正式学习实现转型。新型职业农民可以通过农业发展带头人的"传、帮、带"作用来学习相关的技术和经验，然而，非正式学习毕竟缺乏系统性和专业性，受学习双方、技术等多种因素的影响，缺乏持续性，效果不一定会好。

此外，欧阳忠明和李国颖（2017）认为，新型职业农民的学习如果是自我导向性的学习，且注重动态化发展过程，可以达到更好的学习效果。农民们通过模仿学习来弥补原有知识的不足，通过经验学习来发挥先前经验的积极作用，通过反思学习来解决日常的实践问题。

新型职业农民创业学习的动态化发展意味着农民们应树立终生学习的理念，综合多种学习方式来持续不断地提高自身的创业能力。因此，在社交媒体情境下，新型职业农民的创业学习也要加以创新，要学会借助社交媒体平台开展移动学习，例如，参加新农人联合会的线上培训、加入社群、向线上专家请教、与同行交流、搜索线上资讯、订阅线上农业信息等，这些都将帮助新型职业农民保持领先的农业经营理念，快速了解市场信息，把握行业发展方向，学习先进的农业技术技能和积累经营管理经验，最终提高综合创业能力。

（五）提高自身的数字素养

新型职业农民利用社交媒体开展涉农创业活动，是乡村数字经济发展的重要内容，属于数字中国建设的重要组成部分。近年来，我国政府先后出台的《乡村振兴战略规划（2018—2022年）》《数字乡村发展战略纲要》《数字农业农村发展规划（2019—2025）》等系列政策文件，为推进数字乡村建设明确了基本方向和具体行动方案。数字乡村的全面发展客观上要求数字技术与乡村生产、生活、生态、治理等多领域全方位融合，依赖于新型职业农民对各领域数字化实践的广度和深度参与，因而对新型职业农民的数字素养提出了越来越高的要求（苏岚岚 等，2021）。当前，城市和农村的数字鸿沟问题已从先前的接入机会差距转化为现阶段的使用能力差距，提升新型职业农民的数字素养成为驱动数字乡村全面发展的重要因素。

新型职业农民的数字素养由数字化通用素养、数字化社交素养、数字化创意素养、数字化专门素养和数字化安全素养综合组成。新型职业农民的数字化通用素养越高，认知和使用数字工具的能力越强，且对不同数字工具的使用成本与收益的认知越清晰，更能认识到社交媒体等数字工具在涉农创业中发挥的作用，从而增强了数字工具的使用意愿。新型职业农民的数字化社交素养越高，越擅长利用微信、QQ、微博等社交平台或通过建立专门网站，拓展线上社会网络。在生产经营活动中主动维护与供应商、销售商、合作伙伴、顾客等利益相关群体的商业关系，能够有效增加市场销售量，扩大潜在消费群体，提升市场收益。新型职业农民的数字化创意素养越高，创建和编辑文字、图像和视频内容并进行创意化的表达、输出和传播的意识和能力越强，也就可以更好地发布信息，开展品牌传播。新型职业农民的数字化专门素养越高，在涉农创业领域处理数字化问题的能力越强。新型职业农民的数字化安全素养越高，在采用数字化技术从事涉农创业经济活动的过程中就能更好地保护个人账户信息，保障交易的安全性。维护合法权益的意识越强，也越有助于降低参与数字产业活动的风险性，促进新型职业农民数字涉农创业活动的可持续发展。

鉴于新型职业农民数字素养的重要性，结合本书的研究结论，提升新型职业农民数字素养迫在眉睫。除了政府方面从供给侧推进数字乡村建设，完善数字基础设施建设和提供数字素养培训外，还需从需求侧发力，多渠道提升新型职业农民的数字素养水平。新型职业农民应该培养创新意识，增强主动性，通过加强学习，来不断提升自己的数字化通用素养、数字化社交素养、数字化创意素养、数字化专门素养和数字化安全素养，争取在涉农创业活动中取得更好的绩效，跟上数字乡村建设的步伐。

三、社会力量的参与

（一）社交媒体平台公司的支持

在传统媒体时代，受渠道门槛和不平衡性的限制，农村群体很难获取信息和传达信息，更不用说生产信息内容。社交媒体技术的出现扭转了这一不利局面。社交媒体平台的互动性，可以让农村群体接触到全新的更为广阔的世界，了解前沿知识和科技，学习新兴技术，提高能力，改善生活。在社交媒体平台上，新型职业农民主动接触信息，作为农业农村话语权的主体，他们还可以主动创造内容，利用社交媒体来传播信息。借助社交媒体，更多农业农村的信息进入了大众视野，吸引了人们的关注，并最终带动了农村产业的发展。

乡村振兴战略的实施带来了新的机遇，社交媒体平台公司支持农业、农民和农村的发展，他们可以主动适应环境变化，为企业寻求更好的发展。当前，我国社交媒体平台公司之间竞争日趋激烈，不断获取更多的用户，提供更优质的内容，成为各家企业之间竞争成败的关键。在城市区域，社交媒体的使用率已经很高了，社交媒体平台公司要想获得发展非常困难，而农村的情况恰恰相反，在用户增长方面仍然具有较大的潜力。社交媒体公司聚焦"三农"领域除了可以获取新的用户，还为优质内容的创造提供了新的途径。李子柒等网红博主就吸引了很多用户的关注，他们的火爆表明了与"三农"相关的自媒体素材具有广阔的发展空间。

农村市场作为社交媒体平台公司未来发展的希望，其已经成为社交媒体企业公司战略的重要组成部分。多家社交媒体头部公司都积极关注"三农"领域的业务推进，提供资金、技术、经营政策、人力开发等不同方面的支持。例如，抖音推出"新农人计划"，从流量扶持、运营培训、变现指导等方面全方位扶持"三农"内容创作。在流量扶持方面，抖音将拿出合计12亿流量资源，通过"新农人推荐官"等多种活动，给予"三农"创作者流量包和

DOU+奖励，帮助其解决冷启动和曝光不足等问题，让美好乡村被更多人看到。在运营培训方面，抖音将推出运营推广小技巧、短视频爆款法则、优质"三农"内容关键要素、直播带货等全方位培训课，指导新型职业农民制订因地制宜的农产品推广宣传和营销方案。在变现方面，抖音将对加入计划的"三农"创作者提供星图、抖音小店等商业化变现工具使用指导，助力创作者快速变现（华夏时报，2020）。积极投入"三农"的另一家社交媒体平台公司是快手。截至2022年7月，快手"幸福乡村带头人计划"已发掘和扶持超100位幸福乡村带头人，覆盖27个省市地区，带动16个地方特色产业振兴，产业发展影响覆盖近千万人。接下来，快手还将拿出30亿流量资源扶持农技人，未来3年继续发掘和扶持1 000+乡村创业者，为他们提供流量资源、品牌资源和培训资源，全方位提升乡村创业者的数字化能力，从而促进带头人的乡村产业发展、增加当地就业，助力推动乡村振兴（鞭牛士，2022）。

除了加强对新型职业农民带头人的积极引导和培育，针对当前出现的不规范经营和内容低俗等负面情况，社交媒体平台也应做好相应的监管。应该根据相关法律法规要求制定平台规则，及时清理负面不良导向内容，处置违规账号，重点治理破坏网络秩序、欺骗误导大众、宣扬审丑和低级趣味等不良内容，营造良好的社交媒体网络风尚，促进"三农"领域的内容在社交媒体平台的健康传播，打造可持续发展的"三农"社交媒体生态环境。

（二）乡村创新创业组织的推动

农业要发展，农民要致富，农村要改变面貌，需要在中国农村开展创新创业。新型职业农民利用社交媒体开展涉农创业，是创新创业的重要表现。当前，在党和政府的号召下，虽然有不少农民工和大学生返乡创新创业，但是，无论是从数量还是质量来看，乡村创新创业的发展都落后于城市。因此，要实现乡村振兴的伟大战略，还需要推动农村创新创业的高质量发展。

从城市区域发展的经验来看，创新创业组织或是生态系统在创新创业活动中发挥了重要作用。良好的生态系统可以提供人才支持、进行创业辅导、营造创业氛围，这些都可以促进创新创业的扩散，不断提高创新创业企业的效益。例如，在中国各城市的科技园区、创业园区内，创业企业可以与高校科研机构开展项目合作攻关，配套产业链上下游企业又可以便捷地开展合作，科技园区还提供创业孵化服务，整个生态系统创新创业氛围浓厚，很容易形成良性的互动，有利于促进整个园区企业的发展。农村创新创业的高质量发展也可以借鉴城市的做法，组建乡村创新创业组织或是生态系统。

目前，在政府的引导下，成立了以"星创天地"为主体的中国农村地区创新创业组织。据资料显示，"星创天地"针对未来农业科技发展，为新型农业创新创业提供"一站式"开放性综合服务。它以农业科技园区、科技特派员创业基地、科技型企业、农民专业合作社等为载体，通过吸纳返乡农民工、大学生、农业致富带头人创新创业，利用线下孵化载体和线上网络平台，聚集创新资源和创业要素，促进农业科技成果转化与产业化。星创天地等农村创新创业组织的出现，也推动了新型职业农民社交媒体创业活动的发展，在电商技术指导等方面发挥了重要的作用。例如，泉州向阳乡国家级星创天地"三农互联网+创客空间"自2015年创建以来，集人才交流培训、农产品线上线下展销、乡村产业推广为一体，通过优质的运营，实现了人才队伍持续壮大、农业生产提质增效、农业企业成长加速。2020年，创客示范基地又变身"乡约向阳"直播基地，书记、乡长化身"主播"走进田间地头带头直播带货，助力农户及扶贫户的产品销售。2020年累计开展直播活动70多场次，新媒体电商销售额累计约500多万元，其中，帮助贫困户销售120多万元，经验做法被新华社、人民网等主流官方媒体报道。向阳乡还有一个巾帼创客空间示范基地，以"互联网+合作社+创客""互联网+家庭农场+农户"等服务模式，为妇女事业发展注入新活力，为女大学生拓宽就业渠道。累计带动巾帼合作社3家，辐射带动农户、贫困户30多名，仅2020年累计销售额400多万元（搜狐网，2021）。在龙岩连城，鹰巢众创空间也凝聚了连城电商创业的精英人才，并且成为返乡创业者交流学习的平台，它在项目承接、品牌孵化、产业规划和资源整合方面发挥了重要的作用。

现有的以星创天地为代表的不少乡村创新创业组织显著推动了乡村的高质量发展，但是，中国农村地域广阔，让更多的新型职业农民利用社交媒体开展现代农业经营，需要更多的"星创天地"，需要这些创新创业组织积极带动新型职业农民掌握创新技术，因此，更多创新创业组织的参与和正确辅导是未来实现乡村振兴的必然选择。

（三）新媒体运营机构与联盟机构的助力

当前，新型职业农民尝试借助社交媒体工具，开展"三农"领域内容创作，传播"三农"信息，推广直播带货。新媒体的出现，确实给新型职业农民的涉农创业带来了一定的效益，但是也还存在一些问题：如农民缺乏自媒体运营的专业知识和技能，创新度不够；"三农"自媒体的内容创作质量不高，同质化现象严重，有些短视频的内容低俗违法，不利于良好社会风气的形成，部分短视频存在侵权现象；"三农"自媒体盈利模式难以形成，效果不理想等（李肃浩，2022）。可见，靠农民的"单打独斗"和自己摸索是很难在社交电商激烈的竞争中胜出的。

鉴于此，"三农"社交媒体的发展需要专业新媒体运营机构的参与助力。专业新媒体运营机构可以寻找内容优质的新型职业农民博主进行包装，帮助农民提高视频质量。对于需要推广的农产品，这些公司也可以寻找平台进行推广，帮助新型职业农民获取更多的流量。他们还可以培养农民网络红人，或借助网红的力量来销售产品，实现商业变现，获取更好的盈利。

未来，专业新媒体运营公司需要根据市场的需求深入农村，既为乡村振兴提供直播带货产业规划、资源协调等支持，又要将自己发展成为孵化农民主播的"助农MCN（多频道网络）"机构。专业的新媒体运营公司可以为新型职业农民提供培训，传授实用的短视频制作技巧和直播技巧，培养地方自己的网红农民主播。农民们就可以实现常态化的直播带货，从而获取更好的收益。此外，还可以借助专业新媒体运营公司的力量打造农业品牌（郭伟欣 等，2022），扩大产品的知名度和美誉度，塑造农业可持续发展的能力。

要想更好地应对挑战，农业新媒体人还可以抱团取暖、联合发展。2017年，"农业新媒体联盟"在北京成立，这是中国农业新媒体人自发成立的民间合作、互助组织，是由北方农资、农地圈、农业行业观察、新农资360、云种养、骏景农业、"三农"视点、农业技术、农药助手、长江蔬菜、中国动物保健等数十家企业及媒体共同发起的农业新媒体合作平台，目前联盟聚合了涵盖农资、种植、养殖、农业电商、农村金融、土地流转、休闲农业、有机农业等领域各平台的KOL（关链意见领袖）超过600个，合作的农业新媒体超过1 000家，覆盖逾3亿用户，联盟2018年累计流量超过80亿（赵安之，2021）。更多农业自媒体联盟的成立，可以推动新型职业农民涉农创业自媒体的发展。

第十章 结论与展望

一、研究结论

有关新型职业农民涉农创业活动的研究已经成为农业经济和创业研究领域的一个关键性课题。新型职业农民的涉农创业绩效由于环境、资源和创业者能力等因素的不同而表现出了巨大的差异。宏观环境视角对农业创业绩效的研究更加关注政策环境、经济环境和文化环境的影响，对其他环境因素的探讨比较少。社交媒体在涉农创业活动中的广泛运用是新型职业农民创业活动的一个新现象，它体现了信息技术环境的变化，对当前的涉农创业活动产生了重要影响，并将继续影响到新型职业农民未来的创新行为与结果。在教育领域、公共管理领域和工商企业管理领域，学者们对社交媒体使用的目的、模式、效果等相关问题开展了学术研究，而基于新型职业农民社交媒体使用情况及其行为结果的研究却比较缺乏，无法真实地了解新的信息技术环境下新型职业农民创业活动的新特点、新规律。

本书以使用与满足理论、社会资本理论、资源依赖理论、资源基础理论和创业过程理论为基础，将文献分析与社会调查相结合，利用 SPSS 和 Amos 统计分析软件，围绕新型职业农民社交媒体创业这一中心主题，开展了新型职业农民社交媒体使用现状调查和分析、新型职业农民社交媒体使用模式实证研究、新型职业农民社交媒体使用模式与社会资本关系研究、社交媒体嵌入与新型职业农民动态创业能力关系研究和社交媒体情境下新型职业农民社会资本对创业绩效影响研究等几个模块内容的分析和研究，从新型职业农民社交媒体使用的现象出发，层层深入，不断挖掘新型职业农民利用社交媒体开展创业活动的新特点、新规律，揭示社交媒体信息技术环境对新型职业农民创业活动过程及结果的影响路径与影响程度。最终，本书对每个模块相关内容的研究都得出了相应的结论。

（一）新型职业农民社交媒体使用的主要类型及其强度

本书第三章和第四章通过对二手资料收集和访谈、问卷调研的方式，收集到当前新型职业农民社交媒体使用的真实情况资料，得出如下结论：社交媒体已经成为辅助农业创业活动开展的重要工具，按照使用频率的高低来划分，在农业创业活动中使用的社交媒体主要包括微信、短视频、团购网站、支付宝、QQ、微博等，其中，微信得到最为广泛的使用，也是新型职业农民最常使用的社交媒体。快手和抖音作为一种新兴的短视频营销工具，也受到了较多新型职业农民的欢迎，目前，QQ成为第二受欢迎的社交媒体。在移动互联网时代，农村社交媒体的流行趋势与全国范围社交媒体的发展趋势是同步的。

在使用强度方面，大部分的新型职业农民在社交媒体诞生的时候就开始使用这一工具，初期只是简单地作为一个通信工具，帮助新型职业农民进行信息的沟通，而后随着社交媒体种类增多，功能不断丰富，社交媒体在农业经营产品营销、客户关系管理等环节的嵌入日益加深，并最终使创业者形成了一定的依赖性。从"日均使用时长"来看，大部分新型职业农民的日均使用时长在"1～3小时"，从事农产品销售的新型职业农民使用时长更久。据"最常使用的社交媒体上朋友的数量"调查结果显示，社交媒体扩大了新型职业农民的朋友圈，使他们的朋友数量显著增加。社交媒体使用强度的三个测量变量统计结果表明，农村与农业领域的创业已卷入移动互联网的浪潮，成为涉农创业中不可缺少的工具，几乎所有的新型职业农民对社交媒体都有依赖性，少部分依赖性极强，离开了社交媒体就无法开展创业活动。

（二）新型职业农民社交媒体使用的主要模式及其影响因素

本书第五章在对新型职业农民调研数据进行因子分析的基础上，实证研究发现，当前新型职业农民社交媒体使用模式主要分为社交使用、娱乐使用和认知使用三种模式。新型职业农民通过社交媒体的社会交往功能来开展创业团队内外的沟通，利用社交媒体的电子媒体功能进行信息的收集和发布，并借助社交媒体视频、游戏等娱乐功能丰富农村创业生活。基于使用与满足理论，社交媒体使用可以更好地满足新型职业农民涉农创业活动中不同方面的需要，因此在农村创业实践中得到了快速而广泛的普及和发展。

然而，在新型职业农民个体之间，社交媒体使用模式还是存在差异的，研究本书第五章的差异发现，新型职业农民的培训经历和经营领域对社交媒体使用模式会产生影响。从培训经历因素来看，接受过培训的新型职业农民的社交模式使用水平和认识模式使用水平均显著高于未接受过培训的新型职业农民。从经营领域因素来看，在社交使用模式上，从事休闲农业和乡村旅游的新型职业农民的社交使用模式水平明显高于从事农产品加工的新型职业农民；在娱乐使用模式上，不同经营领域的新型职业农民娱乐使用模式水平没有显著差异；在认知使用模式上，不同经营领域的新型职业农民的认知使用模式水平存在显著差异，从事第三产业，如农业旅游业的新型职业农民的认知使用模式水平高于从事农业生产领域和加工领域的新型职业农民。

（三）新型职业农民社交媒体使用与社会资本之间的关系

本书第六章构建了社交媒体社交使用模式、娱乐使用模式、认知使用模式与新型职业农民结合型社会资本和桥接型社会资本之间的关系模型，研究结果表明，社交媒体使用的社交使用、娱乐使用和认知使用三种模式均分别会显著正向作用于新型职业农民的结合型社会资本与桥接型社会资本，即，新型职业农民使用社交媒体后，结合型社会资本与桥接型社会资本都得到了显著的增加，社交媒体使用的不同模式是促进新型职业农民社会资本积累的重要途径。其中，社交使用模式对结合型社会资本的正向促进作用明显高于娱乐使用模式和认知使用模式，认知使用模式对桥接型社会资本的正向影响又高于社交使用模式和娱乐使用模式。因此，由于使用了社交媒体，新型职业农民的"强关系"资源和"弱关系"资源都得到了有效的增加。

（四）社交媒体嵌入与新型职业农民动态创业能力之间的关系

本书第七章从嵌入性的视角，把对新型职业农民影响较大的社交媒体使用功能界定为网络社群嵌入和网络媒体嵌入，分别考察不同嵌入方式与创业过程中社会资本、创业学习和新型职业农民创业能力之间的关系，得出如下结论：社交媒体是提高新型职业农民创业能力的重要工具。新型职业农民分散在农村各地，整体受教育程度不高，要通过提高创业能力来抵御和防范涉农创业风险，本书结论证明社交媒体嵌入对新型职业农民创业能力的总效应是显著的，因而要高度重视新型职业农民创业能力培养中社交媒体作用的发挥。社交媒体以网络社群嵌入和网络媒体嵌入的方式分别对新型职业农民创业能力发挥积极作用。两种方式同样重要，缺一不可，加强对新型职业农民社交媒体使用的指导是提升其创业能力的关键。创业学习和社会资本在新型职业农民社交媒体使用和创业能力之间发挥显著的完全中介作用。社交媒体对创业能力的直接影响有限，只有当新型职业农民主动利用社交媒体开展创业学习，增加社会资本积累，创业能力才会显著提升。

(五)社交媒体情境下社会资本与新型职业农民创业绩效

本书第八章在资源基础理论和创业过程模型的基础上,构建了社交媒体情境下新型职业农民社会资本、创业能力和创业绩效之间的关系模型。通过收集来自福建省不同地区的 326 份新型职业农民的问卷开展实证研究,得出如下结论:在社交媒体情境下,无论是结合型社会资本还是桥接型社会资本,均会显著正向影响新型职业农民的创业绩效,而且,两者的作用效果差异不大。因此,新型职业农民一方面要赢得亲朋好友的支持,加强关系,保持往来,获取更多的结合型社会资本;另一方面也要获取异质性资源,积累桥接型社会资本,推动农业创业活动顺利开展。

此外,社交媒体情境下,社会资本对创业绩效的作用受到新型职业农民创业能力的制约,创业能力不同,新型职业农民利用社会资本开展创业活动的方式及其效果也存在差异。机会能力强的新型职业农民,利用桥接型社会资本将显著促进创业绩效的提高。运营能力强的新型职业农民,利用结合型社会资本来开展农业创业会取得更好的效果。

(六)促进新型职业农民利用社交媒体创业的启示

本书第九章在前面各章研究结论的基础上,提出了促进新型职业农民利用社交媒体创业的启示。首先是政府提供政策和条件保障,包括制定支持农村社交电商经营的政策、加强农业社交媒体经营的法规建设和宣传、完善农村网络基础设施建设和推动信息设备在农村的普及、扩大对社交媒体涉农创业的宣传和引导力度、举办农业社交媒体创业培训五个方面。其次是为新型职业农民涉农创业提供发展建议,包括培养创新素养、高度重视信息技术的作用、合理利用社交媒体使用的模式、更新社会资本积累的方式,加强创业学习、提高创业能力、提高自身的数字素养七个方面。最后是鼓励社会力量积极参与到促进新型职业农民社交媒体涉农创业中,包括社交媒体平台公司的支持、乡村创新创业组织的推动和新媒体运营机构与联盟的助力三个方面。

二、研究不足与展望

（一）研究不足

本书对社交媒体情境下新型职业农民的涉农创业活动进行分析，在新型职业农民社交媒体使用的表现与效果、社交媒体使用对创业过程重要因素的影响及社交媒体使用与创业绩效的关系等方面获得了一些新的发现，但是由于自身水平、时间和精力等因素的限制，本书尚存在一些不足，研究成果也有一定局限性，主要体现在样本的局限性、指标测量科学性不足和实证数据静态性等问题上。

1. 样本的局限性

由于相关因素的限制，本书在发放调研问卷的时候，只选取了福建省新型职业农民为调研对象进行研究数据的收集，虽然调研的新型职业农民来自福建省，但是中国毕竟是一个很大的国家，有众多省份，各省省情差距较大，新型职业农民利用社交媒体开展创业活动的情况也存在差异，单一省份的调研结果未必适用于全国。

2. 指标测量的科学性有待提高

尽管本书相关指标体系的构建大都基于成熟的量表，并充分考虑了新型职业农民访谈的实际情况和专家的意见，但在科学性方面仍然有待提高，例如，在创业学习变量的测量上，本书只是选取了一些主要题项来进行测量，存在一定片面性。在创业绩效的测量上，由于客观数据获取不易，本书采用主观评价法，虽然这样做有一定的合理性，但是也有其局限性，未来研究最好结合客观数据来提升结果的可靠性。

3. 实证中数据的静态性问题

本书在对社交媒体情境下的新型职业农民创业进行研究时，第一，通过文献分析和深度访谈来探索研究的关键变量和变量之间的关系。第二，借助相关理论构建研究模型，提出研究假设。第三，开展实证研究设计，明确变量的测量和数据的收集方法。第四，对收集的数据进行处理和分析，通过结果得出研究结论。这是创业研究中常见的实证研究范式，总体比较严谨、可靠，具有较好的科学性，但是也存在静态性的局限。本书所搜集的是静态截面数据，而新型职业农民的社交媒体使用行为和创业行为都是一个动态过程，静态数据的研究发现未必能全面地反映新型职业农民的真实创业情况，如果能采用动态跟踪的方式搜集数据进行研究会更为准确。

4. 研究内容有待深化

本书基于新型职业农民社交媒体使用的现状，分析社交媒体对新型职业农民社会资本、创业学习、动态创业能力和创业绩效的影响，主要考虑的是社交媒体使用的后置结果效应，没有分析社交媒体使用的前置影响因素，无法了解新型职业农民使用社交媒体的具体原因。在后置结果效应的分析中，采用的是大样本的分析，没有对样本进行分类，无法深入探索不同样本之间的差异，中国新型职业农民社交媒体使用的特殊情况还没有发现。本书将社交媒体作为一个统一变量来考虑，但是社交媒体的不同表现形式在涉农创业中所发挥的作用是不一样的，这也是一个可以深化的研究内容。

（二）研究展望

以本书的研究局限及前人不足为鉴，未来研究可着重从以下方面加以改善。

1. 扩充取样的地域范围

除了福建省外，未来研究可以在全国范围内进行更大样本的调查。问卷的发放区域应尽可能考虑创业活跃度、地理因素、农业发展水平等多个方面，通过对全国各地更富有代表性的新型职业农民的调查、研究和分析，来更加全面而真实地理解中国新型职业农民的社交媒体创业全景。

2. 选取更加客观的变量测量数据

本书在研究中主要用李克特量表来收集测量变量的研究数据，存在一定的主观性。未来研究可以考虑搜集相关数据库平台，寻找可以测量变量的数据库指标，通过更加客观的数据来分析新型职业农民的社交媒体创业行为，获得更加科学的研究成果。

3. 开展跨越时序的纵向研究

由于静态数据的研究只能反映问卷填答者当时静态的状况，存在一定的时滞性和片面性，要想更加全面地了解新型职业农民使用社交媒体创业的发展变化情况，未来研究可以考虑通过获取时间序列数据，来开展纵向的动态研究。可借鉴美国 PSED（创业动态跟踪调查）的设计思路，随机选取一定数量的调查样本进行动态跟踪调研，在调研期内每隔一段固定时间对选取的调研样本进行一次电话访谈、问卷调研，建立调查样本成长数据库。

4. 进一步深化和丰富研究内容

从社交媒体信息技术视角来分析，新型职业农民创业行为是一个比较创新的研究领域，当前学术界的研究成果比较有限，未来仍然有许多地方可以深入挖掘，例如，中国地域广阔，不同地域的新型职业农民在媒介素养方面存在差异，社交媒体使用的程度和效果必然也存在差异。鉴于社交媒体有着丰富的类型，不同类型之间的差异还比较大，未来可以对比较受新型职业农民欢迎的微信、快手短视频社交媒体进行具体研究，或许可以从中得到一些更实用的新发现。

当前中国的社交媒体技术正在快速变化，在涉农创业领域的创业研究还有很多可以延伸的地方。本书研究结论认为，社交媒体使用对于新型职业农民的涉农创业活动是有正向促进作用的，因此，有必要进一步推动社交媒体在农业农村中的普及，未来研究可以对社交媒体使用的前置影响因素加以分析，找到促进新型职业农民高效利用社交媒体的关键变量。从使用效果来看，社交媒体使用除了会影响社会资本、创业学习、创业能力、创业绩效等组织内部和自身因素外，对新型职业农民社群的影响也不容忽视，这种创新扩散行为的发生是通过什么机制发挥作用的，也很值得探讨。从更宏观的视角来看，社交媒体使用是科技发展的必然趋势，其对农业、农村和农民的影响也是全方位的，未来可以开展跨学科交叉研究，从农民创业的可持续性、生态农业经营理念、农村生活的满意度、主观幸福感、乡村振兴作用等方面进行影响效果分析。

5. 进一步验证新型职业农民利用社交媒体创业对策的有效性

本书所提出的对策主要是基于理论分析和实证研究结果，并没有对这些提出的措施进行有效性验证，未来研究可以进一步验证这些对策的有效性。此外，本书对社会力量参与因素做了简单的分析，而事实上这个问题包含的内容十分广泛，其对新型职业农民利用社交媒体开展创业活动的影响也比较复杂，感兴趣的学者可以做进一步的深入研究。

参考文献

一、英文参考文献

(一) 专著类

ANDERSON J,RAINIE L, 2010.The Future of Social Relations [M] .Pew Research Centers Internet and American Life Project.

BURT R S,1995. Structural Holes:the Social Structure of Competition [M] .Harvard University Press.

BOURDIEU P,1977. Outline of a Theory of Practice [M] . Cambridge university press,.

GRANOVETTER M S,SWEDBERG R, 1992.The Sociology of economic life [M] .The Sociology of economic life.

HAIR J F, BLACK B, BABIN B J, et al, 2011. Multivariate Data Analysis [M] .Springer-Verlag Berlin Heidelberg.

KLINE R B, 2015. Principles and Practice of Structural Equation Modeling [M] . Guilford publications.

LEHMANN J,JOSEPH S, 2015. Biochar for Environmental Management: Science, Technology and Implementation [M] . Routledge.

POLANY K, 1957. The Economy as Instituted Process in Trade and Market in the early Empire [M] . The Free Press.

TIMMONS J A, SPINELLI S, ENSIGN P C, 2010. New Venture Creation [M] . McGraw-Hill/Irwin.

TEECE D J, PISANO G, SHUEN A, 2009. Dynamic Capabilities and Strategic Management

[M]. Oxford University Press.

YIN R , THOUSAND S, 2009. Case Study Research: Design and Methods (4th ed.) [M]. Blackwell Science Ltd.

(二)期刊类

AHMAD N H , HALIM H A , ZAINAL S R M, 2010. Is Entrepreneurial Competency the Silver Bullet for SME Success in a Developing Nation [J] .*International Business Management*,4(2):67-75.

AHMAD N H , RAMAYAH T , WILSON C , et al, 2010. Is Entrepreneurial Competency and Business Success Relationship Contingent upon Business Environment?: a study of Malaysian SMEs [J]. *International Journal of Entrepreneurial Behaviour and Research*, 16(3-4):182-203.

AHUJA G, KATILA R, 2010. Where do Resources Come from? the Role of Idiosyncratic Situations [J]. *Strategic Management Journal*, 25(8-9):887-907.

ALI-HASSAN H , NEVO D , WADE M, 2015. Linking Dimensions of Social Media Use to Job Performance: the Role of Social Capital [J]. *the Journal of Strategic Information Systems*, 24(2): 65-89.

ANDERSON-WILK M, 2009. Changing the Engines of Change: Natural Resource Conservation in the Era of Social Media [J]. *Journal of Soil and Water Conservation*, 64(4):129A-131A.

BARNEY J, 1991. Firm Resources and Sustained Competitive Advantage [J] .*Journal of management*, 17(1): 99-120.

BARON R A, 1998. Cognitive Mechanisms in Entrepreneurship: Why and when Entrepreneurs Think Differently than Other People [J]. *Journal of Business Venturing*, 13(4):275-294.

BARTLETT C A , GHOSHAL S, 1998. The Myth of the Generic Manager: New Personal Competencies for New Management roles [J]. *California Management Review*, 40(1):92-116.

BERGH P, THORGREN S, WINCENT J, 2011. Entrepreneurs Learning Together:The Importance of Building Trust for Learning and Exploiting Business Opportunities [J] .*International Entrepreneurship and Management Journal*, 7(1):17-37.

BERTERO C O, 1967. Modern Organizations [J]. *Rev.Adm.Empres*, 7(25):171-175.

BIRLEY S, 1985. The Role of Networks in the Entrepreneurial Process [J] .*Journal of Business Venturing*, 1(1):107-117.

BITE B, DESHMUKH A and DRESEL H A, 2017. A Study on Role of Social Media in Agriculture Marketing and its Scope [J] . *Global Journal of Management and Business Research*, 17(1):33-36.

BIZZI L,2020. Should HR Managers Allow Employees to Use Social Media at Work? Behavioral and Motivational Outcomes of Employee Blogging [J] .*The International Journal of Human Resource Management*, 31(10):1285-1312.

BURKE A E, FITAROY F R, NOLAN M A, 2002. Self-employment Wealth and Job Creation: The Roles of Gender, Non-pecuniary Motivation and Entrepreneurial Ability [J] .*Small Business Economics*, 19(3):255-270.

BARON R S, 1986. Distraction-Conflict Theory: Progress and Problems [J] . *Advances in Experimental Social Psychology*, (19): 1-40.

BARTLETT C A , GHOSHAL S, 1998. The Myth of the Generic Manager: New Personal Competencies for New Management Roles [J] . *California Management Review*, 40(1):92-116.

BRUYAT C , JULIEN P, 2001. Defining the Field of Research in Entrepreneurship [J] . *Journal of Business Venturing*, 16(2):165-180.

CAI L, HUGHES M, YIN M, 2014. The Relationship between Resource Acquisition Methods and Firm Performance in Chinese New Ventures: The Intermediate Effect of Learning Capability [J] . *Journal of Small Business Management*, 52(3):365-389.

CAI Z, HUANG Q, LIU H, et al,2018. Improving the Agility of Employees through Enterprise Social Media: The mediating Role of Psychological Conditions [J] .*International Journal of Information Management*, 38(1):52-63.

CAMISON C, VILLAR L A, 2014. Organizational Innovation as an Enabler of Technological Innovation Capabilities and Firm Performance [J] . *Journal of Business Research*, 67(1): 2891-2902.

CAO X, YU L, 2019. Exploring the Influence of Excessive Social Media Use at Work: A Three-dimension Usage Perspective [J] . *International Journal of Information Management*

(46):83-92.

CARDON M S,WINCENT J,SINGH J,et al, 2009. The Nature and Experience of Entrepreneurial Passion [J]. *The Academy of Management Review*, 34(3):511-532.

CHANDLER G N , JANSEN E, 1992. The Founder's Self-assessed Competence and Venture Performance [J]. *Journal of Business Venturing*, 7(3):223-236.

CHANG H H, JUSAT D R, 2009. Internet Access and Farm Household Income-empirical Evidence Using a Semi-parametric Assessment in Taiwan [J] .*Journal of Agricultural Economics* (60):348-366.

CHEN C C, GREENE P G,1998. Does Entrepreneurial Self- efficacy Distinguish Entrepreneurs From Managers [J]. *Journal of Business Venturing* (13):295-316.

CHEN X, WEI S, DAVISON R M, et al, 2020. How do Enterprise Social Media Affordances Affect Social Network Ties and Job Performance? [J]. *Information Technology and People*, 33(1):361-388.

CHEN X, WEI S,2019. Enterprise Social Media Use and Overload: A Curvilinear Relationship [J]. *Journal of Infor- mation Technology*, 34(1):22-38.

CHEN Y, FAY S, WANG Q, 2011. The Role of Marketing in Social Media: How Online Consumer Reviews Evolve [J]. *Journal of interactive marketing*, 25(2):85-94.

CHIRSTIAN B , PIERRE A J, 2001. Defining the Field of Research in Entrepreneurship [J]. *Journal of Business Venturing*, 16(2):165-180.

CHU K W, DU H S, 2013. Social Networking Tools for Academic Libraries [J]. *Journal of Librarianship and Information Science*, 45(1):64-75.

COLE H , GRIFFITHS M D, 2007. Social Interactions in Massively Multiplayer Online Role-playing Gamers [J]. *Cyberpsychology and behavior*, 10 (4):575-583.

COLEMAN J S, 1988. Social Capital in the Creation of Human Capital [J]. *American Journal of Sociology* (94):95-120.

COLTMAN T , DEVINNEY T M, 2013. Modeling the Operational Capabilities for Customized and Commoditized Services [J]. *Journal of Operations Management*, 31(7-8):555-566.

COLWELL J , PAYNE J, 2000. Negative Correlates of Computer Game Play in Adolescents [J]. *British Journal of psychology*, 91(3):295-310.

CONNOLLY T,CONLON E J,DEUTSCH S J, 1980.Organizational Effectiveness: A Multiple

Constituency Approach［J］. *Academy of Management Review*, 5(2):211-217.

COOPER A C, ARTZ K W, 1995. Determinants of Satisfaction for Entrepreneurs［J］. *Journal of Business Venturing*, 10(6): 439-457.

COPE J, 2011. Entrepreneurial Learning from Failure: An Interpretative Phenomenological Analysis［J］. *Journal of Business Venturing*, 26(6) :604-623.

CUI Y, 2014. Examining Farmers Markets' Usage of Social Media: an Investigation of a Farmers Market Facebook Page［J］. *Journal of Agriculture, Food Systems, and Community Development*, 5(1): 87-103.

DAVIDSSON P, HONIG B, 2003. The Role of Social and Human Capital Among Nascent Entrepreneurs［J］. *Journal of Business Venturing*, 18(3):301-331.

DUARTE ALONSO A, BRESSAN A, O'SHEA M, et al, 2013. Website and Social Media Usage: Implications for the Further Development of Wine Tourism, Hospitality, and the Wine Sector［J］. *Tourism Planning and Development*, 10(3): 229-248.

ELLISON N B, GIBBS J L, WEBER M S, 2015. The Use of Enterprise Social Network Sites for Knowledge Sharing in Distributed Organizations: The Role of Organizational Affordances［J］. *American Behavioral Scientist*, 59(1): 103-123.

ELLISON N B, STEINFIELD C, LAMPE C, 2007. The Benefits of Facebook "friends": Social Capital and College Students Use of Online Social Network Sites［J］. *Journal of Computer-Mediated Communication*, 12(4):1143-1168.

ELLISON N B, VITAK J, GRAY R, et al, 2014. Cultivating Social Resources on Social Network Sites: Facebook Relationship Maintenance Behaviors and their Role in Social Capital Processes［J］. *Journal of Computer-Mediated Communication*, 19(4): 855-870.

FORNELL C, LARCKER D F, 1981. Evaluating Structural Equation Models with Unobservable Variables and Measurement Error［J］. *Journal of marketing research*, 18(1): 39-50.

FU J, SAWANG S, SUN Y, 2019. Enterprise Social Media Adoption: Its Impact on Social Capital in Work and Job Satisfaction［J］. *Sustainability*, 11(16) : 4453.

GAO Y, GE B S, LANG X X, 2018. Impacts of Proactive Orientation and Entrepreneurial Strategy on Entrepreneurial Performance: An Empirical Research［J］. *Technological Forecasting and Social Change* (135): 178-187.

GRANOVETTER M, 1985. Economic Action and Social Structure: The Problem of Embeddedness [J]. *American Journal of Sociology*, 91(3):481-510.

GRANOVETTER M S,1973. The Strength of Weak Ties [J]. *American Journal of Sociology*, 7(8):1360-1380.

GUO Y, LI Y, ITO N, 2014. Exploring the Predicted Effect of Social Networking Site Use on Perceived Social Capital and Psychological Well-being of Chinese International Students in Japan. [J]. *Cyberpsychol Behav Soc Netw*, 17(1):52-58.

HANG Y, JIAO H, OGILVIE D, et al, 2010. An Empirical Study of Mechanisms to Enhance Entrepreneurs' Capabilities Through Entrepreneurial Learning in an Emerging Market[J]. *Journal of Chinese Entrepreneurship*, 2(2):196-217.

HINDS P J, BAILEY D E, 2003. Out of Sight, out of Sync: Understanding Conflict in Distributed Teams [J]. *Organization science*, 14(6): 615-632.

HINDS P J, MORTENSEN M, 2005.Understanding Conflict in Geographically Distributed Teams: The Moderating Effects of Shared Identity, Shared Context, and Spontaneous Communication [J]. *Organization science*, 16(3): 290-307.

HOLCOMB T R, IRELAND R D, HOLMES R M,et al, 2009. Architecture of Entrepreneurial Learning:Exploring the Link Among Heuristics, Knowledge, and Action [J]. *Entrepreneurship Theory and Practice*, 33(1):167-192.

INEGBEDION H, INEGBEDION E, ASALEYE A, et al, 2021. Use of Social Media in the Marketing of Agricultural Products and Farmers' Turnover in South-South Nigeria [J]. *F1000 Research* (9):1220.

JANTUNEN A,PUUMALAINEN K,SAARENKETO S, et al, 2005. Entrepreneurial Orientation, Dynamic Capabilities and International Performance [J]. *Journal of International Entrepreneurship*, 3(3):223-243.

JENSEN R T, 2010.Information, Efficiency, and Welfare in Agricultural Markets [J]. *Agricultural Economics*, 41(1):203-216.

KABIR M S, HOU X, AKTHER R, et al, 2012. Impact of Small Entrepreneurship on Sustainable Livelihood Assets of Rural Poor Women in Bangladesh [J]. *International Journal of Economics and Finance*, 4(3):265-280.

KANE G, ALAVI M, LABIANCA G, et al, 2014. What's Different about Social Media Networks? A Framework and Research Agenda [J]. *MIS Quarterly*, 38(1):274-304.

KAPLAN A M, HAENLEIN M, 2010. Users of the World, Unite! The Challenges and Opportunities of Social Media [J]. *Business Horizons*, 53(1):59-68.

LAUREIRO M D, BRUSONI S, CANESSA N, et al, 2015. Understanding the exploration-exploitation dilemma: An fMRI study of attention control and decision-making performance [J]. *Strategic Management Journal*, 36(3):319-338.

LAUWERE C, 2005. The Role of Agricultural Entrepreneurship in Dutch Agriculture of Today [J]. *Agricultural Economics*, 33(2): 229-238.

LECLER C J, KINGHORN J, 2014. Dynamic Capabilities, Expert and Entrepreneurial Learning [J]. *South African Journal of Business Management*, 45(2):65-81.

LIN N, 1999. Building a Network Theory of Social Capital [J]. *Connections*, 22(1):28-51.

LIU D, CHEN B, YANG C, et al, 2016. Caching at the Wireless Edge: Design Aspects, Challenges, and Future Directions [J]. *IEEE Communications Magazine*, 54(9): 22-28.

LIU D, CHEN X P, YAO X, 2011. From Autonomy to Creativity: A Multilevel Investigation of the Mediating Role of Harmonious Passion [J]. *Journal of Applied Psychology*, 96(2) : 294-309.

LONGMAN H, O'CONNOR E, OBST P, 2009. The Effect of Social Support Derived from World of Warcraft on Negative Psychological Symptoms [J]. *Cyberpsychology and behavior*, 12(5): 563-566.

LU B, GUO X, LUO N, et al, 2016. Corporate Blogging and Job Performance: Effects of Work-related and Nonwork-related Participation [J]. *Journal of Management Information Systems*, 32(4):285-314.

LU Y J, D S S, PAN T T, 2019. Does Usage of Enterprise Social Media Affect Employee Turnover? Empirical Evidence from Chinese Companies [J]. *Internet Research: Electronic Networking Applications and Policy*, 29(4):970-992.

LUNPKIN G T, LICHTENSTEIN B B, 2005. The Role of Organizational Learning in the Opportunity-recognition Process [J]. *Entrepreneurship Theory and Practice*, 29(4):451-472.

LUQMAN A, TALWAR S, MASOOD A, et al, 2021. Does Enterprise Social Media Use Promote Employee Creativity and Well-being? [J]. *Journal of Business Research*(131):40-54.

MAN T, LAU T, CHAN K F, 2002. The Competitiveness of Small and Medium Enterprises: A Conceptualization with Focus on Entrepreneurial Competencies [J]. *Journal of Business Venturing*, 17(2):123-142.

MAN T W Y, LAU T, CHAN K F, 2008. Home-grown and Abroad-bred Entrepreneurs in China: A Study of the Influences of External Context on Entrepreneurial Competencies [J]. *Journal of Enterprising Culture*, 16(2): 113-132.

MAN T W Y, 2012. Developing a Behaviour-centred Model of Entrepreneurial Learning [J]. *Journal of Small Business and Enterprise Development*, 19(3):549-566.

MANGOLD W G, FAULDS D J, 2009. Social Media: The New Hybrid Element of the Promotion Mix [J]. *Business Horizons*, 52(4):357-365.

MARCH J G, 1991. Exploration and Exploitation in Organizational Learning [J]. *Organization science*, 2(1):71-87.

MARVEL M R, LUMPKIN G T,2007. Technology Entrepreneurs' Human Capital and Its Effects on Innovation Radicalness [J]. *Entrepreneurship Theory and Practice*, 31(6): 807-828.

MEHTA K, MARETZKI A, SEMALI L, 2011. Trust, Cell Phones, Social Networks and Agricultural Entrepreneurship in East Africa: A Dynamic Interdependence [J]. *African Journal of Food, Agriculture, Nutrition and Development*, 11(6): 5373-5388.

MICHEELS E T, NOLAN J F, 2016. Examining the Effects of Absorptive Capacity and Social Capital on the Adoption of Agricultural Innovations: A Canadian Prairie Case Study [J]. *Agricultural Systems* (145):127-138.

MILGRAM T S, 1969. An experimental Study of the Small World Problem [J]. *Sociometry*, 32(4):425-443.

MINNITI M, BYGRAVE W, 2001. A Dynamic Model of Entrepreneurial Learning [J]. *Entrepreneurship Theory and Practice*, 25(3):5-16.

MITCHELL T R, HOLTOM B C, LEE T W, et al, 2001.Why People Stay: Using Job Embeddedness to Predict Voluntary Turnover [J]. *Academy of Management Journal*, 44(6): 1102-1121.

MITCHELMORE S, ROWLEY J, 2010. Entrepreneurial Competencies: A Literature Review and Development Agenda [J]. *International Journal of Entrepreneurial Behaviour and Research*, 16(2):92-111.

MOLONY T, 2008. Running Out of Credit: The Limitations of Mobile Telephony in a Tanzanian Agricultural Marketing System [J]. *The Journal of Modern African Studies*, 46(4):637-658.

MORAN P, 2005. Structural and Relational Embeddedness: Social Capital and Managerial Performance [J]. *Strategic Management Journal*, 26(12):1129-1151.

MORRIS M H, KURATKO D F, SCHINDEHUTTE M, et al, 2012. Framing the Entrepreneurial Experience [J]. *Entrepreneurship: Theory and Practice*, 36(1):11-40.

MORRIS W, JAMES P, 2017. Social Media, an Entrepreneurial Opportunity for Agricultural Based Enterprises [J]. *Journal of Small Business and Enterprise Development*, 24(4):1028-1045.

MICHEELS E T, NOLAN J F, 2016. Examining the Effects of Absorptive Capacity and Social Capital on the Adoption of Agricultural Innovations: a Canadian Prairie Case Study [J]. *Agricultural Systems* (145):127-138.

NAHAPIET J, GHOSHAL S, 1998. Social Capital, Intellectual Capital, and the Organizational Advantage [J]. *Knowledge and Social Capital*, 23(2):242-266.

NASER V, SAJAD R, WAN K W I, 2017. Examining Learning Strategies, Creativity, and Innovation at SMEs Using Fuzzy Set Qualitative Comparative Analysis and PLS Path Modeling [J]. *Journal of Business Research*, 70(1):224-233.

NATH P, NACHIAPPAN S, RAMANATHAN R, 2010. The Impact of Marketing Capability, Operations Capability and Diversification Strategy on Performance: A Resource-based View [J]. *Industrial Marketing Management*, 39(2): 317-329.

NILMANAT R, 2011. Investigating Image Usage and Tacit Knowledge Sharing in Online Communities [J]. *International Journal of Innovation and Learning*, 10(4):350-364.

NIVEDHITHA K S, MANZOOR A S, 2020. Get Employees Talking Through Enterprise Social Media! Reduce Cyberslacking:A Moderated Mediation Model [J]. *Internet Research*, 30(4):1167-1202.

NIVEDHITHA K S, MANZOOR A K S, 2020.Get Employees Talking Through Enterprise Social Media Reduce Cyberslacking: A Moderated Mediation Model [J]. *Internet Research*, 30(4): 1167-1202.

OFFONG G O, COSTELLO J, LANGE T, 2017. Enterprise Social Media Impact on Human Resource Practices [J]. *Evidence-based HRM: A Global Forum for Empirical Scholarship*, 5(3):328-343.

OU C X, DAVISON R, 2011. Interactive or Interruptive? Instant Messaging at Work [J]. *Decision Support Systems*, 52(1):61-72.

OZGEN E, BARON R A, 2007. Social Sources of Information in Opportunity Recognition: Effects of Mentors, Industry Networks, and Professional Forums [J]. *Journal of Business Venturing*, 22(2):174-192.

PEMPEK T A, YERMOLAYEVA Y A, CALVERT S L, 2009. College Students' Social Networking Experiences on Facebook-Science Direct [J]. *Journal of Applied Developmental Psychology*, 30(3):227-238.

PETKOVA A P, 2009. A Theory of Entrepreneurial Learning from Performance Errors [J]. *International Entrepreneurship Management Journal*, 5(4): 345-367.

PITAFI A H, LIU H, CAI Z, 2018.Investigating the Relationship Between Workplace Conflict and Employee Agility:The Role of Enterprise Social Media [J]. *Telematics and Informatics*, 35(8): 2157-2172.

POLITIS D, 2010.The Process of Entrepreneurial Learning:A Conceptual Framework [J]. *Entrepreneurship Theory and Practice* Journal, 29(4):399-424.

PORTES A, 1998.Social Capital: Its Origins and Applications in Modern Sociology [J]. *Annual Review of Sociology*, (24):1-24.

PUTNAM R D, 1999. The Prosperous Community: social and Public Life [J]. *The American prospect*.

QUAN-HAASE A, WELLMAN B, 2004. Local Virtuality in a High-Tech Networked Organization [J]. *Analyse und Kritik*, 26(1):241-257.

RICE R E, EVANS S K, PEARCE K E, et al, 2017. Organizational media affordances: Operationalization and Associations with Media Use [J]. *Journal of Communication*, 67(1):106-130.

RUFFIERO T E, 2000. Uses and Gratifications Theory in the 21st Century [J]. *Mass communication and society*, 3(1): 3-37.

SHANE S, 2000. Prior Knowledge and the Discovery of Entrepreneurial Opportunities [J]. *Organization science*, 11(4):448-469.

STAM W, ELFRING T, 2008. Entrepreneurial Orientation and New Venture Performance: The Moderating Role of Intra-and Extra-industry Social Capital [J]. *Academy of Management Journal*, 51(1):97-111.

STEINFIELD C, ELLISON N B, LAMPE C, 2008. Social Capital, Self-esteem, and Use of Online Social Network Sites: A Longitudinal Analysis [J]. *Journal of Applied Developmental Psychology*, 29(6):434-445.

TEIGLAND R, WASKO M, 2009. Knowledge Transfer in MNCs: Examining How Intrinsic Motivations and Knowledge Sourcing Impact Individual Centrality and Performance [J]. *Journal of International management*, 15(1):15-31.

TREEM J W, LEONARDI P M, 2013. Social Media Use in Organizations: Exploring the Affordances of Visibility, Editability, Persistence, and Association [J]. *Annals of the International Communication Association*, 36(1):143-189.

TREGEAR A, COOPER S, 2016. Embeddedness, Social Capital and Learning in Rural Areas: The Case of Producer Cooperatives [J]. *Journal of Rural Studies*, (44):101-110.

UCBASARAN D, WESTHEAD P, WRIGHT M, 2009. The Extent and Nature of Opportunity Identification by Experienced Entrepreneurs [J]. *Journal of Business Venturing*, 24(2):99-115.

VALENZUELA S, PARK N, KEE K F, 2009. Is There Social Capital in a Social Network Site?: Facebook Use and College Students' Life Satisfaction, Trust, and Participation1 [J]. *Journal of Computer-Mediated Communication*, 14(4):875-901.

VAN OSCH W, STEINFIELD C W, 2016. Team Boundary Spanning: Strategic Implications for the Implementation and Use of Enterprise Social Media [J]. *Journal of Information Technology*, 31(2): 207-225.

VARGAS N, BEGONA L M, SALAZAR A, et al, 2018. Effect of Exploitation and Exploration on the Innovative as Outcomes in Entrepreneurial Firms [J]. *International*

Entrepreneurship and Management Journal, 14(4):1-17.

WANG C L, CHUGH H, 2014. Entrepreneurial Learning: Past Research and Future Challenges [J]. *International Journal of Management Reviews*, 16(1):24-61.

WEI C, PITAFI A H, KANWAL S, et al, 2020. Improving Employee Agility Using Enterprise Social Media and Digital Fluency: Moderated Mediation Model [J]. *IEEE Access* (8): 68799-68810.

WERNERFELT B, 1984. A Resource-based View of the Firm [J]. *Strategic Management Journal*, 5(2): 171-180.

WESTHEAD P, UCBASARAN D, WRIGHT M, 2005. Decisions, Actions, and Performance: Do Novice, Serial, and Portfolio Entrepreneurs Differ? [J]. *Journal of Small Business Management*, 43(4):393-417.

WILLIAMS D, 2006. On and off the Net: Scales for Social Capital in an Online Era [J]. *Journal Computer-Mediated Communication* (11):593-628.

WU L, 2013. Social Network Effects on Productivity and Job Security: Evidence from the Adoption of a Social Networking Tool [J]. *Information systems research*, 24(1): 30-51.

YUCHTMAN E, SEASHORE E S, 1967. A System Resource Approach to Organizational Effectiveness [J]. *American Sociological Review*, 32 (6):891-903.

ZAWISLAK P A, CHERUBINI A A, TELLO G J, et al, 2012. Innovation Capability: From Technology Development to Transaction Capability [J]. *Journal of technology management and innovation*, 7(2):14-27.

ZENG X, WEI L, 2013. Social Ties and User Content Generation: Evidence from Flickr [J]. *Information systems research*, 24(1): 71-87.

ZHANG W, COOPER W W, DENG H, et al, 2010. Entrepreneurial Talent and Economic Development in China [J]. *Socio-Economic Planning Sciences*, 44(4):178-192.

ZHANG Y, JIAO H, OGILVIE D, et al, 2010. An Empirical Study of Mechanisms to Enhance Entrepreneurs' Capabilities Through Entrepreneurial Learning in an Emerging Market [J]. *Journal of Chinese Entrepreneurship*, 2(2):196-217.

ZOONEN W V, RICE R E, 2017. Paradoxical Implications of Personal Social Media Use for Work [J]. *New Technology, Work and Employment*, 32(3):228-246.

（三）其他类

BOURDIEU P, 1986. The Forms of Capital [M] //J RICHARDSON.Handbook of Theory and Research for the Sociology of Education.New York: Greenwood Press, 241-258.

BARBASSA J.Farmers Defend Way of Life with Facebook,Twitter [EB/OL].(2010-07-02) [2023-7-26].https://phys.org/news/2010-07-farmers-defend-life-facebook-twitter.html.

BURKE M, KRAUT R, MARLOW C, 2011. Social capital on Facebook: Differentiating Uses and Users [C] //Proceedings of the SIGCHI Conference on Human Factors in Computing Systems, 571-580.

CAO X, VOGEL D R, GUO X, et al, 2012. Understanding the Influence of Social Media in the Workplace: an Integration of Media Synchronicity and Social Capital Theories [C] //2012 45th Hawaii International Conference on System Sciences. IEEE, 3938-3947.

CHO K M, TOBIAS D J, 2010. Impact Assessment of Direct Marketing of Small and Mid-Sized Producers through Food Industry Electronic Infrastructure Market Maker [C]. International Conference on World Food System.

DOBSON J, DUNCOMBE R, NICHOLSON B, 2010. Utilising the Internet to Improve Peasant Artisan Incomes: Evidence from Mexico [C] // What Kind of Information Society? Governance, Virtuality, Surveillance, Sustainability, Resilience-ifip Tc 9 International Conference, Hcc9 and Ifip Tc 11 International Conference, Cip, Held As. DBLP.

LAW P M, MAN K C, 2008. Fostering Knowledge Exchange in Online Communities: a Social Capital Building Approach [C] // Proceedings of the International Conference on Information Systems, ICIS 2008, Paris, France, December 14-17.

MURRAY E A, 2013.Fertile Ground for a Social Movement:Social Capital in Direct Agriculture Marketing [D]. University of South Florida.

PUTNAM R D, 2000. Bowling Alone:The Collapse and Revival of American Community [C] // ACM Conference on Computer Supported Cooperative Work. ACM.

STANLEY S. Harnessing Social Media in Agriculture [EB/OL]. https://ruralleaders.co.nz/harnessing-social-media-in-agriculture-sophie-stanley/.

TUMIBAY G M, LAYUG F T, YAP D S, et al, 2016. Increasing the Value of Farm Products: Connecting Farmers and Consumers Through an E-commerce System [C] //the 18th

Annual International Conference.ACM.

VITAK J , ELLISON N B , STEINFIELD C, 2011. The Ties That Bond: Re-Examining the Relationship between Facebook Use and Bonding Social Capital［C］// System Sciences (HICSS), 2011 44th Hawaii International Conference on. IEEE.

ZHANG S Y, ZHANG Z, REN J. Transform Farming with the Help of Social Media a Pioneering Chinese Community Supported Agriculture (CSA) Farm and its Micro Blog USA［C］//20th Pacific Asia Conference on Information Systems, PACIS 2016.

二、中文参考文献

（一）专著类

埃弗雷特·罗杰斯，2002．创新的扩散（第4版）［M］．辛欣等，译．北京：中央编译出版社．

布尔迪厄，1997．文化资本与社会炼金术［M］．上海：上海人民出版社．

弗朗西斯·福山等，2016．信任：社会美德与创造经济繁荣［M］．桂林：广西师范大学出版社．

杰弗里·蒂蒙斯等，2005．创业学（第6版）［M］．周伟民，译．北京：人民邮电出版社．

罗伯特·K·殷，2014．案例研究方法的应用（第3版）［M］．周海涛，夏欢欢，译．重庆：重庆大学出版社．

吴明隆，2010．问卷统计分析实务：SPSS操作与应用［M］．重庆：重庆大学出版社．

（二）期刊类

毕砚昭，张捷，聂琦，等，2020．员工社交媒体使用的作用效果及理论机制——研究述评与展望［J］．管理现代化，40（4）：119-123．

边燕杰，丘海雄，2000．企业的社会资本及其功效［J］．中国社会科学（2）：87-99．

边燕杰，2004．城市居民社会资本的来源及作用：网络观点与调查发现［J］．中国社会科学（3）：136-146．

蔡莉，汤淑琴，马艳丽，等，2014．创业学习、创业能力与新企业绩效的关系研究［J］．科学学研究，32（8）：1189-1197．

蔡荣，蔡书凯，2013. 粮食主产区农户订单参与行为及交易绩效研究——以安徽省水稻种植户为例[J]. 财贸研究，24（2）：29-36.

曹博林，2011. 社交媒体：概念、发展历程、特征与未来——兼谈当下对社交媒体认识的模糊之处[J]. 湖南广播电视大学学报，47（3）：65-69.

曾福生，李星星，2016. 扶持政策对家庭农场经营绩效的影响——基于SEM的实证研究[J]. 农业经济问题，37（12）：15-22.

曾亿武，陈永富，郭红东，2019. 先前经验、社会资本与农户电商采纳行为[J]. 农业技术经济（3）：38-48.

曾亿武，邱东茂，郭红东，2017. 集群社会资本影响农户网店经营绩效的机理分析[J]. 西北农林科技大学学报（社会科学版），17（4）：67-73.

陈彪，蔡莉，陈琛，等，2014. 新企业创业学习方式研究——基于中国高技术企业的多案例分析[J]. 科学学研究，32（3）：392-399.

陈寒松，牟筱笛，贾竣云，2020. 创业企业何以提高创新绩效——基于创业学习与商业模式创新协同联动视角的QCA方法[J]. 科技进步与对策，37（6）：19-26

陈鸣，刘增金，2018. 金融支持对家庭农场经营绩效的影响研究[J]. 资源开发与市场，34（6）：819-824.

陈启杰，江若尘，曹光明，2010. "市场—政策"双重导向对农业企业绩效的影响机制研究——以泛长三角地区农业龙头企业为例[J]. 南开管理评论，13（5）：123-130.

陈万明，池倩文，钱梦烨，等，2019. 创业资源共享对大学生创业绩效的影响——基于有调节的中介模型[J]. 技术经济，38（6）：90-98.

陈卫平，2015. 社区支持农业（CSA）消费者对生产者信任的建立：消费者社交媒体参与的作用[J]. 中国农村经济（6）：33-46.

陈卫平，2015. 通过参与增进信任：社区支持农业消费者参与对消费者信任的影响[J]. 探索（3）：101-107.

陈旭，2019. 互联网+农业场景营销模式创新研究[J]. 农业经济（3）：131-133.

陈旭阳，陈松，2016. 大学生异质化创业能力对创业绩效的影响——创业团队的中介作用[J]. 科技管理研究，36（8）：222-228.

陈昭玖，朱红根，2011. 人力资本、社会资本与农民工返乡创业政府支持的可获性研究——基于江西1145份调查数据[J]. 农业经济问题，32（5）：54-59.

仇童伟，2017. 农地产权、要素配置与家庭农业收入［J］. 华南农业大学学报（社会科学版），16（4）：11-24.

崔宝玉，刘学，2014. 政府财税扶持、企业异质性与经营绩效——来自482家国家级农业龙头企业的经验证据［J］. 经济管理，36（10）：11-23.

崔海云，施建军，2013. 服务创新、顾客体验价值与休闲农业企业绩效［J］. 南京社会科学（11）：33-38.

崔海云，施建军，2013. 开放式创新、政府扶持与农业龙头企业绩效的关系研究［J］. 农业经济问题，34（9）：84-91.

崔海云，施建军，2013. 协同创新、承诺与农业龙头企业绩效关系的实证研究——基于京津冀地区农业龙头企业的调研［J］. 现代管理科学（11）：3-5.

单标安，蔡莉，鲁喜凤，等，2014. 创业学习的内涵、维度及其测量［J］. 科学学研究，32（12）：1867-1875.

但斌，刘墨林，邵兵家，等，2017. "互联网+"生鲜农产品供应链的产品服务融合商业模式［J］. 商业经济与管理（9）：5-14.

丁慧，吕长江，黄海杰，2018. 社交媒体、投资者信息获取和解读能力与盈余预期——来自"上证e互动"平台的证据［J］. 经济研究，53（1）：153-168.

董保宝，葛宝山，2014. 新企业风险承担与绩效倒U型关系及机会能力的中介作用研究［J］. 南开管理评论，17（4）：56-65.

董保宝，周晓月，2015. 网络导向、创业能力与新企业竞争优势——一个交互效应模型及其启示［J］. 南方经济（1）：37-53.

杜品品，王涛，郝喜玲，等，2022. 数字生态系统中创业机会的形成与发展：基于社会资本理论的探究［J］. 心理科学进展，30（6）：1205-1215.

方亚琴，夏建中，2013. 社会资本的来源：因果解释模型及其理论争辩［J］. 学术交流（9）：131-136.

费来风，2021. 乡村自媒体短视频：农村群体主体性的再现［J］. 记者观察（33）：118-120.

封玫，刘克春，2017. 社会网络对中小农业企业创业成长绩效的影响分析——来自江西省的调查数据［J］. 农林经济管理学报，16（6）：746-751.

冯臻，衣鹁，俞琴棋，2017. 社交媒体视角下顾客体验管理创新实证研究［J］. 商业经济研究（6）：26-29.

甘春梅，2017. 社交媒体使用动机与功能使用的关系研究：以微信为例［J］. 图书情报工作，61（11）：106-115.

戈锦文，范明，肖璐，2016. 社会资本对农民合作社创新绩效的作用机理研究——吸收能力作为中介变量［J］. 农业技术经济（1）：118-127.

葛宝山，滕星均，柳燕，2009. 基于组织绩效视角的创业绩效理论研究［J］. 管理现代化（2）：33-35.

葛宝山，许蓝月，2021. 创业团队内部社会资本如何重塑创业精神——一个三维调节效应研究［J］. 吉林大学社会科学学报，61（5）：55-66.

耿献辉，刘志民，2013. 农民学习能力对生产经营绩效的影响——基于山东省大蒜主产区272个农户调查数据的实证研究［J］. 南京农业大学学报（社会科学版），13（6）：27-32.

耿献辉，周应恒，2014. 农民的人脉关系、市场导向与经营绩效——来自我国大蒜主产区的调查［J］. 农业经济问题，35（1）：71-78.

耿新，2009. 企业家社会资本、吸收能力与组织动态能力——以小型科技企业为例［J］. 经济理论与政策研究（00）：112-135.

古继宝，陈兆锋，吴剑琳，2017. 创业者社交主动性对新创企业机会识别的影响——有调节的中介效应模型［J］. 科学学与科学技术管理，38（5）：169-180.

顾雷雷，彭俞超，2014. 运营能力和营销能力对企业绩效的贡献——中国IT行业上市公司数据分析［J］. 重庆大学学报（社会科学版），20（1）：56-63.

郭铖，何安华，2017. 社会资本、创业环境与农民涉农创业绩效［J］. 上海财经大学学报，19（2）：76-85.

郭海，2010. 监督机制、企业家创业能力与绩效关系研究［J］. 商业经济与管理（6）：40-46.

郭红东，丁高洁，2013. 关系网络、机会创新性与农民创业绩效［J］. 中国农村经济（8）：78-87.

郭瑾，2015. 90后大学生的社交媒体使用与公共参与——一项基于全国12所高校大学生调查数据的定量研究［J］. 黑龙江社会科学（1）：120-128.

郭如良，刘子玉，肖嘉琳，等，2019. 社会资本、政策认知与农民职业化意愿——基于江西省"一村一名大学生工程"调查数据的实证［J］. 农林经济管理学报，18（3）：337-346.

郭伟欣，邓诩嘉，邱缘森，2022. 乡村振兴战略背景下基于MCN模式的"三农"网红带货创新路径与价值研究［J］. 智慧农业导刊，2（11）：35-39.

郭羽，伊藤直哉，2016. 基于使用与满足理论的微信使用行为与效果研究［J］. 新闻界（8）：54-57.

郭羽，2016. 线上自我展示与社会资本：基于社会认知理论的社交媒体使用行为研究［J］. 新闻大学（4）：67-74.

韩金，张生太，白少一，2021. 社交网络用户人格特质对社会资本积累的影响——基于微信的研究［J］. 管理评论，33（2）：239-248.

何晓斌，蒋君洁，杨治，等，2013. 新创企业家应做"外交家"吗？——新创企业家的社交活动对企业绩效的影响［J］. 管理世界（6）：128-137.

何晓斌，柳建坤，王轶，2021. 电子商务对返乡创业绩效的作用及影响机制研究［J］. 研究与发展管理，33（2）：16-28.

贺建平，黄肖肖，2020. 城市老年人的微信使用与主观幸福感：以社会资本为中介［J］. 新闻界（8）：57-66.

贺小刚，沈瑜，连燕玲，2006. 企业家社会关系与高科技企业的成长［J］. 经济管理（15）：47-50.

侯德恩，林晨，熊爱华，2022. 拨开农业创业失败复兴迷雾：失败学习与创业能力的共演过程［J］. 科技进步与对策（3）：1-10.

胡贝贝，王胜光，任静静，2015. 互联网时代创业活动的新特点——基于创客创业活动的探索性研究［J］. 科学学研究，33（10）：1520-1527.

黄德林，宋维平，王珍，2007. 新形势下农民创业能力来源的基本判断［J］. 农业经济问题（9）：8-13.

黄含韵，2015. 中国青少年社交媒体使用与沉迷现状：亲和动机、印象管理与社会资本［J］. 新闻与传播研究，22（10）：28-49.

黄昊舒，何军，2018. 新媒体、社会资本与农民工的工作搜寻——基于长三角四市的调查分析［J］. 南京农业大学学报（社会科学版），18（1）：54-63.

黄丽佳，袁勤俭，2018. 印象管理理论及其在信息系统研究中的应用与展望［J］. 现代情报，38（11）：172-177.

黄梦思，孙剑，曾晶，2017."农业龙头企业＋农户"营销渠道：契约功能、伙伴合作与交易绩效［J］．南京农业大学学报（社会科学版），17（5）：121-131．

江波，高娜，2013．创业心理资本：创业心理研究的新视角［J］．心理技术与应用（3）：3-6．

蒋剑勇，郭红东，2012．创业氛围、社会网络和农民创业意向［J］．中国农村观察（2）：20-27．

解学梅，王丽君，2019．用户参与对企业新产品开发绩效的影响机理：基于在线社区视角［J］．南开管理评论，22（3）：91-102．

荆宁宁，黄申奥，李德峰，2017．创新文化、顾客创新、社交媒体与创新质量之间的关系——有调节的中介效应模型［J］．宏观质量研究，5（4）：117-130．

井润田，孙璇，2021．实证主义vs诠释主义：两种经典案例研究范式的比较与启示［J］．管理世界，37（3）：198-216．

李安，李朝晖，2014．创业制度环境对家庭农场型创业绩效影响实证研究——基于Kostova制度环境三维度框架和结构方程模型［J］．新疆农垦经济（12）：22-28．

李道和，池泽新，2011．政策支持与农业龙头企业绩效关系研究——以江西省为例［J］．农业技术经济（12）：4-10．

李国英，2015．大互联网背景下农业信息化发展空间及趋势——借鉴美国的经验［J］．世界农业（10）：15-20．

李海波，毛现桩，2021．城市社会网络嵌入对农民工返乡创业意愿的影响——基于结构和关系双维度嵌入的实证分析［J］．城市问题（4）：33-42．

李后建，刘维维，2018．家庭的嵌入对贫困地区农民创业绩效的影响——基于拼凑理论的实证检验［J］．农业技术经济（7）：132-142．

李辉，王聪，2016．企业家社会资本对组织动态能力的作用路径研究——基于自主创新水平的中介效应分析［J］．经济经纬，33（2）：107-112．

李练军，杨石美，李冬莲，2021．新生代农民工返乡创业能力、创业模式与创业路径：机会与资源的视角［J］．农业经济与管理（4）：85-92．

李娜娜，张宝建，2021．创业生态系统演化：社会资本的理论诠释与未来展望［J］．科技进步与对策，38（5）：11-18．

李宁，何文剑，仇童伟，等，2017．农地产权结构、生产要素效率与农业绩效［J］．管理世界（3）：44-62．

李肃浩，2022. 乡村振兴战略下"三农"自媒体的破圈、困境与破局［J］. 农业经济（3）：136-138.

李旭，李雪，2019. 社会资本对农民专业合作社成长的影响——基于资源获取中介作用的研究［J］. 农业经济问题（1）：125-133.

梁成艾，陈俭，2018. 武陵山区农村劳动力就业创业能力提升评价指标体系研究［J］. 江西师范大学学报（哲学社会科学版），51（2）：92-99.

梁春晓，沈红，2020. 基于体验学习视角的大学生创业学习维度探析［J］. 湖南农业大学学报（社会科学版），21（4）：83-92.

林筠，韩鑫，张敏，2017. 结合型与桥接型社会资本对双元创新的影响［J］. 科学学研究，35（10）：1557-1566.

刘斌，辛伟涛，2020. 互联网是否会激活机会型创业？——基于创业动机视角的实证研究［J］. 经济评论（5）：98-108.

刘传江，覃艳丽，李雪，2018. 网络社交媒体使用、社会资本积累与新时代农业转移人口的城市融合——基于六市1409个样本的调查［J］. 杭州师范大学学报（社会科学版），40（6）：98-108.

刘刚，张泠然，梁晗，等，2021. 互联网创业的信息分享机制研究——一个整合网络众筹与社交数据的双阶段模型［J］. 管理世界，37（2）：107-125.

刘和海，潘阳，2018. "以学习者为中心"：赋权理论视角下的个性化学习实践逻辑［J］. 中国电化教育（8）：100-106.

刘宏杰，陆浩，张楠，等，2012. 基于微博的六度空间理论研究［J］. 计算机应用研究，29（8）：2826-2829.

刘嘉琪，齐佳音，2021. 社交媒体情境下企业信号传递对短期销售收入的影响研究：以社会资本为中介变量［J］. 管理评论，33（4）：193-204.

刘婧，王征兵，张洁，2017. 家庭农场的个体差异、要素投入与规模经济研究——基于山西省109家果蔬类家庭农场的实证分析［J］. 西部论坛，27（3）：14-24.

刘克春，张明林，包丽，2011. 多元化非农经营战略对农业龙头企业产出绩效影响的实证分析——基于江西省农业龙头企业的经验数据［J］. 中国农村经济（12）：25-34.

刘克春，2015. 农业企业与农户的社会网络对企业绩效的影响分析——基于产业化经营的中小农业企业调查［J］. 中国农村经济（9）：43-56.

刘年辉，2006. 社会资本与媒体产业发展［J］. 新闻与传播研究，13（2）：50-55.

刘然，徐小我，马琮淦，2017. 社交媒体在虚拟学习共享空间的应用研究［J］. 图书情报工作，61（8）：54-59.

刘胜林，王雨林，李冬梅，2020. 民族山区新型职业农民培训评价的影响因素研究——基于 Y 县 327 份问卷的 Logistic-ISM 模型分析［J］. 农村经济（10）：138-144.

刘影，魏凤，2014. 微观环境与农民创业绩效关系研究——基于陕西省 223 名农民创业者的实证分析［J］. 华东经济管理，28（9）：167-171.

刘玉国，王晓丹，尹苗苗，等，2016. 互联网嵌入对创业团队资源获取行为的影响研究——创业学习的中介作用［J］. 科学学研究，34（6）：916-922.

龙勇，常青华，2008. 创业能力、突变创新与风险资本融资关系——基于中国高新技术企业的实证研究［J］. 南开管理评论（3）：65-71.

罗明忠，陈明，2014. 人格特质、创业学习与农民创业绩效［J］. 中国农村经济（10）：62-75.

罗明忠，罗琦，2016. 家庭禀赋对农民创业影响研究［J］. 经济与管理评论，32（5）：13-19.

罗明忠，邹佳瑜，卢颖霞，2012. 农民的创业动机、需求及其扶持［J］. 农业经济问题，33（2）：14-19.

罗明忠，2012. 个体特征、资源获取与农民创业——基于广东部分地区问卷调查数据的实证分析［J］. 中国农村观察（2）：11-19.

吕涛，2019. 同质性偏好、社会影响力还是条件效应？——社会资本的条件性来源与回报［J］. 西北师范大学报（社会科学版），56（6）：23-31.

马红玉，陈梦妍，夏显力，2020. 社会资本、心理资本与新生代农民工创业绩效［J］. 科研管理，41（11）：193-201.

马鸿佳，董保宝，常冠群，2010. 网络能力与创业能力——基于东北地区新创企业的实证研究［J］. 科学学研究（7）：1008-1014.

马鸿佳，吴娟，郭海，等，2021. 创业领域即兴行为研究：前因、结果及边界条件［J］. 管理世界，37（5）：211-229.

马鸿佳，吴娟，郎春婷，2018. 新创企业即兴行为到惯例的形成机理：基于创业学习视角［J］. 外国经济与管理，40（11）：116-128.

马蓝，2019. 新创企业创新驱动对企业绩效的影响机制——创业拼凑及创业学习有调节的中介作用［J］. 科技进步与对策，36（18）：87-95.

毛飞，钱燕婷，赵泽瑾，等，2021．互联网使用频率对农村女性创业的影响——基于CGSS（2017）的实证分析［J］．农村金融研究（4）：14-23．

马红梅，陈柳钦，2012．农村社会资本理论及其分析框架［J］．河北经贸大学学报，33（2）：10-19．

宁光杰，2012．自我雇佣还是成为工资获得者——中国农村外出劳动力的就业选择和收入差异［J］．管理世界（月刊）（7）：54-66．

农业部，2017．农业部关于印发《"十三五"全国新型职业农民培育发展规划》的通知［J］．中华人民共和国农业部公报（2）：52．

欧阳忠明，李国颖，2017．传统农民向新型职业农民转型过程中的学习研究［J］．河北师范大学学报（教育科学版），19（6）：60-66．

彭少峰，赵奕钧，汪禹同，2021．社会资本、资源获取与返乡农民工创业绩效——基于长三角地区的实证［J］．统计与决策，37（22）：81-84．

戚晓明，2017．人力资本、家庭禀赋与被征地农民就业——基于CFPS2014数据的分析［J］．南京农业大学学报（社会科学版），17（5）：59-67．

戚涌，饶卓，2017．社交指数、风险倾向与创业——制度环境的调节作用［J］．科技进步与对策，34（1）：1-8．

秦红增，刘佳，2009．超越村落：文化农民社会资本的扩展及其结构研究［J］．中国农业大学学报（社会科学版），26（4）：62-71．

秦双全，李苏南，2015．创业经验与创业能力的关系——学习能力与网络技术的作用［J］．技术经济，34（6）：48-54．

饶芳萍，马贤磊，石晓平，2016．土地产权安全性对生态友好型农业项目增收绩效的影响——以新疆林果套种项目为例［J］．南京农业大学学报（社会科学版），16（6）：96-108．

任锋，李树茁，刘玲睿，2016．农民工机会性与必要性创业的个人资本差异［J］．厦门大学学报（哲学社会科学版）（4）：146-156．

芮正云，史清华，2018．中国农民工创业绩效提升机制：理论模型与实证检验——基于"能力—资源—认知"综合范式观［J］．农业经济问题（4）：108-120．

桑培光，2013．浅议基于资源视角农业企业成长问题研究［J］．企业导报（10）：94-95．

宋林，何洋，2021．互联网使用对中国城乡家庭创业的影响研究［J］．科学学研究，39（3）：489-498．

宋帅，李梦，2021. 数字金融对农民创业决策的影响［J］. 华南农业大学学报：社会科学版，20（5）：38-49.

宋晓洪，丁莹莹，2017. 社会网络、创业学习与创业能力关系的量表设计及检验［J］. 统计与决策（24）：89-92.

宋瑛，杨露，宋帅，2021. 互联网嵌入、社会资本与农户电商创业渠道选择——基于黔渝350份农户微观调查数据［J］. 宁夏社会科学（6）：169-179.

苏岚岚，彭艳玲，孔荣，2016. 农民创业能力对创业获得感的影响研究——基于创业绩效中介效应与创业动机调节效应的分析［J］. 农业技术经济（12）：63-75.

苏岚岚，张航宇，彭艳玲，2021. 农民数字素养驱动数字乡村发展的机理研究［J］. 电子政务（10）：42-56.

孙世强，陶秋燕，2019. 小微企业关系强度、知识共享与其创新绩效关系研究——吸收能力的调节效应［J］. 科学决策（5）：14-33.

谭思，陈卫平，2018. 如何建立社区支持农业中的消费者信任——惠州四季分享有机农场的个案研究［J］. 中国农业大学学报（社会科学版），35（4）：103-116.

汤建尧，曾福生，2014. 经营主体的农地适度规模经营绩效与启示——以湖南省为例［J］. 经济地理，34（5）：134-138.

汤静，韦兴凤，2019. 政策支持、心理资本对农民旅游创业意愿影响研究——以湘西十八洞村为例［J］. 怀化学院学报，38（1）：29-35.

汤淑琴，陈彪，陈娟艺，2018. 知识共享对新企业双元机会识别的动态影响研究［J］. 情报科学，36（1）：141-146.

汤学兵，吴磊，李峰波，2020. 城市化、社会网络与农民工自雇创业：以平邑县油篓村为例［J］. 产经评论，11（5）：89-103.

唐红涛，谢婷，2022. 数字经济与农民收入消费双提升［J］. 华南农业大学学报（社会科学版），21（2）：70-81.

唐靖，姜彦福，2008. 创业能力概念的理论构建及实证检验［J］. 科学学与科学技术管理（8）：52-57.

田敏，夏春玉，2016. 契约型农业中收购商管理控制与农户投机行为和绩效：农户感知公平的作用［J］. 商业经济与管理（5）：5-17.

万生新，李世平，宁泽逵，2012. 社会资本视角下农民用水户满意度研究——基于陕西省宝鸡峡灌区农民用水户的调查［J］. 经济问题（2）：78-82.

汪雨雨，姚万军，张辉，2020. 电子商务发展下社会资本对农户创业选择的影响——基于CHIP2013 农村居民数据的实证分析［J］. 调研世界（10）：20-25.

王辉，朱健，2021. 农民工返乡创业意愿影响因素及其作用机制研究［J］. 贵州师范大学学报（社会科学版）（6）：79-89.

王建，2019. 村庄非农化、社会资本与农民家庭收入［J］. 华南农业大学学报（社会科学版），18（2）：71-83.

王洁琼，孙泽厚，2018. 新型农业创业人才三维资本、创业环境与创业企业绩效［J］. 中国农村经济（2）：81-94.

王金杰，牟韶红，盛玉雪，2019. 电子商务有益于农村居民创业吗？——基于社会资本的视角［J］. 经济与管理研究，40（2）：95-110.

［王明杰，2016. 主要发达国家城市创新创业生态体系建设比较研究——以德国、美国、英国、法国为例［J］. 行政论坛（2）：99-104.

王庆金，王强，周键，2020. 社会资本、创业拼凑与新创企业绩效——双重关系嵌入的调节作用［J］. 科技进步与对策，37（20）：49-57.

王伟，张善良，于吉萍，2018. 关系网络构建行为有助于提升创业绩效吗？——来自227家新创企业的微观证据［J］. 经济与管理，32（1）：87-92.

王轶，单晓昂，2021. 外出务工何以提升企业家精神——基于全国返乡创业者的调查数据［J］. 浙江社会科学（8）：23-36.

王永健，谢卫红，王田绘，等，2016. 强弱关系与突破式创新关系研究——吸收能力的中介作用和环境动态性的调节效应［J］. 管理评论，28（10）：111-122.

韦路，陈稳，2015. 城市新移民社交媒体使用与主观幸福感研究［J］. 国际新闻界，37（1）：114-130.

卫龙宝，李静，2014. 农业产业集群内社会资本和人力资本对农民收入的影响——基于安徽省茶叶产业集群的微观数据［J］. 农业经济问题，35（12）：41-47.

魏凤，党佳娜，2012. 陕西与四川返乡农民工创业能力比较［J］. 商业研究（7）：136-141.

魏娟，赵佳佳，刘天军，2021. 失败未必是成功之母——来自235位农民创业者的经验证据［J］. 科学学研究，39（2）：285-294.

吴春雅，江帆，袁云云，2020. 现实与虚拟社会网络对农民电商创业绩效的影响研究——基于创业学习中介效应分析［J］. 农业经济与管理，（1）：90-100.

吴金南，郭珊珊，剧晓红，2022. 企业社交媒体使用的两面性及其作用机制研究［J］. 经济与管理评论，38（2）：31-45.

吴俊杰，戴勇，2013. 企业家社会资本、知识整合能力与技术创新绩效关系研究［J］. 科技进步与对策，30（11）：84-88.

吴磊，刘纠纠，闻海洋，2021. 农村女性创业具有"数字红利"吗？——基于CGSS2015数据的实证分析［J］. 世界农业（8）：53-68.

吴良，杨爽，余国新，等，2014. 基于手机和网络平台的新疆农业技术服务创新模式［J］. 华中农业大学学报（社会科学版）（6）：126-130.

吴能全，李芬香，2020. 创业者心理资本、人力资本与社会资本对其创业能力的影响研究——基于结构方程模型的分析［J］. 湖南大学学报（社会科学版），34（4）：39-46.

吴挺，王重鸣，2016. 互联网情境下的创业行动、信息获取和新创绩效——来自苹果应用商店的证据［J］. 科学学研究，34（2）：260-267.

武优勐，张红侠，2015. 产业集群环境对农民工创业能力影响的探索［J］. 重庆科技学院学报（社会科学版）（9）：100-102.

夏春玉，杜楠，张闯，2015. 契约型农产品渠道中的契约治理、收购商管控与农户绩效［J］. 经济管理，37（1）：87-97.

肖薇，李成彦，罗瑾琏，2019. 赋能：互联网双重嵌入对女性创业能力的影响［J］. 科技进步与对策，36（14）：18-24.

谢家智，王文涛，2016. 社会结构变迁、社会资本转换与农户收入差距［J］. 中国软科学（10）：20-36.

谢雅萍，陈小燕，叶丹容，2016. 创业激情有助于创业成功吗？［J］. 管理评论，2811：170-181.

谢雅萍，黄美娇，2013. 创业者创业能力与绩效间关系研究模型述评［J］. 技术经济，32（5）：54-61.

谢雅萍，黄美娇，2016. 创业学习、创业能力与创业绩效——社会网络研究视角［J］. 经济经纬，33（1）：101-106.

徐婧，汪甜甜，2021. "快手"中的乡土中国：乡村青年的媒介呈现与生活展演［J］. 新闻与传播评论，74（2）：106-117.

徐军辉，2012. 我国民营企业社会资本的来源及特征——基于转型期民营企业的分析［J］.

北方论丛（6）：142-146.

徐睿，2014. 农产品移动电子商务对农业经济的影响及对策［J］. 价格月刊（6）：48-50.

徐万里，钱锡红，李孔岳，2013. 民营企业家政治身份与经济收益［J］. 科学决策（4）：1-16.

徐锡广，2017. 基于资本禀赋的贵州民族地区返乡农民工创业研究［J］. 贵州民族研究，38（2）：175-180.

徐志刚，谭鑫，廖小静，2017. 农民合作社核心成员社会资本与政策资源获取及成员受益差异［J］. 南京农业大学学报（社会科学版），17（6）：82-91.

许竹青，郑风田，陈洁，2012. 农信通手机信息服务的实施效果调查——以海南省为例［J］. 调研世界（3）：54-57.

严爱玲，江宏，郑书莉，2020. 乡村振兴视域下的互联网金融对新农人创业绩效的影响——基于安徽省调研数据的分析［J］. 南京审计大学学报，17（5）：103-111.

颜廷武，何可，张俊飚，2016. 社会资本对农民环保投资意愿的影响分析——来自湖北农村农业废弃物资源化的实证研究［J］. 中国人口·资源与环境，26（1）：158-164.

杨道建，赵喜仓，陈文娟，等，2014. 大学生创业培养环境、创业品质和创业能力关系的实证研究［J］. 科技管理研究，34（20）：129-136.

杨晶，孙飞，申云，2019. 收入不平等会剥夺农民幸福感吗——基于社会资本调节效应的分析［J］. 山西财经大学学，41（7）：1-13.

杨隽萍，唐鲁滨，于晓宇，2013. 创业网络、创业学习与新创企业成长［J］. 管理评论，25（1）：24-33.

杨学儒，李新春，2013. 地缘近似性、先前经验与农业创业企业成长［J］. 学术研究（7）：64-69.

杨学儒，欧晓明，2013. 农业家族企业的持续创业与新农村建设［J］. 暨南学报（哲学社会科学版），35（11）：34-45.

杨艳，2012. 基于扎根理论的产业集群嵌入对创业的影响研究［J］. 江苏商论（5）：85-88.

杨沅瑗，黄水清，彭爱东，2013. 中东部地区农民信息行为比较研究［J］. 图书馆（3）：56-60.

姚寿福，2012. 农地规模经营、专业化与农业绩效［J］. 农村经济（3）：28-31.

姚文，2016. 家庭资源禀赋、创业能力与环境友好型技术采用意愿——基于家庭农场视角 [J]. 经济经纬，33（1）：36-41.

姚柱，罗瑾琏，张显春，等，2020. 互联网嵌入、双元创业学习与农民创业绩效 [J]. 科学学研究，38（4）：685-695.

叶春霞，2010. 农民异地城市创业能力评价 [J]. 经济纵横（6）：54-57.

叶秋妤，孔荣，2022. 土地流转对农民创业的影响研究——基于社会资本的调节作用分析 [J]. 中国农业资源与区划，43（1）：223-231.

易朝辉，罗志辉，兰勇，2018. 创业拼凑、创业能力与家庭农场创业绩效关系研究 [J]. 农业技术经济（10）：86-96.

于奕雯，2022. 新型职业农民创新素养：内涵、结构及培育策略 [J]. 河北大学成人教育学院学报，24（2）：21-27.

余绍忠，2013. 创业绩效研究述评 [J]. 外国经济与管理，35（2）：34-42.

岳琳，2014. 移动互联网时代基于新媒体的农村信息传播策略思考 [J]. 新闻界（23）：48-54.

龙勇，常青华，2008. 创业能力、突变创新与风险资本融资关系——基于中国高新技术企业的实证研究 [J]. 南开管理评论（3）：65-71.

张德元，李静，苏帅，2016. 家庭农场经营者个人特征和管理经验对农场绩效的影响 [J]. 经济纵横（4）：77-81.

张栋凯，齐佳音，2015. 上市企业社交媒体信息发布内容与其股票交易量的关系研究 [J]. 北京邮电大学学报（社会科学版），17（5）：12-22.

张广花，苏新林，2010. 提升农民创业能力途径的探讨 [J]. 湖南农业科学（15）：177-179.

张会田，吴新年，2011. 农村居民信息认知与信息行为分析 [J]. 情报资料工作（6）：88-93.

张蕙杰，张玉梅，赵邦宏，等，2015. 我国新型职业农民队伍总量与结构的需求估算研究 [J]. 华中农业大学学报（社会科学版）（4）：44-48.

张剑，周小强，肖诗顺，2021. 从背井离乡到创新创业——兼论互联网使用对创业的作用 [J]. 重庆大学学报（社会科学版），27（3）：259-274.

张晋华，冯开文，黄英伟，2012. 农民专业合作社对农户增收绩效的实证研究 [J]. 中国农村经济（9）：4-12.

张敬伟，裴雪婷，2018. 中国农民创业者的创业学习行为探析［J］. 科学学研究，36（11）：2046-2054.

张静，朱玉春，2019. 社会资本视角下科特派企业精准扶贫分析［J］. 资源科学，41（2）：352-361.

张坤，2021. 提升乡村文化自信的几点思考［J］. 今古文创（38）：123-124.

张明林，文丽情，2016. 扶持政策对绿色食品农业龙头企业相对绩效影响效果的实证分析——基于DEA-Tobit分析方法［J］. 农林经济管理学报，15（5）：524-531.

张强强，吴溪溪，马红玉，2022. 三维资本如何提升农民创业绩效——创业学习和创业机会识别的链式中介作用［J］. 农业经济与管理（3）：28-41.

张维泰，张海霞，2022. 新型职业农民扩容：返乡农民工再农化意愿研究［J］. 滁州学院学报，24（1）：19-27.

张文宏，2003. 社会资本：理论争辩与经验研究［J］. 社会学研究（4）：23-35.

张文伟，赵文红，2017. 行业内外联系、创业学习和创业绩效的关系研究［J］. 科学学与科学技术管理，38（4）：162-171.

张鑫，谢家智，张明，2015. 打工经历、社会资本与农民初创企业绩效［J］. 软科学，29（4）：140-144.

张秀娥，徐雪娇，2017. 创业学习、创业警觉性与农民创业机会识别——一个中介效应模型及其启示［J］. 商业研究（11）：178-186.

张秀英，2018. 涉农网络信息生态链构建与发展路径研究［J］. 商业经济研究（19）：111-114.

张旭梅，李家俊，陈旭，等，2021. "互联网+"环境下生鲜电商动态营销能力形成机理研究——以本来生活为例［J］. 重庆大学学报（社会科学版），27（4）：245-258.

张要要，2022. 数字鸿沟与农户家庭创业［J］. 山西财经大学学报，44（2）：103-114.

张益丰，郑秀芝，2014. 企业家才能、创业环境异质性与农民创业——基于3省14个行政村调研数据的实证研究［J］. 中国农村观察（3）：21-28.

张永云，张生太，吴翠花，2017. 嵌入还是卷入：众包个体缘何贡献知识？［J］. 科研管理，38（5）：30-37.

张玉明，赵瑞瑞，徐凯歌，2019. 突破知识共享困境：线上社会网络对创新绩效的影响——双元学习的中介作用［J］. 科学学与科学技术管理，40（10）：97-112.

赵德昭，2016. 农民工返乡创业绩效的影响因素研究［J］. 经济学家（7）：84-91.

赵红丹，夏青，2019. 人际不信任、消极情感与知识隐藏行为研究［J］. 科研管理，40（8）：284-292.

赵佳佳，魏娟，刘军弟，等，2020. 信任有助于提升创业绩效吗？——基于876个农民创业者的理论探讨与实证检验［J］. 中国农村观察（4）：90-108.

赵曙光，2014. 社交媒体的使用效果：社会资本的视角［J］. 国际新闻界，36（7）：146-159.

赵文红，孙万清，2013. 创业者的先前经验、创业学习和创业绩效的关系研究［J］. 软科学，27（11）：53-57.

赵文红，孙万清，2015. 创业者先前知识对创业绩效的影响——基于创业学习的调节作用［J］. 软科学，29（3）：23-27.

赵文红，王玲玲，魏泽龙，2016. 过程视角的创业能力形成研究综述［J］. 科技进步与对策，33（13）：155-160.

郑风田，许竹青，罗丹，等，2012. 农民信息供需态势及其功能拓展：634个样本［J］. 重庆社会科学（3）：5-14.

郑富锐，吴楚恩，2021. 农村居民网络素养现状研究——基于两广地区农村的实证调研［J］. 东南传播（7）：119-121.

郑红维，2001. 关于农业信息化问题的思考［J］. 中国农村经济（12）：27-31.

郑馨，周先波，2018. 社会规范是如何激活创业活动的？——来自中国"全民创业"十年的微观证据［J］. 经济学（季刊），17（1）：189-220.

郑秀芝，邱乐志，张益丰，2019. 农民创业绩效影响因素分析和实证检验［J］. 统计与决策，35（15）：109-111.

周冬梅，陈雪琳，杨俊，等，2020. 创业研究回顾与展望［J］. 管理世界，36（1）：206-225.

周菁华，谢洲，2012. 农民创业能力及其与创业绩效的关系研究——基于重庆市366个创业农民的调查数据［J］. 农业技术经济（5）：121-126.

周敏，李菁，2015. 土地入股合作社：交易成本、价值攫取与绩效增长——以吉林省F县双胜村为例［J］. 中国土地科学，29（2）：89-96.

周蓉，李明贤，2019. 农民专业合作社社员异质性的定量测定——基于沅陵县王家岭合作社的数据［J］. 农林经济管理学报，18（5）：618-626.

周婷婷, 2015. 我国农业信息化发展现状研究综述[J]. 广西财经学院学报, 28(1): 95-102.

周懿瑾, 魏佳纯, 2016. "点赞"还是"评论"？社交媒体使用行为对个人社会资本的影响——基于微信朋友圈使用行为的探索性研究[J]. 新闻大学(1): 68-75.

周宇豪, 杨睿, 2021. 社交媒体的社会资本属性考察[J]. 新闻与传播评论, 74(6): 33-44.

周月书, 孙冰辰, 彭媛媛, 2019. 规模农户加入合作社对正规信贷约束的影响——基于社会资本的视角[J]. 南京农业大学学报(社会科学版), 19(4): 126-137.

周战强, 李彬, 易成栋, 2022. 外群歧视与农民工城市创业[J]. 武汉大学学报(哲学社会科学版), 75(1): 130-142.

朱红根, 解春艳, 2012. 农民工返乡创业企业绩效的影响因素分析[J]. 中国农村经济(4): 36-46.

朱红根, 康兰媛, 2016. 家庭资本禀赋与农民创业绩效实证分析[J]. 商业研究(7): 33-41.

朱秀梅, 刘月, 李柯, 等, 2019. 创业学习到创业能力：基于主体和过程视角的研究[J]. 外国经济与管理, 41(2): 30-43.

朱志胜, 2021. 非认知能力与农民工城市创业回报——事实与机制[J]. 人口与经济(3): 18-34.

庄晋财, 冯雪, 2014. 基于过程视角的农民工创业成长影响因素实证研究[J]. 广西大学学报(哲学社会科学版)(2): 60-68.

庄晋财, 芮正云, 曾纪芬, 2014. 双重网络嵌入、创业资源获取对农民工创业能力的影响——基于赣、皖、苏183个农民工创业样本的实证分析[J]. 中国农村观察(3): 29-41.

侯贵生, 宋文轩, 杨磊, 2020. 企业社交媒体使用与创新绩效——知识存量的中介作用和创新氛围的调节作用[J]. 技术经济, 39(1): 34-42.

（三）学位论文

常冠群, 2009. 基于能力的资源获取与创业绩效关系研究[D]. 长春：吉林大学.

董超, 2015. 互联网嵌入对创业团队资源获取行为的影响研究[D]. 长春：吉林大学.

DAS N, 2019. 技术嵌入教育政策：虚拟学习中介对学习者满意度影响的实证分析[D].

合肥：中国科学技术大学.

付豪，2020. 农产品供应链治理优化［D］. 郑州：河南农业大学.

房建奇，2020. 企业家社会资本对科技型中小企业技术创新绩效作用机制研究［D］. 长春：吉林大学.

方曦，2018. 创业导向、创业行动学习与创业绩效的关系研究［D］. 西安：西北大学.

黄洁，2010. 基于创业者社会资本的农村微型企业创业研究［D］. 武汉：华中农业大学.

姜超，2017. 新创企业商业模式与创业绩效的关系研究［D］. 重庆：重庆工商大学.

刘香，2022. 社会资本、农民创业与农民获得感［D］. 南宁：广西民族大学.

刘锦，2016. 基于移动互联网的涉农企业品牌传播研究［D］. 长沙：中南林业科技大学.

石煜磊，2019. 创业者的工具性和情感性网络构建与新创企业绩效的关系研究［D］. 杭州：浙江工商大学.

王莹丽，2017. 创业能力、创业榜样对家庭农场创业绩效的影响研究——基于湖北两市农民群体调研［D］. 武汉：华中师范大学.

吴耀昌，2016. 创业者生理心理因素对创业绩效的影响——实证研究［D］. 苏州：苏州大学.

杨萌萌，2020. 社交媒体使用对农民群体桥接型社会资本的影响［D］. 武汉：华中师范大学.

尹然平，2016. 农业企业创业精神、创业能力与创业绩效关系研究［D］. 广州：华南农业大学.

俞函斐，2014. 互联网嵌入对创业机会识别的影响［D］. 杭州：浙江大学.

俞宁，2013. 农民农业创业机理与实证研究［D］. 杭州：浙江大学.

曾亿武，2018. 农产品淘宝村集群的形成及对农户收入的影响［D］. 杭州：浙江大学.

张鑫，2015. 社会资本和融资能力对农民创业的影响研究［D］. 重庆：西南大学.

（四）其他类

北京青年报，2022. 城乡上网差距缩小彰显"数字乡村"建设成效［EB/OL］.（2022-02-26）［2023-07-21］. https://baijiahao.baidu.com/s?id=17258060808416779999andwfr=spiderandfor=pc.

新榜有数，2022. 抖音发起新农人计划，推动农业技术知识传播［EB/OL］.（2022-07-29）

[2023-07-21].https://data.newrank.cn/article/article-detail/7839d30e18c240bf.

杜鹃,2022.农技"网红"受捧之外还需专业指导［EB/OL］.（2022-12-15）［2023-07-21］.搜狐网.https://roll.sohu.com/a/617396839_99995266.

搜狐网,2020.当前我国农民最常用的十大手机App［EB/OL］.（2020-06-07）［2023-07-21］.https://www.sohu.com/a/400260208_100084295.

洪玉华,2022.汇聚创业故事开拓"农"味经济新路子［EB/OL］.（2022-05-30）［2023-07-21］.中国新闻出版广电网.https://www.chinaxwcb.com/info/579736.

华夏时报,2020.抖音12亿流量补贴三农 字节跳动讲网络扶贫新故事［EB/OL］.（2020-08-05）［2023-07-21］.https://m.163.com/dy/article/FJ9RDTJP0512D03F.html.

新华网,2022.快手发布农产品消费趋势报告：助农直播成农产品"新集市"［EB/OL］.（2022-09-23）［2023-07-21］.http://www1.xinhuanet.com/tech/20220923/0ae8ff92b5cd41fb9c6874939450176b/c.html.

鞭牛士,2022.快手启动2022幸福乡村带头人计划,未来3年将发掘和扶持1000+乡村创业者［EB/OL］.（2022-08-02）［2023-07-21］.https://baijiahao.baidu.com/s?id=1740034772095419016andwfr=spiderandfor=pc.

李纳米,2021.有效运用新媒体手段为乡村振兴赋能［EB/OL］.（2021-06-17）［2023-07-21］.人民资讯.https://baijiahao.baidu.com/s?id=1702765229267324860.

能量中国传播平台,2022."她乡好货"助力"她创业计划"：新媒体技能将帮百名女性圆梦！［EB/OL］.（2022-07-28）［2023-07-21］.https://baijiahao.baidu.com/s?id=1739586939186557757.

网易,2022.农村短视频占比越来愈高,究竟靠什么吸引用户？［EB/OL］.（2022-05-25）［2023-07-21］.https://www.163.com/dy/article/H879PCI505530WRI.html.

阿里研究院,2022.女性就业创业研究报告：数字经济显著缩小性别差异［EB/OL］.（2022-03-07）［2023-07-21］.http://www.aliresearch.com/ch/information/informationdetails?articleCode=309229232767242240andtype=%E6%96%B0%E9%97%BB.

深圳新闻网,2022.拼多多：培养更多"新新农人",打响农产区产地品牌［EB/OL］.（2022-06-17）［2023-07-21］.http://www.sznews.com/news/content/mb/2022/06/17/content_25197095.htm.

农民日报,2021.拼多多发布《2021新新农人成长报告》：95后"新新农人"数量超12.6万,00后占比超16%［EB/OL］.（2021-12-03）［2023-07-21］.https://www.thepaper.

cn/newsDetail_forward_15705225.

麒麟说财经,2020.微信发布报告,80%农村人"选择"马化腾,微信才是NO.1？[EB/OL].（2020-10-22）[2023-07-21]. https://baijiahao.baidu.com/s?id=1681217819771640496.

人民网,2022.央媒访谈：乡村振兴的媒体应用之路[EB/OL].（2020-09-25）[2023-07-21]. https://www.sohu.com/a/420918341_651952.

宋雅娟,2022.农业农村部实施"耕耘者"振兴计划 将培训超百万新农人[EB/OL].（2022-04-14）[2023-07-21]. 光明网. https://kepu.gmw.cn/agri/2022-04-14/content_35659952.htm.

谭砚文,李丛希,石敏,2020.当前农产品网络直播存在的问题与对策建议[EB/OL].（2020-07-20）[2023-07-21]. 农民日报. http://cssn.cn/xnc/202007/t20200720_5157628.shtml?COLLCC=3134939636.

中关村在线,2023.淘宝20年③"淘宝村"：中国农民的草根逆袭[EB/OL].（2023-05-11）[2023-07-21].https://baijiahao.baidu.com/s?id=1765557006416843490&wfr=spider&for=pc.

王雪瑾,2021.政府监管电商类直播政策的演变及发展挑战[EB/OL].（2021-08-26）[2023-07-21]. https://www.fx361.com/page/2021/0826/8808627.shtml.

中关村在线,2023.微信月活13亿 稳坐"第一国民APP"宝座[EB/OL].（2023-03-26）[2023-07-21]. https://baijiahao.baidu.com/s?id=1761439439713760131&wfr=spider&for=pc.

中国网,2022.新型职业农民.数量递增 农民职业教育培训市场规模超千亿[EB/OL].（2022-05-21）[2023-07-21]. http://www.jjckb.cn/2021-05/21/c_139960811.htm.

新华社,2019.全国淘宝村超过4300个 覆盖25个省份[EB/OL].（2019-08-30）[2023-07-21]. 中国经济网. http://www.ce.cn/cysc/newmain/yc/jsxw/201908/30/t20190830_33054081.shtml.

搜狐网,2022.详解拼多多财报：去年全年营收超939亿元,增长放缓缩减成本[EB/OL].（2022-03-22）[2023-07-21]. https://baijiahao.baidu.com/s?id=1727952267016230398&wfr=spider&for=pc.

姚建,王丹青,2022."数字农业"打开妇女就业创业新天地[EB/OL].（2022-09-08）

［2023-07-21］. 中国妇女报. http://www.cnwomen.com.cn/2022/09/08/99258358.html.

赵安之，2023. 新媒体赋能现代农业的机遇与挑战［EB/OL］.（2023-01-25）［2023-07-21］. https://zhuanlan.zhihu.com/p/389911723.

镇赉县商务局，2018. 社交电商成为农村电商发展新趋向［EB/OL］.（2018-12-06）［2023-07-21］. http://www.jlzhenlai.gov.cn/ztzl/dzsw/201812/t20181206_682939.html.

新华社新媒体，2018. 智能手机正成为"新农具"［EB/OL］.（2018-07-05）［2023-07-21］. https://baijiahao.baidu.com/s?id=1605147731127279518&wfr=spider&for=pc.

中研网，2022. 2022年社交电商行业发展趋势及市场规模分析［EB/OL］.（2022-07-19）［2023-07-21］. https://www.chinairn.com/scfx/20220719/151815577.shtml.

张思遥，2022. 拼多多披露"五年计划"：向农业上游走［EB/OL］.（2022-03-30）［2023-07-21］. http://k.sina.com.cn/article_1210405231_4825516f00100xr9b.html.

中国经济网，2019. 中国新媒体研究报告：2019年中国新媒体发展综述［EB/OL］.（2019-12-05）［2023-07-21］.https://baijiahao.baidu.com/s?id=1652065937106994088andwfr=spiderandfor=pc.

光明网，2022.《2021新新农人成长报告》：95后"新新农人"数量超12.6万［EB/OL］.（2022-11-30）［2023-07-21］.https://economy.gmw.cn/2021-12/03/content_35358151.htm.

搜狐网，2021. 海西慢城向阳.【"五个一"工作思路】国家级星创天地三农互联网＋创客空间创建成效展示［EB/OL］.（2021-01-25）［2023-07-21］. https://www.sohu.com/a/446712721_737911.

后　记

在研究本书的这几年，我们充分感受到新型职业农民涉农创业的艰辛。在调研的过程中，我们看到遭遇台风、暴雨等天灾，农作物严重受损后新型职业农民的无奈和伤恸；我们也感受到农民们在农产品卖不掉时的惆怅；我们还体会到农民经营中因资金周转困难、技术难以突破时的无助……所幸，社交媒体切实为新型职业农民涉农创业提供了新方式，给他们带来了希望。于是，他们不辞辛劳，亲自深入田间地头，扎实参与农业劳动，用手机直播农场种植现场；农产品上市季，他们在手机朋友圈推广产品，然后争分夺秒，熬夜加班；在一个个由致富带头人创建的网络社群里，模范农民创业者不断向农户传播先进的农业技术、经营理念和管理经验，共同分享脱贫致富的喜悦。

实践和理论研究表明，社交媒体通过技术赋能，已经给涉农创业活动带来了积极影响。从微观层面来看，在使用社交媒体工具后，不但传统农民的创业意向、创业能力、市场意识等创业综合素质有了显著提升，农业产业发展的人力资源质量也有了较好的保障。在感受到技术赋能的力量和作用后，涉农企业将社交媒体嵌入农业生产经营的全产业链，从生产端到加工端再到销售端进行流程再造，创新的商业模式帮助涉农企业获得了更好的收入。从中观层面来看，社交媒体促进了现代农业的发展，为中国农业的发展带来新的希望，新型职业农民成为不少青年创业者的重要职业选择，农业领域的创新创业更加活跃，使得农业产业兴旺成为可能。从宏观层面来看，越来越多的年轻人参与返乡创业，借助社交媒体带动现代农业的发展，为农业和农村注入新鲜的血液和发展的活力。农村的面貌已经发生了巨大的变化，农村充分地参与到了现代社会经济发展中，这些将最终助力城乡一体化和共同富裕目标的实现。

以上这些都更加坚定了我对本书研究的信念，并且让我意识到未来加深对新型职业农民创新创业研究的意义。

本书的研究起源于我在福建农林大学经济管理学院的博士研究学习，在此，我要特别感谢我的博士生导师王林萍教授。读博期间，王教授一直给予我学术方面的引导，让我始终保持对学术研究的热情。在研究的过程中，从最初的选题分析，到研究框架的确定、调研的开展、初稿的形成、文字的润色和最终的定稿，王教授一直对我提供悉心指导，才让我拥有写完本书的信心和决心。本书在调研过程中得到了全省各地新型职业农民的支持，感谢他们敢于创新实践，开创了农村社交媒体创业的先河，并耐心地接受我的访谈和调研，为我的研究提供了宝贵的素材，使我能够积累足够丰富的研究资料。本书在写作的过程中还得到了连城县、建宁县、向阳乡等许多地方政府和相关部门的帮助，在此，我也表示衷心地感谢。此外，非常感谢福建农林大学经济管理学院的授课老师和福建商学院创新发展研究中心的老师给予我研究中的支持和帮助。

尤其要感谢我的家人对我的支持，他们帮我照顾孩子，处理家务，在学术研究的过程中给予我支持和鼓励，才能让我心无旁骛，坚持写作，得以完成本书。

本书是对新型职业农民涉农创业研究的阶段性成果小结。正如中国的乡村振兴刚处于起步阶段，农民社交媒体使用的研究也只是新型职业农民创新创业研究中新的一幕，未来，农村广阔天地发生的变化正等着我们进一步去探索。

谢桂花

2023 年 3 月于福建商学院